福州激情广场
文化艺术实践指导

池小霞 著

图书在版编目(CIP)数据

福州激情广场文化艺术实践指导/池小霞著.—福州:海峡文艺出版社,2016.4
ISBN 978-7-5550-0777-7

Ⅰ.①福… Ⅱ.①池… Ⅲ.①群众文化－文化活动－福州市 Ⅳ.①G249.275.71

中国版本图书馆 CIP 数据核字(2016)第 088380 号

福州激情广场文化艺术实践指导

池小霞	著
责任编辑	朱墨山
助理编辑	林　颖
出版发行	海峡出版发行集团
	海峡文艺出版社
经　　销	福建新华发行(集团)有限责任公司
社　　址	福州市东水路 76 号 14 层　邮编 350001
发 行 部	0591－87536797
印　　刷	福州华悦印务有限公司　邮编 350012
开　　本	787 毫米×1092 毫米　1/16
字　　数	290 千字
印　　张	17.75
版　　次	2016 年 4 月第 1 版
印　　次	2016 年 4 月第 1 次印刷
书　　号	ISBN 978-7-5550-0777-7
定　　价	60.00 元

如发现印装质量问题,请寄承印厂调换

前言

　　本书是在创建国家公共文化服务体系示范项目过程中,为激情广场爱好歌唱、舞蹈的团员专门编写的激情广场艺术实践指导用书,对所涉及到的乐理、视唱、声乐、舞蹈、合唱以及音乐鉴赏等专业学科进行基本常识的介绍以及基本技能的指导,这是一本激情广场平台的工具书,也可以作为广大群文工作者及广大文化志愿者的综合艺术教材。同时,该书还对群众文化活动的组织和开展提供理论性指导,让激情广场平台及业余艺术团队熟悉群众文化艺术活动的策划、设计、编排、组织实施的方法和步骤,能把握和体现群众文化艺术活动中不同样式、不同风格的主题,为具有艺术创作实践的科学性和创新性打下坚实的基础。

　　随着在更高的起点上建设闽江口金三角经济圈,以福州新区建设为引领,打造省会发展的强大引擎,并加快建设滨江滨海国际大都市,这为福州拓展了省会城市发展的空间,培育了新的发展增长极,搭建了跨越的全新舞台。

　　闽江口金三角经济的加速发展,也为福州城市群众文化活动提供了新的机遇。原先被"遮蔽"的群体性精神需求和社会价值取向,日益以激情广场文化活动的形式展现出来。热爱生活的广大福州市民用这种形式,抒发了对美好生活的赞美和期盼,讴歌了对中国梦、对新时代的祝福。激情广场文化活动延续了中华优秀传统文化的积累,推动了中华优秀传统文化的传播,成为福州市民精神散步的美丽港湾;它是闽江口金三角瑰丽的文化地标,是福州创建全国文明城市的靓丽窗口。

　　尤其在当下,参加激情广场文化活动的群众越来越多,活动的形式也在不断拓展。人们在开展丰富多彩的公共文化活动同时,感受到了具有人文意识的群文品牌,极大地提升了公共文化活动的社会影响力,滋养了社会文化含量,赋予了公共文化丰富的底蕴。不仅如此,它还极大地推动了城市的形态、文化的神态、市民的心态,达到了内外和谐、协调、有序的良好状态,从而受到社会的高度赞誉。

潮平两岸阔，风正一帆悬。福州激情广场文化活动先后被评为"第二届全国特色广场文化荣誉奖"、文化部授予"第十五届公共服务项目群星奖"等；中国音协更是高度评价"福州激情广场大家唱"，授予福州市"全国合唱基地"称号。2013年10月，"福州激情广场大家唱"入选第二批创建国家公共文化服务体系示范项目，不仅成为享誉全国的群众文化活动品牌，更成为福州市创建全国文明城市、构建省会中心城市公共文化服务体系的一大亮点。

且持彩笔绘新图。参加福州激情广场文化活动的大众蕴藏着文化创新的热情和智慧。福州激情广场文化活动迫切要求文化工作者要趁势而上，激发他们的主动性、创造性，使福州激情广场文化活动走向更新的站位、呈现更高的品味。在此，热情地祝愿福州以勃发的心志、充沛的激情，张开双臂，拥抱激情广场文化活动新的、灿烂的明天，春韵天成，炫彩榕城。

目 录

第一章 绪论 1
    第一节 福州激情广场文化艺术实践活动的发展 1
    第二节 "福州激情广场大家唱"的实施过程及成果 11

第二章 音乐，从乐理视唱开始 20
    第一节 音乐素养的重要性 20
    第二节 基础乐理 24
    第三节 视唱练耳 34
    第四节 简谱视唱实际应用 39

第三章 声乐常识 45
    第一节 声乐发展史 45
    第二节 声乐的分类、演唱形式及唱法 53
    第三节 声乐爱好者需要掌握的声乐基础常识 62
    第四节 情感在声乐演唱中的表达 72
    第五节 声乐鉴赏 75

第四章 大众舞蹈 81
    第一节 舞蹈发展史 81
    第二节 舞蹈的种类 87
    第三节 舞蹈爱好者需要掌握的舞蹈常识 93
    第四节 关于广场舞 103
    第五节 舞蹈鉴赏 111

第五章 乐队常识 …… 124
第一节 民族乐器介绍 …… 124
第二节 西洋乐器介绍 …… 133
第三节 民乐团的基本常识 …… 147
第四节 交响乐团的基本常识 …… 153

第六章 合唱艺术 …… 161
第一节 合唱艺术发展史 …… 161
第二节 合唱艺术的基本常识 …… 168
第三节 合唱的技巧训练 …… 176
第四节 合唱指挥的基本常识 …… 186
第五节 谈合唱艺术中的"和谐" …… 195

第七章 艺术鉴赏 …… 207
第一节 音乐与生活 …… 207
第二节 音乐的不同体裁 …… 215
第三节 音乐欣赏知识入门 …… 231
第四节 听一场高雅的音乐会,做一名专业的音乐欣赏者 …… 242
第五节 雅俗共赏的轻音乐 …… 249

第八章 激情广场群众文化活动的组织和开展 …… 254
第一节 激情广场群众文化活动的不同形式 …… 254
第二节 组建文艺团队需要注意的问题 …… 259
第三节 群众性文艺演出的组织和开展 …… 266
第四节 群众文化活动的组织、策划与实施 …… 269

参考文献 …… 276

后记 …… 278

第一章 绪论

第一节 福州激情广场文化艺术实践活动的发展

开放发展的福州，市民群众对精神生活的需求日益迫切，激情广场文化活动由此应运而生。2004年，群众自发地组织了温泉公园"激情广场大家唱"的四大方阵。2005年7月，福州市委宣传部、文化局以"激情广场大家唱"活动作为福州市广场文化的一个特殊景观、文明城市创建的靓丽窗口，加以精心培育和扶持指导。自此，福州激情广场文化艺术活动的实践健康、持续地开展了。

一、群众广泛参与，催生了福州激情广场文化艺术实践的旺盛生命力

"福州激情广场大家唱"最初由温泉公园里几个喜欢音乐的群众业余文艺骨干，利用公园中的公共场地，自发地组织起歌唱小分队，自弹自唱，乐在其中。这种新兴的演唱形式极大地满足了市民集娱乐与休闲于一身的业余文化生活的需求，于是迅速就把公园里休息、散步的人们聚集在一起，并得到了他们的认可、喜爱和热情的参与，随之培养了一大批铁杆歌友。由此，"激情广场大家唱"成为一项经常性的群众文化艺术实践活动。广大歌友组织队伍、联系场地，乐此不疲，就这样一传十、十传百，激情广场的合唱队伍在一天天地扩大。

"激情广场大家唱"充分彰显了开放性、参与性、多元性、自发性。广大市民在活动中平等参与、自娱自乐，来唱歌的，来听歌的，不论年幼年长，无论是官是民，不管来自哪行哪业，大家相聚一起，引吭高歌，各取所需，相得益彰，既陶冶了性情，又构建了良好的人际和谐氛围。"激情广场大家唱"是由民

众自发组织形成、政府引导发展的，来这里唱歌、听歌的身份各异、歌唱水平不一。所以，"激情广场大家唱"文化艺术活动平台堪称是一个没有门槛的大众舞台。2005年就参加"温泉之声·激情广场大家唱"团队的江先生是一名商人，一次公园散步让他与激情广场结缘了。此后每天晚上他都要到激情广场唱歌，在他的带动下，他的家人也都成了激情广场的热情歌友。2006年，公务员李先生在朋友的介绍下来到激情广场，和大家一起放歌。之后他只要有时间就到激情广场来活动，他认为这是减压的好办法，也是学习的好地方。"80后"的陈女士，是一名专业的舞蹈演员。在2009年加入了激情广场的团队后，就深深地爱上了这个团体。她告诉人们，在这个没有门槛的百姓艺术舞台，她找到了许多志同道合的朋友。每到傍晚华灯初上，家住福州鼓西街道后县社区的林女士都要到温泉公园去亮亮嗓子，参加这里的由群众自发组织的"激情广场大家唱"。人们问她为何如此执着，她开心地回答："唱歌既能抒发情感，又能锻炼身体，这是一举两得的好事，自然每天都不能丢下。"来自邵武的陈先生是"激情广场大家唱"的常客。他说："此前在好几个城市打过工，但总觉得缺少让我留下的东西。自从来到福州加入'激情广场大家唱'后，就再也不想漂泊了，因为这里有我想要的生活"。

许多来福州工作、生活的外来务工人员也纷纷加入到歌唱队伍中来，"激情广场大家唱"活动在一定程度上改变了外来务工人员相对单调的业余文化生活，他们中不少人因为热心的参与，成为歌唱队伍的骨干。通过这个平台，这些新福州人用歌声唱出对第二故乡的热爱，并加速融入城市的生活。在2015年大年三十的晚上，刚刚吃好年夜饭的许多合唱团的歌友们又聚集到各公园的活动点，用那深情、温馨的歌声迎接新年的到来，祝贺新的、幸福的生活。这样用歌声迎新的方式，他们自2004年建团以来一直坚持至今，令人感慨万千。

"激情广场大家唱"活动从温泉公园向西湖公园、左海公园、南江滨公园、北江滨公园、金牛山公园、五一广场、光明港公园，金山公园等地迅速拓展。现在市区有规模和影响的活动阵地有29个。他们是湖畔之声合唱团、好心情合唱团、温情激情广场合唱团、温泉之声合唱团、畅想西湖合唱团、榕城西湖合唱团、西湖之友合唱团、西湖欢乐之声合唱团、山丹丹音乐独唱角、五一广场合唱团、五一之声合唱团、畅想五一音乐广场合唱团、大众之声合唱团、星夜之声合唱团、缤纷园合唱团、闽水园合唱团、歌声与微笑合唱团、苍霞和谐合唱团、工人文化宫激情广场合唱团、光明港友声激情广场合唱团、金山星辰激情广场合唱团、南台岛激情广场合唱团、新筑之声合唱团、金山公园海岸线合唱团、南江之声合唱团、金山公园一点红合唱团、晋安河畔合唱团、铁路激情广场合唱团、远洋之声合唱团。此外，还有县（市）、区60多个"激情广场大家唱"团队。这些团队的负责人来自各行各业，许多都是退休的干部、职工，他们为了一个美好的心愿，把爱心献给广大的歌友，没有报酬，只有奉献；而歌友们也由自发地变为自觉。每天晚上经常参加的人数达到数万人，活动的形式也不仅仅局限于歌唱，而且扩展到交谊舞、健美操、腰鼓、秧歌、弹唱、闽剧、曲艺、广场舞等。

广大群众广泛的参与成为执着、自觉的行为，不断地催生了推动激情广场文化艺术活动实践的旺盛生命力。2006年，温泉公园在全国评选中荣获"全国特色文化广场"的称号，温泉公园激情广场荣获"全国特色广场文化活动"荣誉奖。国际文化交流基金会主席岗特·铁驰先生在参观温泉公园激情广场时说："参与就是至高无上"。他称赞温泉激情广场是合唱的天堂。2008年2月15日晚，刚刚抵达福州的时任中国音协分党组书记、常务副主席、著名作曲家徐沛东等人便来到温泉公园。虽然天气寒冷，还下着毛毛细雨，但徐沛东一行就被正在活动的好心情合唱团、湖畔之声合唱团的歌声吸引。听到那整齐响亮、激情四射的歌声，徐沛东等人深受感染，连声叫好。徐沛东深有感触地说："在这里，我看到合唱艺术活动无处不在、音乐无处不在。"中国音协随之在福州建立一个合唱基地，以推动福州合唱事业的发展。激情广场文化艺术实践活动很好地诠释了社会办文化、文化社会化的发展趋势，生动地体现了群众性广场文化艺术活动实践的广阔前景。

二、社会各界扶持，给了福州激情广场文化艺术实践活动宏大的正能量

2005年以来，福州市坚持以人为本、以满足广大市民基本的文化需求和实现市民的文化权益为出发点，将社区文化建设和广场文化活动纳入规划，进行统筹安排，出台了推进文化建设的一系列指导性文件。各级政府部门更是不断强化责任，加大财政投入，利用社会资源，加快公共文化服务体系建设，建设了一大批适合群众自娱自乐的广场文化活动的设施和阵地；同时推出了公园免费开放的措

施，出台了进一步加强社区文化建设的意见，并组织社区文化现场会，推动社区文化和广场文化艺术实践活动在点上深化、面上拓展。

多年来，中宣部、文化部、省市有关领导，多次莅临温泉公园考察指导激情广场文化艺术实践活动，无不称赞这里的生机勃发的壮观场面。许多兄弟地市城市也慕名前来交流学习，亲身体验和感受福州激情广场文化艺术实践活动的热烈气氛。福州是省会城市，有着省市共建的独特优势，省直部门、单位在共建、共享广场文化上与福州市有着高度统一的共识，并积极参与扶持。

近年来，福建省委宣传部、省文化厅先后于福州联合举办了纪念抗战胜利60周年大型歌会、纪念长征胜利70周年大型歌会等具有广泛影响力的大型活动，广大的福州激情广场歌友积极参与，并取得极大成功。省直部门、单位许多领导多次到福州调研广场文化艺术实践活动建设，对广场文化艺术活动的特色、创新、提高等方面提出了许多宝贵的意见，大力支持广场文化艺术实践的具体活动。福州许多广场文化活动场所与省直部门、单位有着密切的联系。每次大型活动的举行，省直部门、单位都在场地设施、活动服务、安全保障、卫生保洁、供电保障等方面给予大力的支持和帮助。每年"五一"、"十一"期间，省属文艺团体还组织优秀节目直接参与福州激情广场文化活动。同时，省直部门、单位还给予福州激情广场文化活动以资金扶持和活动奖励，极大地鼓舞了激情广场活动的积极性。《福建日报》、福建电视台、福建人民广播电台、福建教育台、《海都报》等省属新闻媒体多次刊发福州激情广场文化活动的报道。同时，还积极协调中央驻闽主要新闻媒体关注福州广场文化活动，《人民日报》、《光明日报》、《工人日报》、中国文明网等都相继报道福州激情广场文化艺术活动。传播了巨大的正能量。

福州市群众艺术馆和各县（市）、区文化馆把激情广场的活动纳入日常工作范畴，对分布在全市的群众性广场文化艺术活动点进行调查摸底，召集城区各个活动点组织者或发起人举行座谈会，征求建议和意见。福州市委宣传部和市文化局由此实施了福州市群众性广场活动的"八个一工程"：一是聘请一批福州市社会文化义务辅导员；二是培训一批广场文化艺术活动的骨干；三是派出一批由市群艺馆和各县（市）区文化馆业务干部组成的文艺指导员；四是宣传一批具有典型意义的广场文化活动点和义务辅导员；五是为一批已初具规模的并有一定影响力的广场文化活动点授牌；六是加强一批广场文化活动点基本设施建设；七是每一个季度组织一次广场文化活动汇演；八是每年组织一次全市性激情广场文化活动调演。

福州激情广场文化活动的不断拓展，产生了良好的社会效果，逐渐满足了群众文化生活的需求。它已成为市民日常生活里不可缺少的内容，各年龄段、各层次的市民都喜欢它、热爱它、适合它。同时，培养了市民健康的生活情趣，选择了有益于身心健康的生活方式，构建了和谐、融洽的人际关系。在激情广场文化活动中，人们互相交流，在愉悦的气氛中，增进了感情，加强了团结，对社会的稳定和谐做出了贡献。市民在健康的审美享受中，建立和升华了高尚的审美趣味，提升了自身的文化艺术修养和境界，文明礼仪和道德水准也得以不断提高。得益于此，城市的品位也得到大幅度提升。

三、展示突出亮点，构建了福州激情广场文化艺术实践的广阔平台

由于省、市各级部门的大力引导和扶持，激情广场活动参与人员的素质不断提高，活动的组织者更加注重其质量和水平。因此，现在它不光是一种单纯的休闲活动，而且是和着时代的节拍以不断提高其艺术实践的层次和品味。多年来，福州激情广场的活动，不仅每天唱响激情歌曲、开展健康有益的文体活动，而且注意围绕重大的节日、纪念日，组织有声有色的、影响力大的群众性歌咏活动，主题深刻，更有针对性，更有积极意义。参加活动的市民群众无不感到精神振奋、热情洋溢、激情澎湃，受到教育和鼓舞、提升。

2007年"五一"期间，由福州市委宣传部、市文化局共同举办的五场激情广场大型歌会在五一广场唱响。五场主题不同的大型歌会营造出福州热烈、喜庆、欢乐、祥和的节日气氛；"劳动最光荣"、"温馨的社区"、"美丽的家园"、"律动的青春"、"欢腾的榕城"这五场歌会引来观众近三万人次；这五场激情广场的大型歌会是福州激情广场文化活动的一次大展示，是近三千名激情广场歌友的华丽亮相。"爱我中华，建设我们的国家；爱我中华，中华雄姿英发……"在《爱我中华》雄壮有力的歌声中，和谐福州激情广场大型歌会第五场"欢腾的榕城"在雨中完美谢幕。75岁的长乐电影公司的退休工人徐师傅告诉人们，从5月1日到5日，五场歌会，他每场都没落下。5月5日雨中的歌会堪称一场音乐盛

会，雨中高歌更显豪情万丈。金山激情广场的合唱团在合唱歌曲《信念》时，雨骤然变大，但合唱团的歌友们不顾雨水打湿衣衫，冒雨演唱，劲头更足，歌声更亮。温泉公园好心情合唱团的一位大姐在歌会结束时对大家说："歌声一起，豪情就上来了，雨水打在身上也都不觉得了。大家只有一个心愿：用心唱，把我们激情广场合唱团的最好歌声献给观众。"

2007年9月3日，中央电视台激情广场四进社区群众文化特别节目福州篇在温泉公园拉开帷幕。活跃在温泉公园的湖畔之声、激情广场、好心情、温泉之声合唱团，以及晋安河畔、中洲岛、榕城西湖等合唱团轮番登台亮相、一展风采，为观众带来《在希望的田野上》《爱我中华》《和谐中国》《美丽的心情》等经典歌曲。众多著名的歌唱家出场共唱激情广场，李丹阳的《亲亲茉莉花》、吴雁泽的《草原升起不落的太阳》、才旦卓玛的《唱支山歌给党听》、殷秀梅的《中国好运》、关牧村的《一支难忘的歌》，温泉公园成为展示福州激情广场文化活动的靓丽的主会场。参加的市民达万人之多。福州激情广场文化艺术活动由此走向全国。

2008年10月18日至20日，金秋的福州迎来了一大艺术盛事——放歌海西·中国福州海峡两岸首届合唱节。10月20日上午，金牛山公园彩旗飘舞、歌声飞扬，海峡两岸合唱团齐聚一堂，以歌会友，台北艺术家合唱团、基隆雨韵合唱团、台湾花莲县合唱团、台湾金门县合唱团、福州温泉之声合唱团、激情广场合唱团、湖畔之声合唱团、好心情合唱团等8支合唱队伍引吭高歌，唱响同胞之情，先后演唱了《阿里山之歌》《幸福在哪里》《山海欢歌》《外婆澎湖湾》等16首歌曲，欢呼声一浪高过一浪，到处涌动着如潮的暖流。福州激情广场文化艺术活动实践开始融入了海峡两岸合唱节。

乘着歌声的翅膀飞向海峡东岸，福州市鼓楼区激情广场合唱团赴台参加第二届海峡两岸合唱节。20009年11月1日晚，福州市鼓楼区少年科艺宫里飘出了经典的台湾民谣《望春风》，这是福州市鼓楼区激情广场合唱团正在紧张排练，以确保用最好的状态参加11月2日在台中开始的第二届海峡两岸合唱节。这次赴台的合唱团中，福州市鼓楼区激情广场合唱团是唯一由普通民众组成的业余合唱团，他们演唱了《我和你》《爱我中华》《同一首歌》还唱了闽南语歌曲《望春风》，在台中、金门与当地民众进行互动联欢，推动榕台文化、艺术交流。"福州激情广场真棒，果然名不虚传，他们的歌声高亢、响亮，真棒！"在互动联欢会上，台湾的市民、合唱团都对福州市鼓楼区激情广场合唱团竖起大拇指说。海峡两岸的民众用歌声互动交流，增进了友谊，加深了感情。随后，"福州激情广场大家唱"的队伍连续参加了第三届、第四届、第五届、第六届、第七届、第八届的海峡两岸合唱节，展示了风采。

唱出多娇，宜居福州。"创建文明城市，共享美好生活——2011年快乐迎新群众千人歌咏会"由福州市文明办、市文新局举办，在福州唱响。2010年12月4日晚，来自"福州激情广场大家唱"的十支代表队、上千名歌友，他们在现场唱出一首首激昂而优美的欢乐歌声，这些歌声与温馨和谐的夜空交相辉映，表达了对生活如此多娇的赞美和热爱。整场歌咏大会的高潮是属于千人大合唱——当《我家住在闽江边》的前奏响起，全场千人起立，歌唱和谐福州，唱出美好心声的那一刹，更是感人无比。歌友黄先生激动地说："《我家住在闽江边》这首歌把我们心声充分表达出来，生活在福州就是莫大的多娇。"

1600名歌手同台飙歌，由福州市文新局、市闽都文化研究会联合举办的"喜迎十八大'激情颂和谐'——激情广场福州语歌曲演唱大赛"决出各项大奖。围绕这次大赛，福州市群众艺术馆三个月在福州县（市）区设了40多个福州语歌曲教唱示范点，派出声乐干部和专业院团的歌手深入基层教唱，参与的人数达十余万人。通过教唱、传唱；《金厝边银乡里》《福州名牌歌》《七溜八溜不离福州》《八月十五月光光》《一枝花》《福州我故乡》等福州语歌曲，广大歌友纷纷表示对福州有了更深的了解，对故乡更多了几分热爱。

党的十八大召开以来，在福州市委宣传部、市文新局的指导下，福州40多个"激情广场大家唱"的数万歌友，开展了百场以万人欢歌、喜庆十八大为主题的系列活动，广大歌友学唱《旗帜颂》《江山》《我和我的祖国》等歌颂党、歌唱祖国、歌唱人民的歌曲，在歌声中学习，宣传十八大的精神，喜庆党的十八大胜利召开。

除此之外，"福州激情广场大家唱"文化艺术活动在一个个不同的、更有意义的平台上得到了实践。他们还受邀组队参加了盛大的省市联合举办的"祖国万岁，海西腾飞——庆祝新中国成立60周年大型文艺晚会"、福州市"美好颂歌献给党——庆祝中国共产党成立85周年文艺晚会"，福建省委宣传部、省文化厅、和福州市联合举办的"纪念红军长征胜利70周年红色记忆大型广场文艺晚会"，受到社会各界的赞誉。来榕参加第十四届中国老年合唱节的新疆克拉玛依区老年合唱团的朱先生感慨地说，他是第一次来福州，和福州激情广场的歌友们齐声高歌时，感到心与心的距离在歌声中不断地拉近，心灵充满了欢乐与温暖。来自延安老干部合唱团的陈先生对福州每天晚上都有近三十支激情广场合唱团在激情高歌赞不绝口。他说："福州上空夜夜飘着歌声，从中可以看出，福州民众对生活是多么的热爱、精神生活是多么的充实。"

四、精心培训引导，提升了福州激情广场文化艺术实践的更高品质

"福州激情广场大家唱"文化艺术实践活动，是福州市的一个重要文化品牌，是群众文化的阵地、市民活动的舞台、凝聚民心的平台，成为社会主义先进文化的新课堂、城市品位的新形象，对丰富市民文化生活、普及全民文化艺术、繁荣群众文化、促进福州精神文明建设起到了重要的积极作用。在第九届中国艺术节暨第十五届群星奖评选中，福州市群众艺术馆选送的"福州激情广场大家唱"项目荣获项目类的群星奖。为了不断提升福州激情广场文化艺术实践的更高品质，福州在精心培训引导上下功夫。

多年来，福州市群众艺术馆在福州激情广场文化艺术活动实践方面做了大量的工作。

2010年3月3日下午，在福州市群众艺术馆小礼堂举办了一场简朴而热烈的仪式，福州市文化局、群艺馆向全市18家激情广场各赠送一套符合噪音标准的音响设备。鉴于全市激情广场活动点大多数音响工作人员都未经专业培训的现状，为此还特别邀请音响专家为激情广场的音响操控人员进行认真的免费培训。这些音响操控人员和音响设备为激情广场活动增辉添彩。

为提高激情广场文化活动骨干们的声乐、舞蹈等素质，福州市群众艺术馆常年举办激情广场文艺骨干免费艺术培训。不仅聘请社会各界有名望的专家为骨干们授课，还针对学员们的不同特点和水平，开设小班进行一对一的课程辅导。

2008年10月19日上午，全场300多名歌友聚精会神地聆听了一场精彩绝伦的合唱排练课，名家大腕诙谐、轻松的排练方式让歌友们领略到一个别样的音乐世界。中国福州海峡两岸合唱节专家合唱排练课在福州九日台音乐厅举行，福州激情广场各个合唱团的300多名骨干参加排练课，接受一次高水准的培训。专

家告诉在座的福州激情广场合唱团的骨干们，合唱团的标杆是心与心之间的零距离，指挥与团员之间要加强沟通，团员与团员之间更要注重交流。专家在现场指导演唱时，每一部分都精心拿捏。参加排练的合唱团的每一个团员都认真地对待每一个发音，用最轻松的心态来演唱。专家对团员每一个字的咬字、音准进行仔细纠正，其认真细致令歌友们钦佩。激情广场合唱团的骨干们听得非常认真，有的认真做笔记，有的则端着小型摄像机全程拍摄排练课。精彩的合唱排练课让福州激情广场合唱团的骨干们对合唱观念有了全新的认识。参加排练课的台北艺术家合唱团的艺术家们对福州激情广场大合唱印象颇深，他们在与福州激情广场的交流中，感受到另一种发自内心的精神震撼，这种和谐的精神无处不在，在歌声中，也体会到彼此之间的情感互动，感觉到彼此心灵碰撞感动，由感动产生更多的互动。

2010年1月30日上午，著名的作曲家、指挥家、中国合唱团联盟主席、中国音协合唱福州基地艺术顾问徐锡宜先生在福州九日台音乐厅公开授课，200多名福州激情广场合唱团的骨干们又接受了一场高品位的合唱艺术培训。在现场，他示范了合唱指挥的技巧，并指导了闽都合唱团团员们的合唱排练。徐锡宜认真细致地指导团员们进行合唱的音准、合唱技巧的基本训练，受到在场歌友们的赞誉。

2010年5月，在文化部主办的第十五届群星奖评选中"福州激情广场大家唱"获群星项目奖，并被福建省委宣传部确定为"海西文化十大亮点"。为进一步提高全市激情广场的合唱水平，福州市群众艺术馆举办的2010年"福州激情广场大家唱"声乐骨干培训班于8月29日在福州市文化新闻出版局一楼小剧场开班。福建省著名女高音歌唱家、声乐教育家、福建师范大学音乐学院音乐系副主任林立君教授为来自全市19个支"激情广场大家唱"队伍的近百名骨干讲授了自然歌唱快乐生活一课。她深入浅出地讲解了发音原理和听觉效果，牢牢地吸引了在场的近百名合唱骨干们。在培训期间福州市群众艺术馆的声乐干部还利用周末时间，为学员进行一对一的授课。

2013年12月25日，福州激情广场指挥骨干培训班开班。由福州市群众艺术馆承办的这次培训班，特别邀请福建幼儿师范高等专科学校艺术系主任康宇丹副教授为学员开设了"合唱指挥发展基本概况""合唱指挥技巧""合唱指挥示范教学"等课程。通过培训，参训的人员进一步提高了合唱指挥理论的修养与合唱教学的实践能力。大家怀着更大的热情投入到"激情广场大家唱"文化艺术活动中。12月21日，福州社区广场舞培训班在福州市群众艺术馆小剧场开班，培训班邀请有关专家为学员开设了"广场舞理论基本知识"、"广场舞示范教学"等课程。在专家的示范带领下，学员们跳起充满活力的广场舞，从动作舒展的慢歌到节奏轻快的快舞，大家认真学习，力争将准确的舞蹈动作传递给更多的广场舞蹈者。

为深入打造本土题材的文艺作品，提高音乐剧艺术在普通市民间的关注度，与普及度，拉近高雅艺术与百姓生活的距离，同时丰富"激情广场大家唱"的活动形式与内涵，2015年5月起，福州市群众艺术馆与音乐剧《啊！鼓岭》团队合作，成功举办了由该剧制作人与音乐总监主讲的两场音乐分享会和导赏会，并邀请专家对激情广场平台骨干进行培训，同时在全市范围内派遣业务干部到激情广场活动点进行辅导，持续开展传唱活动。经过两个月的努力，大家对该剧主题曲《云中的村落》的准确把握和演绎获得该剧制作人与音乐总监的高度评价，应邀参加了《啊！鼓岭》在福建大剧院全球成功首演，在尾声献唱主题曲《云中的村落》，把老福州人对鼓岭的特殊感情演绎得淋漓尽致，引起现场观众的强烈共鸣，将当晚的演出氛围推向高潮。

2015年10月18日至27日，第一届全国青年运动会在福州举行。为助力青运，全面展示福州城市的文化内涵与魅力，营造良好的社会氛围，10月15日，福州市群众艺术馆组织开展了以"舞动青运"为主题的广场舞骨干培训班。此次培训以本届青运会会歌《青春风》编排的广场舞为主要内容，进行现场教学详细示范动作要领，并通过具体的曲目，讲解广场舞站位、音乐选择、编排技法与套路……培训后的文艺骨干们，将洋溢着青运会激情与活力的《青春风》带进各社区、各激情广场，充分展现了福州市民喜迎青运的高昂热情和良好的精神风貌。

多年来，福州市群众艺术馆为"激情广场大家唱"举办声乐、合唱指挥、舞蹈等各类免费培训班50多期，800多课时，参训人员达4万人次。同时组织业务干部深入各活动点实地指导，如合唱指挥、声乐表演等示范演出；举办激情广场文艺骨干培训结业汇报演出，让所有经过培训的激情广场活动点的骨干能登台表演，充分展示他们所学的知识。在精心的培训指导下，福州激情广场文化艺术实践的品质不仅得到不断地提升，还获得了多项可喜的荣誉——在2010年全国第十五届群星奖评选中获得项目群星奖、在第三届海峡两岸合唱节中获得金茉莉奖、在福建省首届激情广场歌咏比赛中获得金奖、在福建省第六届艺术节中获金奖第一名等。

当前，福州激情广场文化活动正在不断地拓展创新，越来越多的市民群众成为新的歌友，他们在"激情广场大家唱"活动中快乐着、舒心着。而福州社会各界更是继续给予这项活动以正能量的支持引导。我们有理由相信：植根于大众沃土的福州激情广场文化艺术实践，将飞得更高、更远。

第二节 "福州激情广场大家唱"的实施过程及成果

自2013年10月"福州激情广场大家唱"项目被文化部、财政部列入"第二批创建国家公共文化服务体系示范项目"以来，福州市严格按照创建标准和要求，加强组织领导，强化保障措施，落实创建规划，狠抓过程管理，扎实开展创建工作，促进"福州激情广场大家唱"项目蓬勃发展，并在带动福州市公共文化服务能力整体提升方面发挥了突出作用，成为构建省会中心城市现代公共文化服务体系的一大亮点。

一、创建过程管理

（一）领导重视，组织坚强有力

福州市成立了由市文化广电新闻出版局主要领导构成的创建工作领导小组，加强对"激情广场大家唱"活动的领导和统筹力度。实行创建工作会议制度，定期召开创建工作领导小组会议，明确创建目标、细化创建措施、分解创建任务、落实创建经费，及时研究解决创建过程中涉及活动开展、设施设备、经费保障、人员队伍等方面的问题。同时，在福州市群众艺术馆成立了专门的创建办公室，具体统筹、协调、监管和实施整个创建工作，联动全市12个县(市)、区文化馆，加强创建工作的沟通协调和全市的督导落实。建立健全了党委领导、政府负责、社会参与、科学有序、齐抓共管的运行机制，全市形成"一盘棋"的意识，使创建工作范围更加广泛，真正落到实处。

鉴于"激情广场大家唱"文化品牌在全市的模范引领作用，福州市政府将其列入了《福州市政府工作报告》《福州市"十一五"规划》《福州市"十二五"规划》中，在资金、政策等各方面给予大力扶持。县（市）、区政府以"激情广场大家唱"活动为抓手，实施面向基层、面向农村的公共文化服务，不断推进公共文化资源均等化、标准化。政府正确的引导和行之有效的政策措施，使得全市各层面的"激情广场大家唱"活动逐渐走上规范化的道路。

（二）严格督导，狠抓具体落实

为顺利实现"福州激情广场大家唱"创建国家公共文化服务体系示范项目的工作目标，强化落实工作责任，全面提升创建工作水平，及时发现和解决问题，更好地推动创建工作深入开展，福州市政府特别制定了《"福州激情广场大家唱"创建国家公共文化服务体系示范项目工作督查制度》。督查内容包含"激情广场大家唱"平台创建工作进展情况、"激情广场大家唱"特色工作项目汇总情况、各"激情广场大家唱"平台辅导培训情况等。

为规范管理，促进活动文明发展，福州市政府还印发了《关于加强室外公共场所群众性文体活动环境噪声管理的通告》。同时，对激情广场活动时间作了明确的规定，即每晚活动时间不得超过21：30，以保证附近居民的正常休息。

（三）加强宣传，营造社会氛围

为推动示范项目创建工作，及时反映群众对基层公共文化服务的意愿和需求，宣传推广先进经验和做法，为创建工作决策和指导提供重要依据，提高报送质量、数量和时效性，2013年以来福州市文化广电新闻出版局、福州市群众艺术馆共编发专题简报80期。同时，充分运用"互联网+"思维，在微信公众平台等新媒体平台上开辟示范项目创建专区，开展资讯报道、风采展示、人气投票等各类在线互动，以多种渠道和形式让市民群众更及时、直观地了解创建工作信息动态。

"激情广场大家唱"的成功实践，引发了社会各界的广泛关注，也得到国内外各级领导与专家的高度评价。中央电视台、《人民日报》、《光明日报》、新华社等国家主流媒体也对其进行了相关宣传报道。2013年以来，报纸、电视、网络等新闻媒体宣传报道达200多条。该项目还陆续接待了文化部、中国文联以及浙江、广东、江苏、新疆、西藏、宁夏等地相关部门的调研观摩，影响与日俱增。

二、制度建设

多年来，福州市文化主管部门为促进"激情广场大家唱"活动健康发展，有针对性地制定了一整套完善的工作机制。经过几年来不断的实践探索，各种机制愈加成熟。

（一）建立了全新的平台机制

在单项性（合唱）竞赛的基础上，已逐步建立常设性、周期性的竞赛平台，在各种群众文化活动的艺术门类中进行了拓展和延伸，按照合唱、舞蹈、声乐、器乐等门类，每年举办歌唱比赛（含激情广场合唱比赛、福州语演唱大赛、新福州人歌手大赛等）、每年一届合唱音乐周、每半年一次文艺汇演、每年一次文艺调演，并引导和开展群众性文艺作品的创作。

（二）建立了稳定的投入机制

各级财政部门将"激情广场大家唱"的工作纳入各级年度预算，并逐年增加创建资金的投入，对于大型活动还给予专项经费支持。福州市政府还先后下发了《关于下达激情广场群众性文化活动示范点扶持经费的通知》《关于下拨激情广场活动经费的批示》《关于"激情广场大家唱"活动平台补助经费的批示》《关于印制全市"激情广场大家唱"歌册的批复》等文件。

（三）建立了志愿者队伍服务机制

在现有社会文化辅导员、广场文化活动骨干和文化馆业务骨干的基础上，以每个平台团长、团员为中坚力量，逐步完善和建立起了一支常设性的文化志愿者队伍，结合福州市各大群众文化品牌活动开展文化志愿活动。

（四）建立了完善的激励机制

建立健全全市激情广场活动点活动创新评比机制。鼓励各平台以元旦、春节、"五一"、"七一"、国庆等重大节日为契机，积极引导其组织开展形式丰富的群文活动，并派专业干部深入各平台监督考核，根据其报送的活动方案、节目内容以及实际组织开展情况等给予适当的奖励与补助。

（五）建立了广泛的宣传机制

专门拟定了示范项目创建工作宣传方案，建立了新闻宣传、网络宣传、社会宣传"三位一体"的宣传机制，开辟"激情广场大家唱"示范项目创建专栏专刊，充分利用传统媒体、新媒体等各类媒介，大力宣传项目建设的规划措施、成效经验和文化品牌，提高创建信息传播覆盖率、及时性和交互性，让创建成果为全市人民所共享。

三、创建成果

（一）项目内涵得到进一步提升

1. 城乡联动，扩大辐射范围

创建工作开展以来，进一步加强现有各激情广场活动点的自身建设，发挥以温泉公园、西湖公园、五一广场、闽江公园等公园、广场为辐射点的阵地网络的示范作用，从城区向各县区、乡镇拓展延伸，形成城乡协调发展的良好局面。同时，充分发挥激情广场文化活动零门槛的优势，多方联动，培育良好的社会环境与氛围，扩大活动普及对象与范围，加大力度覆盖更多不同地域、年龄、阶层的人群。在精心培育下，福州全市激情广场文化示范点从创建初的80个增加至96个，进一步凸显了公共文化服务的均等化原则。

2. 拓展延伸，丰富活动内容

在原有"大家唱"活动形式的基础上，结合实际，充分考虑和尊重群众需求，引导各"激情广场大家唱"示范点从开展单纯的群众性歌咏活动延伸到广场舞、健美操、秧歌、闽剧、曲艺等活动，不断丰富、拓展活动内容与形式，提升品牌内涵与外延，以适应时代发展为导向，努力满足市民群众日益增长的精神文化需求。目前，福州市激情广场所有活动平台均可独立开展节目类型多样的整台文艺演出，更多样的活动内容吸引了更多市民群众积极自愿参与到其中，做到群众各取所需、各得其乐。

3. 转变思路，创新服务形式

从"单一性"向"多维度"转变，变"单向供给"为"双向互动"，着重凸显各平台的自主性与创新性，鼓励各平台开展各具特色的群众文化活动。同时，创新激情广场文化活动展示平台，除常规性群文活动外，还积极与各类企业、媒体合作，充分吸纳社会力量办文化，如举办了"三盛国际公园杯"2015唱响榕城合唱大赛、与东南网合作开展"激情广场大家唱"网络大展示、举办激情广场风采摄影大赛等活动；抓好激情广场文化志愿队伍建设，与文化志愿服务、文艺辅导培训、信息资源共享等内容相结合，从单纯的文艺演出向提供综合性的公共文化服务转变，多方面、多角度、多层次让文化建设成果惠及群众，打造各具特色的平台品牌。

（二）示范效应得到进一步彰显

通过示范项目的创建、完善和发展，"激情广场大家唱"活动无论在内涵、外延、社会影响，还是群文品牌的创新性、导向性、带动性、科学性等方面，都有了新的突破与成效。

1. 创新性

（1）完善和深化"八个一"工程

政府文化行政部门从群众活动的台前走向幕后，适时推出了与群众对接的"八个一"工程：即聘请一批社会文化辅导员；培训一批广场文化活动的艺术骨干；派出一批由市群艺馆和各区（县市）文化馆业务干部组成的文艺指导员；树立、宣传一批具有典型意义的广场文化活动点和义务辅导员；为一批已初具规模、并有一定影响的广场文化活动点授牌；促进一批广场文化活动点基本设施、设备的建设；每半年组织一次群众性广场文化活动汇演；每年组织一次全市性的大型广场活动文化调演。"八个一"工程解决了群众迫切需要的专业指导等问题，因而受到了社区群众的极大欢迎，进而推动了"激情广场大家唱"活动的展开。

（2）群众文化志愿者的广泛参与

为进一步促进公共文化服务均等化，发挥激情广场活动点多、文艺骨干多的优势，动员骨干成为文化志愿者，为群众文化服务。制定符合实际的招募办法，将激情广场活动点文艺骨干吸纳进来，成为文化志愿者的一个分支，建立志愿者档案和数据库，实现动态管理，并定期组织文化志愿者相关培训，提升他们的服务水平及专业水平。在服务内容上，结合福州市群众文化活动品牌，派激情广场文化志愿小分队到对口帮扶各大志愿服务点，形成参与广泛、形式多样、活动经常、机制健全的文化志愿服务体系，确保文化志愿服务取得实效。

2. 导向性

（1）激情广场文化活动是福州市市民自发组织的群众性广场文化活动，具有发展快、阵地多、分布广的特点，是营造和谐城市氛围、传播文明风尚的重要宣传平台。多年来，福州市文化部门最大限度利用城市文化广场、公园和社区的资源，采取市民群众喜闻乐见的方式，把深刻的理论通俗化、抽象的道理具体化，用丰富的文化形式大力宣传社会主义核心价值体系，弘扬中华优秀传统文化，传播社会科学知识，并编选、创作了一批具有时代感、传播正能量的优秀文艺作品在各活动点进行推广传唱，如"反法西斯胜利70周年歌曲传唱"、"'迎青运'会歌传唱"、"海洋歌曲传唱"等。

（2）"激情广场大家唱"活动还催生了一系列具有福州地方特色的群众文化活动与优秀文艺队伍。"福州语歌曲传唱"活动自2013年起已成功举办三届，通过全市各激情广场活动点的广泛宣传得到了市民的积极响应，福州语歌曲创作、推广与传唱取得了良好的效果。在文艺队伍培育方面，精选全市激情广场优秀声乐骨干组成的福州激情广场合唱团、福州文化艺术合唱团先后获得全省激情广场大家唱合唱大赛金奖。同时，福州市激情广场活动点还诞生了钱剑、腰鼓、大头娃娃、高跷、舞龙舞狮队等众多具有福州地方特色的活动队伍。其中，由南台岛激情广场骨干组成的闽都民俗艺术团多次受邀参加两岸三地陈靖姑信俗活动,并参与了2016年新加坡妆艺大游行。

3. 带动性

(1) 在开展"福州激情广场大家唱"活动的同时,各县(市、区)以开展激情广场的广场文化活动为契机,结合实际,建设各自的群众文化活动广场,形成了一批富有特色的群众文化活动阵地。鼓励乡镇(街道)建设规模适度的群众文化广场,结合各自的特色,创建"一街(村、社)一品"文化工程,现全市60%的行政村(社区)均建设面积不低于100平方米的群众文化活动室(广场),配备必要的灯光、音响设备,他们积极开展如连江百胜村戏曲大舞台、罗源蒋店村合唱基地、晋安新店街道腰鼓活动基地等一系列文化品牌。如今,这些文化阵地成为城乡居民特别是农村空巢老人、妇女儿童等在内的居民最爱去的文化娱乐场所。

(2) "激情广场大家唱"的蓬勃发展为福州市开展其他群众性文化活动提供了经验启示和宝贵资源:在群众性广场文化活动的成功示范下,福州市群众艺术馆创建了"文化惠民·六进"("走进美的小区"),十多年来坚持每月举办一场,将精彩的文艺节目带进各大社区、农村、校园、军营、企业、广场等地,让市民足不出户就能享受到丰盛的文化大餐;在汇集了全市各成人、青年、少儿室内合唱团、大中专院校合唱团的福州合唱音乐节中,福州市各大激情广场合唱队伍是活动的重要参演群体,为音乐周增添了浓墨重彩的亮色;在公益性艺术辅导培训中,各大"激情广场大家唱"示范点文艺骨干也发挥了重要作用,长期赴对口服务基地进行培训辅导;在新福州人歌手大赛、福州语歌曲创作演唱大赛等赛事中,来自全市各激情广场的广大歌友的积极参与,更充分体现了群文活动的广泛性、均等新特点。

4. 科学性

(1) 为将工作实践和制度设计相结合,科学有效地完成"福州激情广场大家唱"示范建设,更好地推动福州市公共文化服务体系建设科学发展,福州市群众艺术馆与福州市社科院联合成立课题组,开展"福州激情广场大家唱"示范建设制度设计研究。通过开展课题研究,全市各部门对国家在公共文化服务体系上的战略部署有了更加全面、深入的理解和认识,对福州市公共文化服务体系建设的规律有了更准确的把握,并在此基础上进一步探索和找寻出符合福州市具体情况的公共文化服务体系建设方法和路径。

(2) 通过活动的针对性开展，社区、农村原有的一些陋俗歪风（如赌博、拜神）得到有效遏制，促进了邻里和谐新风的形成。如罗源县起步镇蒋店村长禧激情广场示范点除了定期组织群众性合唱活动外，更拓展到唱歌、跳舞、剪纸、文化讲座等形式多样的综合性文化活动，为当地群众送上喜闻乐见的文艺大餐。同时，该队伍还吸纳了数百位村民志愿者积极开展公益活动，调解纠纷、劝赌禁毒、扫盲扶贫，为特困户捐款献爱心，到社区、工厂、乡村举办公益演出等。

四、巩固提升

此次验收后，将深入贯彻落实《关于加快构建现代公共文化服务体系的意见》精神，严格对照示范项目创建标准，继续巩固、提升创建成果，进一步推进"福州激情广场大家唱"项目健康发展。

（一）尊重文化发展规律，调动群众积极性是根本

人民群众是文化建设的参与者，也是文化成果的享有者，人民群众的参与度直接影响到群众文化活动的最终成效。群众自发的热情参与是"福州激情广场大家唱"的主要特征，也是其蓬勃发展的重要原因。继续探索公共文化服务组织形式，完善各活动点创新评比办法等机制，变"主导"为"引导"，从"送文化"转型为"种文化"，顺应社会办文化、文化社会化的发展趋势，真正调动群众文化自觉性，发挥其基层文化建设主体的巨大力量。

（二）主管部门适时介入，科学规划、扶持引导是核心

始终将激情广场大家唱活动作为重点工作，主动作为、积极引导，完善"五大机制"，保障"激情广场大家唱"活动健康、文明、有序发展。加强业务指导，定期组织群众文艺骨干合唱、指挥、声乐、舞蹈等培训班，召集各平台骨干定期召开座谈会，引导、规范各平台文明开展活动。继续派遣业务骨干下活动点进行辅导，使得激情广场活动从歌唱延伸到交谊舞、健美操、腰鼓、秧歌、闽剧和曲艺等门类，促进活动内涵不断扩展、活动质量得到提升。

（三）整合全市文艺资源，发挥项目示范效应是关键

充分发挥项目的带动效应，以其为纽带，整合全市公共文化服务资源，引导"激情广场大家唱"项目与福州合唱音乐周、新福州人歌手大赛、"文化惠民六进"、福州语歌曲推广传唱、公益性文艺辅导培训、文化志愿者服务等活动相结合，促进其与其他群众文化活动品牌间的良性互动，为"激情广场大家唱"活动提供更广阔的发展空间，也使其更好地融入到福州市公共文化服务体系中，带动福州群众文化活动全面开花。

第二章 音乐，从乐理视唱开始

第一节 音乐素养的重要性

党中央对现代公共文化服务体系建设作出了一系列重要部署。党的十八大将公共文化服务体系建设作为全面建成小康社会的重要内容，明确提出了到2020年"公共文化服务体系基本建成"的战略目标。党的十八届三中全会将构建现代公共文化服务体系、促进基本公共文化服务标准化与均等化作为全面深化改革的重点任务之一。要推动文化事业全面繁荣，艺术教育在推动文化事业全面繁荣中具有其独特的作用。

随着我国社会的全面进步，文化艺术的普及及基础音乐教育取得了很大成就。但从社会总体音乐实践、音乐生活及群众文化艺术生活形式的水准来看，我们的基础音乐教育还有不少差距和缺失。音乐领域的一切有成效的活动都要以具备一定的能力为基础。在社会音乐生活中，我们可以普遍看到由于对音乐基础知识、技能掌握不够而产生的种种尴尬与无奈：群众业余音乐活动形式上轰轰烈烈，而讲规范、对音乐语言形象表现得基本到位者寥寥无几，他们不懂乐理、不会识谱，单凭"口传心授"学唱新曲；心理上的巨大热情与实际艺术效果不成正比；青少年盲目追星又总是不得要领；中老年欲显风彩却无能为力……所有这些，都显示出我们在音乐教育阶段对基础知识、基本技能教学的严重缺失。这种只靠输血而不造血的观点和做法，有碍于群众整体音乐艺术的普及与提高。

艺术是民族精神的火炬，是时代前进的号角。全民艺术的普及和提高，代表着一个民族的进步，代表一个民族的风貌，引领一个时代的风气。如今的"激情广场大家唱"已经走向了大家唱、大家跳、大家乐的势态，不同群体歌友中有着不同的艺术爱好，歌唱、舞蹈、艺术鉴赏等艺术形式成为歌友们的需求。为此，要培养人们对艺术的兴趣和爱好，了解各门类艺术的特点、特征、规律，激发人们对艺术的向往和热情。那么，首先要做的，便是提高音乐素养。

一、提高音乐素养

音乐素养是音乐的综合素质，是音乐基础学科，它包括乐理、视唱（读谱、听音、节奏、和声）、音乐欣赏等多方面的综合理论基础。一个学习音乐或爱好音乐的人，不学习音乐素养就等于是一个机械地弹奏和歌唱的机器人，他就无法去理解音乐、懂得音乐、表现音乐。所以，学习音乐素养是为了全面提高学员的音乐综合素质，并且以此促进学员对其他门类专业科目的学习，增强对音乐的感悟、理解和创造音乐素养能力。

当前，在学习音乐素养上还存在认识上的不足。比如，以为单一地学习声乐、器乐就可以了，这样容易产生演唱、演奏能力与音乐素养能力严重脱节的现象，随着学习程度的加深，它直接表现出学生识谱速度慢、识谱错误率高、对音乐内涵不能领会，致使演唱、演奏学习效率变低，学习周期拉长、压力增大、兴趣消失。音乐素养是一门音乐基础课，它是每一个学习音乐的人所必须掌握的。它的重要性，就好比汉字、词语、语法结构对于写作的重要性一样。音乐素养教学不是可有可无、可学可不学的问题，它是音乐的基石。音乐素养在音乐学院及附中都是必修课，是考音乐院校的必考科目，也是全国青年歌手大奖赛的必考内容，更是学生学习乐器的入门课程。实践证明，学习音乐素养的学生，能够具有听辨、唱读、弹奏、欣赏四项能力。听辨——能听辨各种节奏及标准乐音；唱读——拿到乐谱即可视唱；弹奏——能拿谱即可弹奏；欣赏——能欣赏、理解或表现音乐内涵。如果你不具备这些素质，你就不具备学习音乐的能力。所以，音乐素养教学是学习声乐和乐器的必学课程之一。

何谓基本素养？素质教育训练包括"乐理"和"视唱练耳"两个重要的基础乐科。视唱，即看谱会唱旋律，通过唱来分析调性、调式、乐句、结构等音乐要素；练耳，即训练音乐听觉，其中包括音高、节奏、音程、和弦、旋律等音乐要素。音乐爱好者学习音乐应从"原始"的音乐基础知识开始。没有半点乐理和视唱基础的音乐"爱好者"，无论在音乐、舞蹈等艺术领域的每个环节都会感到茫然，而且难以收到形象和贴切的效果。学习乐理知识和掌握基本视唱是所有热爱音乐舞蹈艺术、接触音乐舞蹈艺术的基础，无论当你从事音乐舞蹈艺术中还是参与音乐舞蹈的的业余爱好中，学习乐理知识和基础视唱都能让你对音乐舞蹈有着更好的理解和掌握。通过学习视唱练耳和乐理课，可使你拿到一份简谱（五线谱）乐曲就能看谱即唱；让你可以熟练掌握简谱（五线谱）中各种不同的表情术语，区别不同音之间音高的不同，以及不同音符所代表的长短时值，认识各种升、降记号，判断各种调式与调性等能力，从而更深刻地表现和演绎音乐。了解不同节奏，能让你更明确不同舞种中的节奏特点，从而将舞蹈表现得更加贴切。基础音乐理论与视唱是学习音乐的必经之路。

二、掌握基本乐理

"基础乐理"，顾名思义，讲的就是音乐最基本的理论知识，包括音的特性、节拍、节奏、音程、调式、和弦、调性关系、基本曲式结构以及记谱法等内容。它像一把开启音乐大门的钥匙，是学习演唱、演奏、歌曲写作、和声、编曲等各种专项技能的前提条件，是成为一个从事文化艺术生活的实践者必不可少的一个学习环节。理论是实践的指导者，只有理论指导的实践才是有方向、有目的。亲爱的朋友，请你花些时间来学些基本的音乐理论知识吧，那时候我想你会豁然开朗，对自己未来的练习道路也会明晰很多。不会再一头雾水，而是让自己唱得明明白白，从而为接触音乐艺术和舞蹈艺术奠定基础。乐理知识是一门单独的系统的学科，但是又与声乐、视唱练耳有着千丝万缕的联系，它们是互相作用着的，没有乐理知识的积淀，其他相关的内容学起来就会较吃力。所以，音乐爱好者或者说是未来的音乐家们，都必须系统地学习乐理。也许在学习过程中，效果不会立刻显现出来，但是它对于以后相关的音乐方面的学习有着非常重要的推动作用。好比一栋质量好、工程量大的楼房，不可能没有好的根基就能够建好。这就说明乐理知识是踏入音乐旅程的通行证，有了它，你将更快地与音乐成为好朋友，了解它所有的兴趣，让你通往每一段旅程的路上都充满惊喜与欢乐。同时，从小的方面来说，学习乐理可以认识乐谱，更好地把握歌曲的节奏与速度、力度与情感等因素；从大的方面来说，可以加深对音乐的理解，以便能更好地诠释出音乐的内涵和风格。总的来说，乐理的学习还能加深音乐素养，增强对乐曲的欣赏水平。

三、视唱练耳必不可少

在音乐学习过程中,听觉训练有很重要的意义。音乐是声音的艺术,是听觉的艺术。马克思说:"对于不懂音乐的耳朵,最美的音乐也没有意义"。对于每位学习音乐的学员,都必须具备听音、辨音、识谱、视唱的能力,才能提高对音乐的理解力、鉴赏力、记忆力。

语言是思维的武器。同样,音乐思维也离不开音乐语言,音乐语言的积累是人们音乐思维活动中必不可少的基础和条件。只有将一定数量的音乐语言各种曲调进行,各种音程、节奏、节拍规律,不同调式风格、多声部的结合特点等储存在脑子里,才能有能力对所听到的音乐进行分析,并迅速正确地将其反映出来。因此,积累丰富的音乐语言,对促进听觉思维的发展起着重要的作用。而这种积累,除了在练耳过程和其他音乐实践中获得以外,还得依靠"视唱练耳"这项系统的、有计划的、有组织的活动来获得。

视唱练耳是一门基础理论课。一提起"理论"二字,往往容易将其误解为纯理论课。其实不然,它是提高学员自身素质、加强全面修养的一门综合基础课。一个有修养的从事演唱、演奏或教育的音乐家们,其在音乐方面所取得的成功,这里面都有视唱练耳的一份功劳,这是不言而喻的。但是,想要学好它,也不是一件很容易的事情。它涉及面较广,如旋律、和声、调式、调性、转调、移调、音准、节奏、力度、视谱、音乐表现等等。但是,它也并不是高不可攀。只要我们有科学的学习方法和持之以恒的学习态度,就能够达到预期的目的。

唱有助于听,无可置疑,但视唱不能仅停留在唱谱阶段,而要充分认识和理解音乐构成的各种要素,分析掌握音乐进行的规律及内在联系。经过不懈地日积月累,脑中将会储存丰富的音乐语言,今后在所有的音乐实践中,这些"储存"便会出来参与你的思维活动,你的音乐修养在不知不觉中便有了很大的提高。"视唱"就是拿到一份简谱(五线谱)看谱即唱的技能,分为"简谱视唱"和"线谱视唱"。视唱是学习音乐过程中非常实用且必要的基本技能。是学音乐中必须掌握的技能,是提高音乐素质所不可或缺的。通俗地说,简谱视唱需熟练掌握不同音高的音准及各种不同的节奏型和不同音符的写法与命名的关系,五线谱需熟练掌握线谱各种高、中、低谱号,区别不同音之间音高的不同,以及不同音符所代表的长短时值，认识各种升、降记号，判断各种调式与调性等等，演唱时要求达到音准、节奏准、有表现力地完整唱出来。

视唱练耳是音乐教育领域的一个基础学科，它有理论性与技术性兼具的学科特点。而我们所探讨的视唱教学，则属于初级层次的入门式教学，学习者通过一定的音乐练习和实践就能从感性上获得对于声音和音乐及其语言的感知或感悟（乐感），如对音高音色的感、对于节拍节奏的感知，以及声音敏感性、音乐审美观等。

第二节 基础乐理

要想把音乐学好，就必须先学习乐理知识。乐理知识就是音乐的钥匙，有了这把钥匙，你就能更快地打开音乐之门，进入音乐殿堂……

一、音

（一）音的产生

音是一种物理现象。物体振动时产生音波，通过空气传到人们的耳膜，经过大脑的反射被感知为声音。人所能听到的声音在每秒振动数为16～2000次左右。在自然界中，我们人的听觉能感受到的音很多，但并不是所有的音都可以作为音乐的材料。使用到音乐中的音（不含泛音），一般只限于每秒振动27～4100次的范围内。也就是说，在音乐中所说的音，是人们在长期的生活实践中挑选出来，能够表现人们生活或思想感情的，并组成一个固定的体系，用来表达音乐思想和塑造音乐形象。

（二）音的主要性质

1. 音的高低

物体振动的频率决定音的高低。我们通常把每秒钟物体振动的次数称为"频率"，物体振动的频率越高，音就越高；反之则越低。

2. 音的长短

音的长短也叫音的时值，物体振动的时间决定音的长短。物体振动的时间越长，音就越长；反之则越短。

3. 音的强弱

物体振动的振幅决定音的强弱。物体振动的振幅越宽，音就越强；反之则越弱。

4. 音的色彩

也称"音色"，音色指音的感觉特性。发声体的材料及结构决定音的色彩，即音色。音色是音乐中极为吸引人、能直接触动感官的重要表现手段。发音体的振动是由多种谐音组成，其中有基音和泛音，泛音的多寡及泛音之间的相对强度决定了特定的音色。人们区分音色的能力是天生的，音色分为人声音色和器乐音色。人声音色高、中、低音，并有男女之分；器乐音色中主要分弦乐器和管乐器，各种打击乐器的音色也是各不相同的。

音有高低、强弱、长短、音色四种主要性质，在音乐表现中非常重要，其中以音的高低和长短最为重要。不知道你是否有这样的体会：对于一首歌，不管你用人声演唱还是乐器演奏、唱的声音是小是大，也不管您演唱或演奏时用什么调、音的强弱及音色有了什么变化，但这支歌的旋律依旧。可是，如果这首歌的音高或音的长短有改变的话，则音乐的感受就会受到严重的影响。可见，对一段旋律来说，音高和音长短的重要性。

（三）音的分类

声音由于振动的不同，可分为乐音和噪音（与生活中的噪音的概念有所区别）。在音乐中所使用的音，既有乐音也有噪音。

1. 乐音的振动比较有规律，听起来音高很明显，如果在示波器上则能显示为规则的正弦曲线。在音乐中所使用的有固定音高的音一般都是乐音，如小提琴、二胡、钢琴、口琴等乐器发出的声音。

乐音乐器发出的音也并不是完全的、纯净的，它是由许多的音融合在一起的复合音，除基音外还有许多泛音共同组成该乐器特有的音色。我们平时所听到的某一个音都不只是一个音在响,而是许多个音的结合,这种声音叫做复合音。复合音的产生是由于发音体(以弦为例)不仅全段在振动,它的各部分(二分之一、三分之一、四分之一……)也分别的同时在振动。由发音体全段振动而产生的音叫做基音,也就是最易听见的声音。由发音体各部分振动而产生的音叫做泛音。这些音是我们听觉所不易听出来的。

2. 噪音的振动比较杂乱,听起来音高不很明显,在示波器上显示为十分复杂的曲线。如自然界的风声、雷声、流水声、物体的撞击声等。当然,音乐所用的噪音是经过挑选的打击乐器,如锣、鼓、梆子、木鱼等乐器发出的声音就是噪音。

噪音乐器,如梆子、小军鼓、木鱼、沙槌等等。噪音乐器也并不是完全没有音高,它只是音高不太明显罢了,如大锣与小锣、大鼓与小鼓、大木鱼与小木鱼的音高,都是有一定的区别的。在我国民族音乐里,噪音的使用具有相当丰富的表现能力。如在戏曲音乐中,打击乐器在其他艺术表现手段的配合下,在塑造人物形象、表现各种思想情感方面,其作用是异常明显的,这是世界音乐文化中非常具有特色的一部分,是值得我们很好地研究和学习的。

在音乐中,乐器与噪音乐器各有不同的音乐表现特点,并不存在谁优谁劣的问题,两者相互结合,共同为塑造音乐形象服务。

二、音阶

1. 音阶的定义

音阶(Scale)指调式中的各音,从以某个音高为起点即从主音开始,按照音高次序将音符由低至高来排列,这样的音列称为音阶。世界各地有许多不同的音阶,随着音乐水平的进步,音乐非常完整的理论与系统,目前世界上几乎都是用西洋的十二平均律来作为学习音乐的基础,因此,我们今天所说的音阶,就是以最普遍的大音阶(大调)与小音阶(小调)为主。

2. 音阶的分类

根据调式所包含的音的数量,音阶可分为"五声音阶""七声音阶"等。音阶由低到高叫做上行,由高到低叫做下行。

五声音(Pentatonic scale)阶由五个音构成的音阶,多用于民族音乐的调式,如do、re、mi、sol、la、(do)。

不带半音的五声调式按照纯五度关系产生的五个音所构成的音阶，其调式音列的任何相邻两音均无半音，例如c、d、e、g、a、c或c、d、f、g、a、c等。这种调式音阶不仅在亚洲、非洲的广大地区和美洲的印第安人中普遍存在，而且在欧洲国家（如匈牙利、挪威和苏格兰以及北极的因纽特人）中，也都存在。在中国民间音乐中，这种不带半音的五声调式应用范围极为广泛；其各音级分别称为宫音、商音、角音、徵音和羽音。各相邻两音之间的音程，除角与徵、羽与宫之间为小三度外，其余均为大二度。五声音阶中任何一音均可作为主音，并构成一种调式；凡以宫音为主音者称宫调式，而以其他各音为主音者，则分别称为商调式、角调式、徵调式、羽调式。凡宫音相同的各调式，统称为"同宫系统"。

七声音阶是在八度音程之内，由七个相邻的音所组成的音阶。中国战国时期已有七声音阶的出现，由原有的五声音阶宫、商、角、徵、羽（C、D、E、G、A）五音加上变徵与变宫两音而成（C、D、E、#F、G、A、B）。西洋七声音阶的出现，可分为教会音阶及近代大小调音阶两种。

三、乐音体系

（一）乐音体系的定义

在音乐中使用的、有固定音高的音的总和，叫做乐音体系。

（二）乐音体系的分类

1. 音列
乐音体系中的音，按照上行或下行次序排列起来，叫做音列。

2. 音级
乐音体系中的各音叫做音级。音级有基本音级和变化音级两种。乐音体系中，七个具有独立名称的音级叫做基本音级。基本音级的名称是用字母和唱名两种方式来标记的。两个相邻的、具有同样名称的音叫做八度。升高或降低基本音级而得来的音，叫做变化音级。将基本音级升高半音用"升"或"#"来标明；降低半音用"降"或"b"来表明；升高全音用"重升"或"x"来标明；降低全音用"重降"或"bb"来标明；还原用是"♮"去掉上下的横表示。

（三）音域与音区

音域可分为总的音域和个别音域、人声和乐器音域。音域中的一部分是音区，音区可分为高音区、中音区和低音区三种。人声的音区划分，往往是不相符合的，例如男低音的高音区却是女低音的低音区。但各音区具有自己的特性音色，这体现在音乐的表现中，一般来说：高音区清脆、尖锐；而低音区则低沉、浑厚。

四、调式

在音乐中，按照一定的关系连结在一起的许多音（一般不超过七个），组成一个体系，并以一个音为中心（主音），这个体系就叫做调式。

（一）调式中音的分类

在调式体系中，起着支柱作用并给人以稳定感的音，叫做稳定音；给人以不稳定感的音叫做不稳定音。不稳定音有进行到稳定音的特性，这种特性就叫做倾向。不稳定根据其倾向进行到稳定音，这叫做解决。音的稳定与不稳定是相对的。我们常见的某一个音（或和弦）在某一调式体系中是稳定的，但在另一调式体系中可能变得不稳定，即便在同一调式体系中，因为和声处理的不同，某些稳定音也可能暂时处于不稳定的状态中。

（二）调式的分类

调式分为大调式和小调式。由七个音组成的调式叫大调式，其中稳定音合起来成为一个大三和弦。小调式也是由七个音组成的，其中稳定音合起来成为一个小三和弦。大调式的主音和其上方第三音为大三度，因为这个音程最能说明大调式的色彩。小调式的主音和其上方第三音为小三度，因为这个音程最能说明小调式的色彩。在大小调体系中，起稳定作用的是第Ⅰ、Ⅲ、Ⅴ级。这三个稳定音级的稳定程度是不同的，第Ⅰ级最稳定，而第Ⅲ级和第Ⅴ级的稳定性较差。三个稳定音和它们的稳定性只有和主音三和弦共响时才能表现出来，假使用其他非主音三和弦时，则不具有稳定性。第Ⅱ级、第Ⅳ级、第Ⅵ级、第Ⅶ级是不稳定音级，在适当的条件下，它们显露出二度关系进行稳定音的倾向。

（三）大调式

大调式是由七个音组成的一种调式，其中稳定音合起来成为一个大三和弦。大调式的主音和其上方第三音为大三度，因为这个音程最能说明大调式的色彩。大调式有三种形式：

1. **自然大调**：是大调式的基本形式。
2. **和声大调**：是降低自然大调中的第6级而成，其明显的特点是第6级与第7级间的增二度音程。
3. **旋律大调**：将主音下行级进时的自然大调降低第7级、第6级而成。

（四）小调式

小调式和大调式一样是由七个音组成的，其中稳定音合起来成为一个小三和弦。小调式的主音和其上方第三音为小三度，因为这个音程最能说明小调式的色彩。小调式也有三种形式：

1. **自然小调**：是小调式的基本形式，
2. **和声小调**：由升高自然小调第7级而成。和声小调与和声大调一样，其显著特点是6级与第7级之间的增2度。
3. **旋律小调**：由升高自然小调中的第6级和第7级而成。一般多用于上行，但在下行时也偶尔使用。旋律小调下行时多用自然小调的形式，即将第6级、第7级还原。

（五）五声调式

按照纯五度排列起来的五个音所构成的调式，叫做五声调式。这五个音依次被称为宫、商、角、羽、角。五声调式的特点是：

1. 宫角之间形成五声调式中唯一的大三度(小六度)。
2. 以大二度和小三度所构成的"三音组"是五声调式旋律进行中的基础音调。

五声调式有五种：以宫为主音的叫宫调式，以角为主音的叫角调式，其他依次类推。

五、音程

两个音级在音高上的相互关系叫做音程。先后弹奏的两个音形成旋律音程，同时弹奏的两个音程形成和声音程。

旋律音程书写时要错开，和声音程书写时要上下对齐，和声二度中的低音在左面，高音在右面，两个音紧靠在一起。

音程中下面的音叫根音，上面的音叫冠音。

旋律音程按照它进行的方向分上行、下行、平行三种。

所有和声音程和上行旋律音程都是由根音读至冠音。下行旋律音程和平行旋律音程，读时要说明进行的方向。

（一）音程的级数和音数

音程是用音程的级数和音数来说明的，两者缺一不可。

音程在五线谱上所包含的线与间的数目，叫做音程的度数。五线谱的每一线或间就叫做一度，相邻的线与间构成的音程叫做二度，其余依次类推。

音程的度数用阿拉伯数字标记。音程中所包含的半音或全音的数目，叫做音程的音数。音程的音数是用分数、整数和带分数来标记的。

为了区别级数相同而音数不同的音程，还要用文字来加以说明，如大、小、增、减、倍增、倍减、纯等(一度、四度、五度、八度没有大小，二度、三度、六度、七度没有纯)。这些说明语，写在表示音程级数的前面，如纯五度、大六度等。

（二）自然音程和变化音程

纯音程、大音程、小音程、增四度和减五度叫做自然音程。

1. 纯一度：音数为0的一度。
2. 小二度：音数为1/2的二度。
3. 大二度：音数为1的二度。
4. 小三度：音数为1又1/2的三度度。
5. 大三度：音数为2的三度。
6. 纯四度：音数为2又1/2的四度。
7. 增四度：音数为3的四度。
8. 减五度：音数为3的五度。
9. 纯五度：音数为3又1/2的五度。
10. 小六：音数为4的六度。
11. 大六度：音数为4又1/2的六度。
12. 小七度：音数为5的七度。
13. 大七度：音数为5又1/2的七度。
14. 纯八度：音数为6的八度。

在五线谱的相邻的两条线或两个间永远构成三度音程，隔开一条线的两条线或隔开一个间的两个间永远构成五度音程。隔开两条线的线和隔开两个间的间永远构成七度音程；增四度和减五度，由于它们包含着三个全音，故又称三整音或三全音；自然音程可以由任何音级开始，向上或向下构成；一切增减音程（增四度、减五度除外）和倍增、倍减音程，都是叫做变化音程。变化音程是由自然音程变化而来的；将冠音升高或将根音降低，可使音程音数增加，反之将冠音降低或将根音升高，则可使音程音数减少。

级数相同而音数不同的音程，其相互关系如下：

大音程和纯音程增大变化半音时，成为增音程；小音程和纯音程减少变化半音时，成为减音程。但减一度不可能，因为一度音程不管作何变动，都只能使音程的音程增加；小音程增大变化半音，成为大音程，大音程减少变化半音，成为小音程；增音程增大变化音程成倍增音程，最常用的倍增音程有倍增一度、倍增四度、倍增八度；减音程减少变化半音成为倍增音程，最常用的倍增音程有倍减五度和倍减八度。

（三）转位音程

音程的根音和冠音相互颠倒，叫做音程转位。音程的转位可以在一个八度内进行，也可以超过八度。音程转位时可以移动根音或冠音，也可以根音、冠音一起移。

（四）协和音程和不协会音程

1. 按照和声音程在听觉上所产生的印象，音程可分为协和的及不协和的两类。听起来悦耳、融合的音程，叫协和音程。协和音程又可分为三种：

（1）声音完全合一的纯一度和几乎完全合一的八度是极完全协和音程。其特性是声音有点空。

（2）声音相当融合的纯五度和纯四度是完全协和音程。其特性是声音有点空。

（3）不很融合的大小三度和大小六度是不完全协和音程。其特性是声音则较为丰满。

2. 听起来比较刺耳、彼此不很融合的音程叫做不协和音程，包括大小二度、大小七度及所有增减音程（包括增四、减五度音程）倍增、倍减音程。

六、和弦

在多声部音乐中，可以按照三度关系排列起来的三个以上的音的结合，叫做和弦。

（一）三和弦

由三个音按照三度关系叠置起来的和弦，叫做三和弦。在三和弦中，下面的音叫做根音，或一度音，用数字1来代表；中间的音叫做三度音，用数字3来代表；上面的音叫做五度音，用数字5来代表。

三和弦的主要类型有：

1. 大三和弦：根音到三度音是大三度，三度音到五度音是小三度，根音到五度音是纯五度。

2. 小三和弦：根音到三度音是小三度，三度音到五度音是大三度，根音到五度音是纯五度。

较少使用的类型有：

1. 增三和弦：根音到三度音和三度音到五度音都是大三度，根音到五度音是增五度。

2. 减三和弦：根音到三度音和三度音到五度音都是小三度，根音到五度音是减三度。

（二）七和弦

由四个音按照三度音程关系叠置起来的和弦，叫做七和弦。七和弦下面的三个音和三和弦中的音一样，叫做根音、三度音、五度音。第四个音因为与根音相距七度，故叫做七度音，用数字7来代表。七和弦的名称也是因为这个七度而得来的。所有七和弦都是不协和和弦，因为其中包含了不协和的七度。

七和弦的名称是按照所包含的三和弦的类别及根音与七度音之间的音程关系而定名的。

以大三和弦为基础，根音至七度音为小七度的七和弦，叫做大七和弦。

以小三和弦为基础，根音至七度音是小七度的七和弦，叫做小七和弦。

以减三和弦为基础，根音至七度音是小七度的七和弦，叫做减小七和弦半减七和弦。

以减三和弦为基础，根音至七度音是减七度的七和弦，叫做减减七和弦减七和弦。

除了上述较常用的四种七和弦外，还有许多其他类型的七和弦，如增大七和弦、大大七和弦、小大七和弦等。

（三）原位和弦及转位和弦

以和弦的根音为低音(最低的音)的和弦，叫做原位和弦。

以和弦的三度音、五度音、七度音为低音的和弦，叫做转位和弦。

三和弦除了根音外，还有两个音，所有三和弦有两个转位。

以三度音为低音的三和弦叫做三和弦的第一转位，也叫做六和弦，用数字6来代表。

以五度音为低音的三和弦叫做三和弦的第二转位，也叫做四六和弦。

七和弦除根音外，还有三个音，所以七和弦有三个转位。

以三度音为低音的七和弦叫做七和弦的第一转位。也叫做五六和弦。

以五度音为低音的七和弦叫做七和弦的第二转位，也叫三四和弦。

（四）构成和识别和弦的方法

1. 记住和弦的音程结构，按照音程结构去构成和识别和弦。

2. 首先确定和弦的根音，根据根音构成或找出和弦的原位形式，再根据原位和弦来构成和识别转位和弦。

第三节 视唱练耳

音乐是听觉的艺术，当我们在聆听某人演唱或演奏时，常常用"乐感"一词来衡量其优劣。所谓的"乐感"，顾名思义，是对音乐的感觉，这里面包含了对音乐的感受能力和对音乐的理解能力以及表达能力；同时，还要对音乐的节奏感和音准的表达。这些能力的培养，也就是"乐感"的培养，主要是通过视唱练耳教学来实现的。本文面对的更多为激情广场业余爱好者，因此只对视唱基础知识做阐述和训练。

一、视唱

视唱是音乐学习中一门基础技能训练课，是一门系统的发展音乐听觉，开发人的音乐本能，提高人们的节奏、音准和乐感的课程。开发人的本能，即视唱的目的，是培养学者看谱即唱（奏）能力、识谱记谱的能力、辨别音高的能力（正确的音准）、辨别音色的能力、掌握音乐的节奏能力（节奏感）等。

（一）音准

1. 音准就是要准确地掌握各种音程关系，能够将一音到另一音准确地连接起来，对音准的要求每时每刻都应十分注意，要唱准音，首先脑子必须对每个音应有一个音高概念，这样唱时才能在你的大脑支配下唱准每一个音。要先想音高再去唱，脑子走在嘴的前面。

2. 视唱之前要先唱音阶。唱音阶时除注意音准外，还要在脑子里反映各音在调式的级数。do-re、do-mi、do-fa……re-do、re-mi、re-fa……等每个音和其他音之间的音高概念，音级练习主要练习各调的Ⅰ Ⅱ Ⅰ，Ⅰ Ⅳ Ⅲ，Ⅰ Ⅵ Ⅴ，Ⅰ Ⅶ Ⅰ。因为旋律的走向最终是不稳定音进行到稳定音。

3. 视唱如有大跳、变音、fa和si等音要重点练习，因为这几方面是视唱音准的难点。如这几方面能唱准，视唱的音准应该基本没有问题。

（二）节奏

1. 节奏是组织起来的长短关系，在节奏的训练中要重视击拍，养成边视唱边用指挥图式划拍的良好习惯，以起到指挥视唱和组织节奏的作用，并应特别重视节拍的强弱感，防止用脚打拍。

2. 在进行视唱前，应将每部分的节奏型先单独练习，再对比练习，最后综合联系。

3. 在练习节奏时，要从开始就培养学生对各种节奏型具有整体感，应把每一种节奏型看作是音符在时值上组合的整体，而不是音符的连接。要善于启发学生抓住不同节奏型所产生的不同的节奏感。

4. 德国哲学家莱布尼茨说："音乐是心灵的算术。"所以，视唱时内心要有节奏、要稳，不要忽快忽慢，心控要好。

（三）表现力

视唱除了要解决最基本的音准和节奏外，还要注意音乐的表现力，注意乐曲中各种力度、速度及表情记号，并且注意当旋律上行时要自然渐强，下行时声音要自然渐弱，在乐曲的高潮处要注意用渐强的音量。在视唱时声音应尽量纯正、宏亮、优美、圆润、流畅，有表情。要养成听自己声音的习惯，学会在自己听觉的控制下进行视唱。二声部视唱可唱一声部，自弹另一声部，注意合作，要唱得协调，并且能倾听两个声部的关系。

（四）唱名法

视唱分为固定唱名法和首调唱名法，这两种唱名法在视唱中各有优点。固定唱名法因唱名固定，不随调性变化而变化，有利于培养固定音高的绝对音感，在演奏和演唱中转调方便。首调唱名法的唱名随调性变化而变化，因此主音感强、音调自然，但难以适应转调和变化，且唱名在五线谱中位置不固定，识谱具有一定难度。同样，固定唱名法在升降号较多的情况下，掌握调性的难度亦会增加。所以具体使用哪种唱名法，还需根据学习者不同的情况而定。一般在训练小孩或从小学习音乐（童子功）采用固定唱名法，年龄稍大一些或学习音乐比较晚一些采用首调唱名法。

（五）积累音乐语言

视唱是积累音乐语汇和获得感性知识的主要来源。因此在视唱的过程中，应背唱有价值的中外优秀作品和民族民间音乐，以便使学生在获得技能的同时，积累一定数量的优秀的而有用的音乐语汇，逐步提高音乐修养，并且必须坚持背谱。只有按固定唱名背一定数量的视唱才能更好地熟悉各调。在背谱的过程中，要思考乐曲的调式特点，分析乐曲的结构，搞清楚乐句间的关系，如重复、对比、模进等。

二、练耳

（一）听觉分析

听觉分析主要包括单音、音组、和弦的模唱，节奏模仿（手敲口念），曲调记忆模唱（固定音高或哼唱模仿），以考查学生对音高、节拍、节奏、调式等综合模仿记忆能力。训练的过程中要本着由易到难、由短到长、由简单到复杂的原则。

（二）听写

听写，主要包括听写单音、旋律音程、和声音程、和弦、和弦连接、节奏、旋律等。

1. 听写单音

听辨单音时，要建立固定音感，牢牢记住标准音，然后用标准音与需要听记的音比较，确定其与标准音之间的音程关系，反映在谱上用全音符记写。

2. 旋律音程

听写旋律音程时要借助含自然音程的熟悉歌曲，并且最好是歌曲的开头或高潮部分，每个音程关系要在脑子里打下烙印。

3. 和声音程

听和声音程关键在模唱，模唱出来再根据听旋律音程的方法找出其音高。一般情况下，如果一个音程既有基本音级又有变化音级，先听基本音级，然后根据性质找变化音级。

4. 听写和弦

听和弦主要听音响效果和性质，大三明亮、小三暗淡、增三扩张、减三收缩，但更主要的是听性质，听性质也可以借助熟悉的歌曲。

5. 和弦连接

和弦连接应先听低音，然后听和弦的性质，最后根据和弦的性质写音，听和弦连接要与调式音级级数联系起来。

6. 节奏

节奏是组成音乐的基本要素之一，是音乐中的骨骼，在视唱练耳中日益被重视。节奏虽千变万化，总结起来基本节奏型也就那么几种。掌握常见的基本节奏型，其他节奏也就迎刃而解了。在节奏听辨听记中，休止符可以在节奏型的任何位置上出现。在节奏练习时应多读、多听、多记，必须做到会打、会读、会听、会写。开始是一拍子的音型训练，然后二拍子、三拍子、四拍子，甚至几小节的排列组合，逐渐增加长度和难度。在训练的过程中可采用填充（前后节奏都写下来，只留下一部分让学生写）、改错（教师写出节奏与弹奏有局部差异，让学生改正错误部分）。这样布局练习，要比整个节奏听写效果要好。

7. 听写旋律

听写旋律是一个综合练习，它包括音高、节奏、调式调性等方面的知识，所以旋律训练应在音准和节奏都有一定基础的情况下方可进行。在训练中应多做调性训练。给标准音以任一音为主音，弹奏一曲调，迅速找到主音，并确定与标准音之间的音程关系，用首调听然后移到所要求的调上去。训练旋律还可以采用节奏固定改变曲调，还可像节奏训练一样，采用填充、改错、扩充乐句等方法。

总之，视唱练耳作为一项技能训练，一定要做到口唱、耳听、脑想、心记、手划拍完成——通过唱加强对音高的记忆能力，通过听提高对音高的辨别能力，通过想培养内心音高想象力及对理论知识的理解，通过划拍准确唱出各单位拍的时值及节拍感。必须通过反复练习，刻苦训练才能达到较好的效果，不可能一蹴而就，要坚持天天练习，要持之以恒。里格尔曾说过："音乐是灵魂的语言。"费尔巴哈说："音乐是感情的一种独白。"因此，视唱练耳并不是单纯的去听、去唱，而是用脑去思维、用心灵去感受。

视唱练耳大体分为视唱和听觉训练两大部分。

通俗地说，"视唱"就是拿到一份五线谱乐曲看谱即唱的技能，需熟练掌握五线谱，各种高、中、低谱号，区别不同音之间音高的不同，以及不同音符所代表的长短时值，认识各种升、降记号，判断各种调式与调性等等，演唱时要求达到音准、节奏准、有表现力地完整唱出来。

练耳是听觉的训练，通常是对钢琴上弹奏出来的音进行听辨，训练学习者靠听觉分辨音程、和弦、节奏，能把听到的音或曲调用五线谱准确记录下来，还要能够听辨和弦，分析和弦的性质、功能，相应地能够唱音程与和弦等等。听觉训练还包括对音色的辨别能力。各种乐器都有不同的音色，同一乐器也有不同的音色。乐队演奏的乐曲中还有各种乐器的混合音色，音色千变万化，均可通过训练让学习者分辨出来。

　　视唱练耳是学音乐中必须掌握的技能，不管学声乐还是器乐，它是提高音乐素质所不可或缺的。视唱练耳是学习音乐过程中非常实用且必要的基本技能。视唱练耳主要就是由视唱和听音所组成。其中听音部分大致可分为单音的听辨、连续单音听辨、单个音程、和声音程连接、单个和弦、和弦连接、节奏的听辨以及旋律听写等方面。其中各项均可细分。视唱部分则又可分为节奏视唱、单声部旋律视唱多声部旋律视唱及带伴奏的单声部和多声部的旋律视唱等。其中亦可细分。视唱与听音有密切联系，相互统一。

　　音乐学习者可结合自身特点做出有选择的练习。例如将视唱作为听音的基础，就是先通过视唱来熟悉音乐中的各种关系，包括对音程与和弦的构唱、节奏与旋律的视唱等等，进而促进听音方面的提高。这是由表及里的学习方法。反之亦可，即先通过对各种音乐素材的熟悉，加深理解，从而达到促进视唱方面的要求。

　　视唱还包括对音乐表情的阐述。除音准节奏之外，还有一项不可缺少的因素就是音乐表情，即对作品的处理方法。这一点亦是不可或缺的。对于视唱练耳的学习，可以加强音乐学习者对其音乐专业的实践能力，对他们学习其他的基础课程以及自身专业的学习及发展具有重要意义。

第四节　简谱视唱实际应用

　　视唱练耳是一门重要的音乐基础课程，节奏的训练是视唱练耳课堂教学的主要内容之一，也是系统地发展音乐听觉、提高音乐素质的重要手段。然而，对初学者来说，节奏训练还需要一个循序渐进、由浅入深的过程，用科学的方法方能达到事半功倍的效果。

　　节奏是音乐的骨骼，是组成音乐的基本要素之一。在学习视唱过程中，首先要面对的就是节奏。因此节奏掌握的好坏，直接影响到我们的视唱教学。尤其是那些切分音和附点音符以及一拍数个音的，对初学者来说是一道高不可攀的门槛。要把繁杂的节奏变得易记、易懂，把视唱教学中的节奏难点逐步解决，对更好地理解视唱所包含的多种元素打下了稳定的基础；同时，在熟练掌握的同时，还应培养创造性思维，从不同的角度来思考，巩固所学的知识。不仅能唱读节奏，能记节奏，而且能够灵活运用节奏。

音乐中的节奏形态非常多样，节奏构成千变万化，但其基本形态归类起来并不很复杂。如果掌握了基本的节奏型，从简到繁，循序渐进，其他一些较复杂的节奏就不难掌握了。每一种节奏型都有各自的形态、名称、读法、写法。如在音乐中最常使用的节奏型有均分型、附点型、切分型、组合型、连音型，以及我们要着重讲的母音带唱等。在实际教学中，还可以将每种节奏型进行内部组合加以记忆。例如在参考综合各种方法后，对于基本节奏型，可以分为以四分音符为一拍和以附点四分音符为一大拍两类。每一类又有多种划分，即基本划分、附点划分、后附点划分和特殊划分（各种连音）等。以四分音符为一拍的节奏型主要运用于四二、四三、四四等拍子中，以附点四分音符为一大拍的节奏型主要运用于八三、八六拍这一类型的节拍中。所有这些常用节奏型，一定要在训练中做到会认、会读、会听、会写。有的人在训练过程中对单个节奏型反应迟缓，造成顾此失彼，所以一定要强化对节奏型的印象，把每个常用节奏型深深印在脑海里，只有这样，才可能发展多个节奏组合的快速唱读与记忆。为了尽快掌握节奏型，首先，要从道理上认清各种不同节奏型的基本形态和时值比例关系，然后能读出其音响；其次，视唱中出现的各种节奏都能准确地听出来；最后，还要求能用正确规范的记谱法写出各种节奏。在这个过程中，良好的节奏记忆能力是必不可少的。节奏的记忆分为感性和理性两方面：所谓感性记忆就是不假思索，凭借自己对节奏的律动感觉，将所给的节奏快速念出；感性记忆主要适合于节奏模仿训练，但对太多的节奏组合，感性记忆则显得力不从心了。理性记忆就是将所给的节奏型都做出反应并快速再现，理性记忆主要适合于节奏听记，但记忆过程略显呆滞，不利于多个节奏的组合记忆，所以，将两种记忆方式结合运用将取得良好的训练效果。

有了一定的节奏基础和记忆方法后，先从简单的节奏组合开始练习，逐渐增加节奏型的难度和节奏组合的长度，由单一型向综合型过渡，由基本节拍节奏向较难的节奏节拍过渡，由单声部节奏向多声部节奏过渡。这一切的训练，都要根据学习者的不同情况采取灵活多样的方法进行练习，始终坚持由浅入深、循序渐进的原则，以达到最佳的训练效果。

音乐的节奏与旋律一样，也需要有呼吸感和咏唱感。节奏可以独立表现一定的音乐形象，因此所谓的节奏节拍感，并不是机械地表现时值长短或节拍重音虽然这些也很重要，但它们只是节拍节奏感的一部分，它还应该包括如乐句的处理与起伏、节奏的语感、多声部节奏的交错与均衡、各种音符及休止符多种表现意义等等。而这些内容，从某种意义讲，更为重要。因此，单纯的节拍节奏训练并不宜太多，应主张多在实际的音乐作品中进行技术练习。在节奏与音高组成的综合织体中培养节拍节奏感，使学习者在体会到节拍节奏的紧张度和动力感的同时，也能感受到音乐倾向性，逐步提高对音乐的记忆力、鉴赏力和表现力，让音乐实践活动充满着生命的节奏活力。这才是节拍节奏感训练的最终目的。

节奏训练包括发展速度感、节拍感和正确领会音值的相互关系。节奏形态多样，节奏构成千变万化，但其基本形态归类起来并不复杂，如果我们掌握了基本节奏形态（或称之为规则节奏型），从简到繁，循序渐进，那么其他诸如切分节奏、三连音、母音带唱等一些较复杂节奏就不难掌握了。

一、基本节奏的实际应用（先掌握以四分音符为一拍节奏练习，遇到以8分音符为一拍时成比例类推即可）

1. 二分音符： X —
   da a

2. 四分音符： X
   Da

3. 八分音符： X X
   da da

4. 全十六： X X X X
   Dadadada

5. 前十六节奏： X X X
　　　　　　　　Da dada

6. 后十六节奏　 X X X
　　　　　　　　Dada da

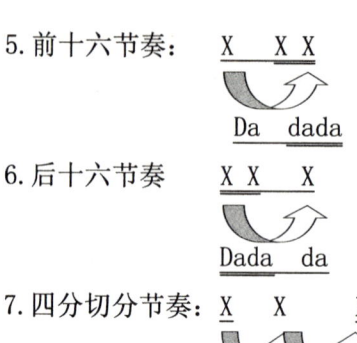

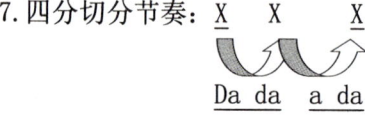

7. 四分切分节奏：X X X
　　　　　　　　Da da a da

8. 八分切分节奏：X X X
　　　　　　　　Dadaada

9. 四分附点节奏：X . X
　　　　　　　　Da a da

10. 八分附点节奏：X . X
　　　　　　　　Da a da

将以上10种节奏型独自掌握，节奏组合练习。将不同的节奏组合到一起，体会不同的节奏感觉及节奏形态，分辨不同节奏型的明显对比。任意组合训练，例如：5+6+7+8+3+2。节奏即为：

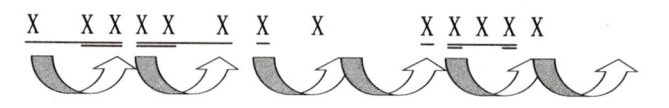

X XXXX X X XXXXX

二、视唱练习

简谱作为一种简便的记谱法，在我国已有百年左右的历史。由于它简单、易懂，长期以来深受广大人民群众的欢迎和喜爱，无论是专业音乐工作者还是业余音乐爱好者，至今都把简谱作为常用的、最为普及的记谱法。

视唱练习是按照节奏由简到繁的顺序，本着从易到难的原则，采用了大量既体现艺术性又注重技术性的视唱曲目和专门训练音准节奏的练习曲，只要读者能在教师的指导下系统地学习，严格要求，那么短时期内提高简谱视唱水平是完全可能的。

为了帮助学习者能更快地克服着识谱上的困难和提高视唱练习的兴趣，除系统地编排一些纯技术性的节奏练习和练习曲外，还可以选用一些歌曲包括小部分带歌词的旋律，作为视唱谱练习。

（一）练习视唱要注意的几个问题

1. 必须强调与视唱乐理相结合的原则，多唱多练习，在练唱中加深对乐理的理解，反过来又以乐理指导视唱，从而获得熟练与提高。

2. 从一开始就要坚持严格的一丝不苟的态度，对每一个音的高低、长短、强弱以及乐曲速度快慢和各种音乐符号、记号等等，都必须力求做到准确无误、正确表达。

3. 练习视唱的同时，必须养成边唱边打拍子的良好习惯，这是掌握拍子、节奏的一种不可缺少的有力手段。

4. 练习视唱，要抓住重点，解决主要矛盾，切忌从头到尾，没有明确要求地一遍一遍练唱，这非但徒劳无功，反而会把唱错的地方唱"熟"了而增加改正的困难。对练习曲的重难点应当多提出来放慢速度反复练唱，基本掌握后再按原速练唱，并同时注意表达该曲的风格特点。

5. 学习者除练唱视唱练耳中的曲例外，还可结合进度选用相应的歌曲或其他作品，以锻炼视唱即唱的实用能力。

6. 初学视唱时，可采用击拍法，按照本书介绍的击拍图式进行练习，待能运用自如之后即可采用指挥图式打拍子的方法练唱。

（二）学习视唱的实际运用

认识简谱首先要循序渐进，不能急于求成，音准很重要，音准加上节奏，简谱便很容易地学会了。现列举几个音高练习的例子。

2度练习：

$1=C \dfrac{2}{4}$

12 | 34 | 56 | 7i | i - | i7 | 65 | 43 | 21 | 1 - ‖

3度练习：

$1=C \frac{2}{4}$

$1\ 3\ |\ 2\ 4\ |\ 3\ 5\ |\ 4\ 6\ |\ 5\ 7\ |\ 6\ \dot{1}\ |\ 7\ \dot{2}\ |\ \dot{1}\ -\ |\ \dot{1}\ 6\ |\ 7\ 5\ |$

$6\ 4\ |\ 5\ 3\ |\ 4\ 2\ |\ 3\ 1\ |\ 2\ \underset{.}{7}\ |\ 1\ -\ \|$

$1=C \frac{2}{4}$

$1\ 4\ |\ 2\ 5\ |\ 3\ 6\ |\ 4\ 7\ |\ 5\ \dot{1}\ |\ 6\ \dot{2}\ |\ 7\ \dot{3}\ |\ \dot{1}\ -\ |\ \dot{3}\ 7\ |\ \dot{2}\ 6\ |$

$\dot{1}\ 5\ |\ 7\ 4\ |\ 6\ 3\ |\ 5\ 2\ |\ 4\ 1\ |\ 3\ \underset{.}{7}\ |\ 1\ -\ \|$

4度练习：

5度练习：

$1=C \frac{2}{4}$

$1\ 5\ |\ 2\ 6\ |\ 3\ 7\ |\ 4\ \dot{1}\ |\ 5\ \dot{2}\ |\ 6\ \dot{3}\ |\ \dot{1}\ -\ |\ \dot{3}\ 6\ |\ \dot{2}\ 5\ |\ \dot{1}\ 4\ |$

$7\ 3\ |\ 6\ 2\ |\ 5\ 1\ |\ 4\ \underset{.}{7}\ |\ 1\ -\ \|$

6度练习：

$1=C \frac{2}{4}$

$1\ 6\ |\ 2\ 7\ |\ 3\ \dot{1}\ |\ 4\ \dot{2}\ |\ 5\ \dot{3}\ |\ \dot{1}\ -\ |\ \dot{3}\ 5\ |\ \dot{2}\ 4\ |\ \dot{1}\ 3\ |\ 7\ 2\ |\ 6\ 1\ |\ 5\ 7\ |\ 1\ -\ \|$

7度练习：

$1=C \frac{2}{4}$

$1\ 7\ |\ 2\ \dot{1}\ |\ 3\ \dot{2}\ |\ 4\ \dot{3}\ |\ 5\ \dot{4}\ |\ \dot{1}\ -\ |\ \dot{4}\ 5\ |\ \dot{3}\ 4\ |\ \dot{2}\ 3\ |\ \dot{1}\ 2\ |\ 7\ 1\ |\ 6\ 7\ |\ 1\ -\ \|$

8度练习：

$1=C \frac{2}{4}$

$1\ -\ |\ \dot{1}\ -\ |\ 2\ -\ |\ \dot{2}\ -\ |\ 3\ -\ |\ \dot{3}\ -\ |\ 4\ -\ |\ \dot{4}\ -\ |\ 5\ -\ |\ \dot{5}\ -\ |$

$4\ -\ |\ \dot{4}\ -\ |\ 3\ -\ |\ \dot{3}\ -\ |\ 2\ -\ |\ \dot{2}\ -\ |\ 1\ -\ |\ \dot{1}\ -\ |\ 1\ -\ \|$

由于视唱的谱例较多，本书不在此做一一的列举。为此，本书推荐由赵方兴编著的《简谱视唱》（人民音乐出版社出版）。该书的编排顺序以节奏为主，由浅入深、从易到难，结合音程、调性等进行训练。

第三章 声乐常识

第一节 声乐发展史

纵观古今，声乐作为音乐艺术的一种主导形式，以其独特魅力引导人们去观察、去聆听，那美妙动人的声音，是无与伦比的人类创造。本书从声乐发展史的角度，对西方声乐和中国声乐的历史经验进行简要的论述，使我们从中了解到，无论是西方国家还是中国，对各种唱法都进行过认真的艺术实践。可以说，千百年来中外声乐发展的历史，就是和各种唱法彼此竞赛、互相取长补短的艺术实践过程，任何一种唱法都要经受历史的检验，进而得到声乐家和声乐爱好者的认同。

一、西方声乐艺术的发展史

西方声乐艺术的发展要从古希腊谈起。公元前十二至八世纪，希腊音乐几乎都是即兴演唱，不同的场合，人们演唱不同的歌曲。到了中世纪，以教会音乐为主流的古罗马音乐开始发展，这时歌唱仍然是主要的音乐形式，作品均为单声部。八世纪时，罗马成立的歌唱学校开启了专业化歌唱教学的先河。

意大利在西方声乐艺术发展史上的地位举足轻重，被誉为"声乐之都"。早在十三世纪，意大利的歌唱艺术就有了初步的发展，音乐家们在宗教合唱的基础上对格列高利圣咏进行了修饰，开始了新一阶段的声乐创作。之后的中世纪音乐，表现的是宗教的风格；文艺复兴以后，声乐艺术变成了感情的艺术，歌唱家们逐渐开始了由理性向感性过渡，他们的音乐以个性和感情的表现作为其艺术理想。

（一）圣咏音乐是美声唱法的萌芽

美声唱法起源于欧洲，它的产生不仅与欧洲音乐的发展过程有着密切联系，而且作为人类文化意识形态的一部分，它同样也是社会、时代发展的产物。十三世纪前的欧洲音乐均为单声部音乐，并受到严格的诗歌韵律的支配，主要以独唱、齐唱、领唱、说唱和吟唱为歌唱形式。在这一时期产生了诸如《荷马史诗》《伊利亚特》《奥德赛》这样出色的作品，它是由盲人诗作者荷马创作并以说唱的方式演唱的。可以说，这就是比较初期的声乐表现形式。随着古罗马帝国不断对外扩张，欧洲进入了长期的教会统治的时期，在历史上被称之为"中世纪"，教会教义几乎垄断了一切思想意识领域，歌唱同样成为各种宗教的附属品。古罗马帝国扩张不仅带来了领土的扩大，也为音乐世界带来了许多来自亚洲、非洲、欧洲的优秀艺人及丰富的音乐文化，他们聚集到罗马并使之成为当时欧洲最大的音乐中心。当时的教会演唱圣诗和朗诵《圣经》，这就成为最早的合唱形式。教堂中用拉丁文演唱与宗教相关的内容即为被称咏的音乐形式。590年，罗马教皇格里高利一世选编、修订了配合教仪的《唱经本》，即著名的《格里高利圣咏》，实际上相当于规定了教堂中演唱教义的歌调。圣咏是欧洲声乐艺术的萌芽，它要求庄严、肃穆的演唱配合教堂的氛围。虽然圣咏有宣叙性和旋律性两种歌调，但由于它只是单旋律音乐，使人乏味。随着发展，演唱者将它作了一些华丽、流畅的"再创造"，形成了新的、更好的演唱方法。

在圣咏音乐流行的时期，从11世纪起出现了一些促进音乐艺术的发展、丰富声乐艺术内容的音乐形式。由于当时手工业和商业得到了发展，城市开始出现了针对宗教音乐的世俗音乐，它要求人们用音乐反映生活和世俗的情感。此后，又相继出现了游吟歌手、恋诗歌手、民歌手等专业的歌唱者，他们虽无法完全摆脱宗教的浓厚色彩，但已可堪称为对宗教音乐的大胆突破。

（二）阉人歌手促使歌唱技巧的发展

13世纪中期的欧洲音乐逐步突破单声部，开始进入复调音乐时期，声乐演唱也为多声部合唱形式，分别由女高音soprano和女低音Alto担任，圣咏旋律则由男高音Tenor担任，后来又加入了男低音声部Bass。由于《圣经》的古训规定"妇女在教堂中应保持缄默"，因此，演唱中的女声部均由男童声代替。这些男童是被阉割的男童声歌手，在声乐发展史上被称作"阉人歌手"。他们的出现曾为欧洲声乐艺术的发展做出了巨大的贡献，并奠定了"美声唱法"的基础，也在一定程度上推动了歌剧的产生与发展，他们盛极的时代同时也带来了美声唱法的黄金时代。早在4世纪，意大利就建立了专门训练童声演唱圣咏的歌唱学校，他们遵循古训，严禁妇女在唱诗班演唱，由于童声会随着年龄的增长而发生音色的变化，而不能唱出符合圣咏需要的优美自然的歌声，所以出现了这种不人道的"阉人歌手"现象。他们的声带及喉头不会随着年龄和身体的成熟而变化，阉人歌手具有女声的声带，同时又具备男子的体魄，所以，无需用假声就能发出悦耳的女声。虽然他们的声音不如真正的女声柔美，但他们华丽、轻巧、明亮的音色，宽广的音域，能令听众激动不已。在阉人歌手兴起和盛行的时期，不仅排挤了女声，甚至在一定程度上几乎抢占了男声在歌坛上的地位。阉人歌手在欧洲盛行了近两个世纪之久，还有学校和教育机构专门训练阉人歌手。意大利著名阉人歌唱家法瑞奈里和卡法瑞里就是阉人歌手盛行时期的典范，他们的演唱技巧已经达到出神入化的地步。不容置疑，他们将欧洲的声乐水平推进到了一种较高的境界。18世纪末19世纪初，欧洲封建制度开始动摇，人们纷纷要求废除这种不入道的歌唱现象，同时妇女们也要求冲破封建束缚走上舞台，加上此时的男声也通过"关闭"的唱法提高了演唱能力，因此，阉人歌手在18世纪末开始走向衰落。

（三）歌剧与美声唱法的产生及发展

美声的发展与歌剧的诞生有密切的关系。如果说阉人歌手的出现奠定了美声唱法的基础，那么歌剧的诞生和发展又从更符合歌唱艺术发展的文化层面促使了美声的发展。歌剧诞生于文艺复兴运动的极大影响之中，当时，佩里、卡契尼、蒙特威尔第等作曲家，在歌剧创作中为了仿效希腊悲剧的朗诵调，他们使旋律与歌词内容、情绪变化，以及语言的起伏紧密结合，在歌剧中主要起着展开情节的作用。他们突破了传统和保守的束缚，创造了采用自然声音、由各角色来演唱自己段落的宣叙调演唱形式。为了使宣叙调的演唱更具有古希腊人在广场上演悲剧朗诵的那种声音效果，就不能采用声音微弱的童声和假声，而需要采用有足够气息支持，有丰厚声音共鸣，丰满宏亮而咬字清晰、真切、并富于穿透力的声音。"这些就促使佛罗伦萨小组的成员除了创作之外，还必须研究解决如何演唱的问题，于是就在前人，特别是维基的三幕仅供清唱用的16世纪恋歌剧《安菲帕那索》的演唱经验基础上，发展出了美声唱法。"（摘自尚家骧的《欧洲声乐发展史》）卡契尼提出要以宏亮致远的声音演唱歌剧的要求；蒙特威尔第则进一步使歌剧音乐戏剧化，写出了歌唱性的宣叙调和具有强烈感染力的咏叹调，这些都使得歌唱家们感到提高自己的演唱能力和技艺是良好表现音乐作品的基本保障。同时，蒙特威尔第在威尼斯建造了世界上第一座歌剧院，使歌剧从最初的宫廷和贵族的厅堂走入了正规的歌剧院，也为社会各阶层的观众提供了良好的欣赏场所。这样，随着观众层次的扩大，欣赏要求不断提高，必然地促使歌唱家们开始研究训练完善他们的歌唱技术，以便自己的演唱能达到卡契尼、蒙特威尔第所提出的宏亮、致远、富于戏剧性的声音要求。于是，许多卓越的歌唱家以他们高超的演唱技巧、华丽的嗓音，穿过庞大的乐队"音墙"，清晰地把歌声送到剧场的每个角落，征服了观众，使歌唱艺术达到了新的高峰。所以可以说，"美声"随着歌剧而得到极大的发展，是文艺复兴时期人文主义思想在音乐艺术上的表现；它不仅是一种歌唱技术和一种演唱风格，而且还是一定的美学原则和艺术思想的体现。

透过17世纪欧洲诸多乐派中最具影响力的四大歌剧乐派、佛罗伦萨乐派、威尼斯乐派、罗马乐派、那波里乐派、对演唱风格的要求，我们不难看出它们对"美声"的发展的重大意义。

1. 佛罗伦萨乐派

在佛罗伦萨歌剧乐派中有一个小组，他们突破传统的演唱形式，采用自然的声音，男演男角，女演女角。在贵族的宫廷里、在文人的聚会上，他们都会尽情地演唱，弗朗西斯科·卡契尼就是当时最早、最优秀的女歌唱家之一。为了能使演唱再现古希腊人在广场上演出的悲壮效果，佛罗伦萨小组的成员开始了对声音及唱法的探究。传统的童声或假声已不能满足现实的需要，一种强调充分的呼吸、丰满而明亮的共鸣、清晰而真切的咬字及宏亮而致远的音质的演唱要求被提出。他们不仅创作歌剧，而且还要不断地对演唱、发声的技巧进行研究。于是，随着《达芙妮》《犹丽狄契》等抒情音乐剧的诞生而产生了代表佛罗伦萨乐派风格的演唱要求：在自然、朴素的演唱基础上要求甜美、柔和、典雅，旋律优美抒情给人以舒适之感。

2. 威尼斯乐派

在17世纪的歌剧史上，蒙特威尔第创立了威尼斯歌剧乐派，为早期意大利歌剧奠定了基础。如果说佩里和卡契尼是歌剧音乐抒情的创始人，那么蒙特威尔第则是音乐戏剧性的创始人。可以说：歌剧诞生在佛罗伦萨，发展在威尼斯。蒙特威尔第创作的宣叙调加大了乐队伴奏的比例，丰富和烘托了独唱的气氛，他的第一部歌剧《奥菲欧》与佩里、卡契尼的《犹丽蒂契》来自于同一题材，而他写出了戏剧性的悲剧效果。在歌剧的创作上，蒙特威尔第首先使用了减七和弦，大胆地使用了转调和半音音阶，在乐队伴奏上，他首创了弦乐器的拨弦和揉弦的技巧。威尼斯乐派使歌剧走向社会，并使其走上了"花腔"——加花演唱的道路，他们追求华丽的演唱技巧和声音效果，他们以高超的声乐技巧出现在舞台上，引起了阵阵狂热。这种戏剧性的宣叙调和咏叹调使Belcanto的演唱获得了更大的表现力。

3. 罗马乐派

作曲家卡瓦里埃原是佛罗伦萨人，后定居罗马，成为罗马有名的作曲家，同时也成为罗马乐派的代表人之一。歌剧这种体裁在罗马乐派中成了宗教的附属品。卡瓦里埃在宗教的气氛包围中，创作了寓言性的、颂扬封建道德的歌剧《灵魂与肉体》。以他为代表的罗马乐派的歌剧创作，虽然在题材和形式上模仿佛罗伦萨乐派，在演唱上局限于宗教风格，但同时也具有自己的特点，在舞台布景、装置、服装上追求富丽、豪华的场面。

4. 那波里乐派

17世纪下半叶，意大利的歌剧被那波里歌剧乐派所取代，同时也为Belcanto的演唱提供了更广阔的天地。其中包括A·斯卡拉蒂。A·斯卡拉蒂是一位颇有才能的作曲家和歌唱家，他创作的歌剧具突破性，使美声从此走向一个新的发展阶段，而且也逐渐形成了那波里的美声风格：重视声音的明净、优美的音质和华丽的声韵效果。同时，他还为社会培养出了许多教授美声的教师。

（四）17世纪、18世纪美声风格

17世纪、18世纪美声的演唱风格具体表现在：

1. 要求演唱者深入理解歌词，力求自然质朴，追求高度的艺术表现。
2. 培养声音的美学观念，提高鉴赏力，使演唱更加合乎美声的要求。
3. 歌唱中特别强调气息的控制，强调Legato连贯性及音色的优美，要求歌唱中语气富于变化，情感表达真挚。在即兴演唱高难度的华彩乐段时，要求严格的音准和节奏，流利灵活的乐句，松弛、明亮、丰满的声音形象。

随着美声的成熟，它在声音训练方面的各种技术也日趋规范，主要表现在以下六个方面：

1. 正确的呼吸。美声强调呼吸是歌唱的基础，要求"用气息托住声音"，肯定了胸腹式呼吸法，提出用调整呼吸状态来调整歌唱状态的观点。

2. 准确的起音。认为美声只有完成良好的起音，才能获得轻松柔和、明亮圆润的声音。而要完成良好的起音，一定要正确呼吸、喉头稳定、思想集中、心理上做好充分准备，声带积极闭合。著名声乐家加尔西亚具体地概括出起音的要领：舌头平放、准确地唱到音高，平稳而不能滑动。

3. 声音的连贯性。美声强调保持音质的一致、声音位置安放不变，音与音的连接讲究平滑匀净，音量渐强渐弱控制自如。

4. 声音的灵活性。18世纪比较崇尚花腔技巧和复杂的装饰音演唱，所以美声注重训练声音的灵活性，发展音域，打开喉咙，锻炼声音的控制能力应多练习快速音阶、快速走句、跳音，要求声音清晰明亮而准确。

5. 声区与共鸣。声区是一个复杂的技术问题，很多专家对此都有自己的理论观点。但无论将声区如何划分，Belcanto都始终坚持在教学中统一声区，并认为声区是教学的关键，声区与共鸣是相辅相成的。要达到音色统一动人、富有穿透力，共鸣的位置必须相对稳定、准确。

二、中国声乐发展史

声乐艺术的起源和萌芽在远古时期，最原始的音乐就是声乐，这是人类与自然抗争的结果。正如恩格斯所说:"劳动创造了人类本身。"劳动产生了语言,促成了人脑的发达,这为音乐的产生准备了条件。音乐原始声乐与人的劳动密不可分。据刘安《淮南子》中记载:"今举大木者,前呼舆论,后亦应之。此其于举大木善矣。"这可以说是中国有史记载最早的"劳动号子"。原始的音乐是歌、舞、乐三位一体的,其中歌唱占据最重要的地位且节奏因素突出。可见,中国民族声乐早在几千年以前的远古原始社会就以其独特的,最能反映人类生活、生产劳动的音乐形式出现了,且有了劳动号子、祭歌、情歌等完整的音乐曲目。这个时期虽然没有形成完整的声乐艺术形式,表现简单、原始,但已经有了固定音高,并出现了简单的音阶,节奏较明显和突出。

我国第一部诗歌总集《诗经》及屈原创作的《楚辞》、唐诗、宋词、元曲等大量类似于歌曲艺术的说唱艺术,都是中国民族声乐的源泉。尧帝时代就有了较完整的歌曲,如"六代乐舞"。当时的歌唱,只是诗歌、音乐、舞蹈为一体的综合艺术,而不能完全定性为艺术形式;直到进入封建社会以后,才真正成为一种较为完善的艺术,成为各个时代人们喜爱的艺术活动。

中国在这个历史进程中,出现了许多从事歌唱的职业歌手。如战国时代最杰出的歌唱家和声乐教师——秦青。他的歌声能传遍四野,振荡林木,著"遏云谱"。又如,战国时代韩国杰出的女歌唱家——韩娥,她的歌声"余音绕梁,三日不绝",形象地描绘出其高超的演唱技术和较高的歌唱水平。

到了元、明、清这三个时期,出现了较多的歌唱论著。如元朝燕南芝庵的《唱论》、明朝的昆曲之父魏良辅的《曲律》、清朝徐大椿的《乐府传声》等等。从中国古代音乐历史发展中的文献中得知,中国古代的歌唱艺术主要是以传统曲艺、戏曲和民歌为主的。

汉代是我国民歌的一个发展高峰,出现了掌握宫廷音乐与民间音乐的机构——乐府,使歌唱艺术走向了专业化。有很多的民歌广为传唱,流传至今,如《孔雀东南飞》、《木兰辞》等。随着南北经济的贸易来往以及文化交流的繁荣,到了唐朝出现规模较大的歌舞形式。"唐代大曲"出现了政府音乐机构和宫廷音乐机构,出现了专业化的戏曲演唱机构——梨园。到了宋、元、明、清时期,宫廷内相继设立了专门的音乐机构。值得一提的是,清朝时期,说唱音乐得到了蓬勃发展和升华使得音乐形式逐步发展到新的历史阶段,民歌从内容到形式上也得到了完善。

在"五四"新文化运动的直接影响下，我国现代音乐文化得到真正的建立和发展，同时也揭开了中国音乐发展史上新的一页。"五四运动"之后，出现了一大批由资产阶级和资产阶级知识分子组成的从事专业音乐创作的群体。他们的作品中不仅反映了反帝、反封建的时代精神，同时也代表了人民群众的进步思想。在这方面影响较大的作品有：萧友梅的《问》《"五四"纪念国歌》等。在"五四"这个时期，我国的艺术歌曲创作在受欧洲艺术歌曲的创作的影响下，得以蓬勃发展。除萧友梅之外，留学美国的黄自、留德的赵元任及刘雪庵等回国后，开始运用和声及作曲技法，对我国艺术歌曲的创作进行了大胆的尝试，他们将中国文人的浪漫气质融入到艺术歌曲的创作之中，并涌现出《大江东去》《教我如何不想他》等优秀的声乐作品。

抗日战争时期，是我国艺术歌曲创作的繁荣时期。此时的作曲家们在民族风格的写作上开始了多方面的尝试，产生了多样的艺术手法和个性特征。如张寒晖的《松花江上》、刘雪庵的《长城谣》、陆华柏的《故乡》、冼星海的《做棉衣》和《黄河大合唱》、夏之秋的《思乡曲》、贺绿汀的《嘉陵江上》、郑律成的《延水谣》，都是抒情歌曲中的佳作。

我国艺术歌曲的兴起，促进了声乐表演艺术的繁荣。从20世纪上半叶起，我国专业声乐教育得以兴起和发展，由北京、上海率先成立各种音乐社团。在这种新形势的影响下，北京、上海又率先成立了北京大学音乐传习所、北京艺术专门学校音乐系、上海美专音乐系和上海大学音乐系等。专业声乐教育机构的成立，为我国培养了大批的歌唱家和声乐教育家，如中国声乐四大名旦——黄友葵、郎毓秀、喻宜萱、周小燕。

新中国成立以后，我国的艺术歌曲创作在民族民间音调方面进行了大胆的尝试，并取得显著的成效，这些作品有丁善德的《玛依拉》、四川名歌《槐花几时开》、黎英海的《嘎俄丽泰》、塔塔尔族民歌《在银色的月光下》、吴祖强的《燕子》等。还有一些体现民族风格的歌曲，如《草原上升起不落的太阳》、《二月里见罢到如今》《牧马之歌》《请茶歌》《岩口滴水》等。另出现了部分电影抒情歌曲，如《送别》《草原之夜》等。这些作品成为我国音乐学院和师范院校音乐系声乐教学的重要教材，至今在声乐教学中使用。

20世纪60年代末到70年代期间，我国的艺术歌曲在民族音调的基础上，创造了既有庄重巍然之势又有亲切细腻之情的旋律，艺术形象富有光彩、洒脱舒展。

比如《伐木工人歌》《千年的铁树开了花》《我为祖国守大桥》《我爱这蓝色的海洋》《回延安》《北京颂歌》《我爱五指山，我爱万泉河》《红星照我去战斗》等，这些作品开拓了后来中国艺术歌曲的新风。

进入20世纪80年代以后，我国的声乐艺术有了飞跃性的提高，以喻宜萱、周小燕、沈湘等为代表的卓越的声乐教育家，分别形成了自己独特的教学风格，为国内外歌坛输送了众多在国际比赛中获大奖、具有高超演唱技巧和艺术修养的优秀歌唱家，如女高音王秀芬、胡晓萍、迪里拜尔、么红等，女中音关牧村、梁宁，男高音程志、张建一、刘唯唯等，男中音廖昌永、袁晨野、吴哲铭等等。他们得到了国内外声乐界的公认。

改革开放以后，我国艺术歌曲创作在思想、内容、题材、风格、艺术创意、作曲技法、和声织体以及思想性和艺术性方面，较之民间歌曲和通俗歌曲，更具有自己的规模和相对稳定的模式，并对我国艺术歌曲的繁荣和昌盛，进行着不懈的探索和开拓。同时，又推动着我国声乐表演和声乐教学在技术上和艺术上的不断发展和完善。在声乐表演和教学方面，借鉴国外声乐教学成功的经验，开阔我国声乐教学视野，促进歌曲创作在手法、风格上的变化，涌现出以《祝酒歌》《我爱你中国》和以《我们的生活充满阳光》《在希望的田野上》为代表的两种风格的创作歌曲。这些作品不仅是创作者们思想、智慧和劳动的结晶，也是时代精神的再现。

随着我国声乐教学与国外声乐教学交流的进一步加深，促进了我国声乐教学的发展，使得我国音乐家在声乐发展史、声乐基础理论、声乐教学、歌唱心理学、语言学、声乐美学歌唱的二度创作、作品研究及流派、风格等多种层次开展了积极的探索和研究。声乐艺术从感觉和经验教学的阶段，逐步走向更科学、更完善的高级阶段，为培养优秀声乐人才，做出了巨大的贡献。

第二节 声乐的分类、演唱形式及唱法

声乐，是指用人声演唱的音乐形式。声乐是以人的声带为主，配合口腔、舌头、鼻腔作用于气息，发出的悦耳的、连续性、有节奏的声音。按音域的高低和

音色的差异，可以分为女高音、女中音、女低音和男高音、男中音、男低音。每一种人声的音域，大约为二个八度。

一、声乐的分类

人声按音域的高低和音色的差异，可以分为女高音、女中音、女低音和男高音、男中音、男低音。每一种人声的音域，大约为二个八度。

女高音的音域通常是从小字一组（即中央c）c到小字三组的c。演唱女高音的歌手，由于音色、音域和演唱技巧的差别，又可以分为抒情、花腔和戏剧三类。抒情女高音的声音宽广而清朗，擅于演唱歌唱性的曲调，抒发富于诗意的和内在的感情。冼星海的《黄河大合唱》中的《黄河怨》就是一首抒情女高音独唱曲。花腔女高音的音域比一般女高音还要高。声音轻巧灵活，色彩丰富，性质与长笛相似，擅于演唱快速的音阶、顿音和装饰性的华丽曲调，表现欢乐的、热烈的情绪或抒发胸中的理想。如意大利作曲家贝内狄克特的声乐变奏曲《威尼斯狂欢节》就是由花腔女高音独唱。戏剧女高音的声音坚强有力，能够表现强烈的、激动的、复杂的情绪，擅于演唱戏剧性的宣叙调。意大利作曲家威尔第的歌剧《阿伊达》第一幕第一场中的《胜利归来》就是一首典型的戏剧女高音独唱曲。

女中音的音域和音色都在女高音和女低音之间。音域通常从中央c下面小字组的a到小字二组的a。法国作曲家比才的歌剧《卡门》中的女主角卡门是一个放荡、泼辣的吉普赛女郎，运用女中音演唱恰好表现了卡门的野性。

女低音是女声中最低的声部，音域通常从中央c下面小字组的f到小字二组的f。音色不如女高音明亮，但比较丰满坚实。俄罗斯作曲家柴可夫斯基的歌剧《叶甫根尼·奥涅金》第一幕第一场的《奥尔伽的叙咏调》就是由女低音独唱。

男高音是男声的最高声部，音域通常从中央c下面小字组的c到小字二组的c。按音色的特点可分为抒情和戏剧二类。抒情男高音也像抒情女高音一样明朗而富于诗意，擅于演唱歌唱性的曲调。戏剧男高音的音色强劲有力，富于英雄气概。擅于表现强烈的感情。柴可夫斯基的歌剧《黑桃皇后》中的男主人公格尔曼，就是典型的戏剧男高音。

男低音是男声的最低音。音域通常从大字组的E到小字一组的e。按音色的特点还可细分为抒情男低音和深厚男低音等。男低音的音色深沉浑厚，擅于表现庄严雄伟和苍劲沉着的感情。马可等作曲的歌剧《白毛女》中的杨白劳就是男低音，浓重的歌声倾诉出心头的满腔悲愤。

男中音的音域和音色介乎男高音和男低音之间，在一定程度上兼有两者的特色。音域一般从大字组的降A到小字一组的降a。冼星海的《黄河大合唱》中的《黄河颂》，就是著名的男中音独唱曲。这首歌以宽厚的曲调、雄浑的气魄。展现了一幅气象万千的黄河的壮丽图景，它象征着我们民族伟大而崇高的精神。

二、声乐的演唱形式

（一）独唱

一个人单独演唱歌曲，称为"独唱"。人声分类中的任何声部都可以担任独唱。演唱时一般用钢琴或小乐队伴奏，有时还可加入人声伴唱。独唱要求演唱者有较高的艺术素养和较好的歌唱技巧，独唱者是音乐作品的解释者和表现者，他（她）直接运用"声"和"情"对音乐作品进行艺术的再创造。

（二）齐唱

很多人一起演唱单声部的歌曲，称为"齐唱"。齐唱的人数多少不限，可以是男女混声齐唱，也可以是男声齐唱或女声齐唱。齐唱时，可以用乐器伴奏，也可以不用乐器伴奏。齐唱要求歌声整齐、统一、宏亮。齐唱歌曲大都富于战斗性和号召力，是群众歌咏活动中的主要形式。

（三）合唱

将许多人分成几个声部，同时演唱有两个或两个以上不同曲调的歌曲，称为"合唱"。常见的合唱形式有混声二部合唱（由男女声混合组成）、混声四部合唱（由女高、女低、男高、男低四个声部组成）、同声合唱（分男声、女声、童声的二部、三部合唱）等形式。合唱一般用钢琴或乐队伴奏，但也有不用乐器伴奏的，称为"无伴奏合唱"。合唱有着丰富的表现力，讲究整体音响的谐和与协调，要求各声部的音色相应统一，音量相应平衡，各声部的出现有层次。另外，对各声部的音准、节奏、力度、速度都有严格的要求。

（四）领唱

在齐唱或合唱中，由一个人单独演唱一个乐段或一些乐句的，称为"领唱"。领唱部分一般与齐唱或合唱部分构成呼应，形成对比。

（五）对唱

两个人或两组人作对答式的演唱，称为"对唱"。对唱有男女声对唱，男声对唱、女声对唱等形式。对唱大多是单声部歌曲，气氛热烈而欢快。

（六）重唱

多声部的歌曲每声部只有一人（或二人）演唱的，称为"重唱"。重唱有男女声二重唱、男声或女声重唱（包括二重唱、三重唱、四重唱）等形式。重唱和对唱的主要区别，就在于重唱是以多声部（两个声部或两个声部以上）的形式出现。但是有的歌曲往往将对唱和重唱结合在一起。如黄河大合唱中的《河边对口曲》，先是甲、乙两两男声对唱，然后将甲、乙两个曲调叠置起来，组成重唱。

（七）轮唱

将许多人分成两个或三个、四个声部，各声部相隔一定的拍数，先后演唱同一曲调，称为"轮唱"。轮唱时，各声部形成此起彼落、相互呼应的热烈气氛。这种手法叫做"卡农"，是复调音乐的一种。

（八）小组唱

一个小组的人同时来演唱一首单声部的歌曲，称为"小组唱"。小组唱实际上是齐唱的一种形式，只不过人数较少而已。如果演唱的是多声部歌曲，则称为"小合唱"。

（九）表演唱

演唱歌曲时，边唱边做动作，这种有动作表演的演唱，称为"表演唱"。表演唱在演唱方面往往采取对唱或小组唱形式。

（十）大联唱

围绕一个特定的专题，选择内容有关的歌曲，并采用诗朗诵或乐曲联奏等方法，将各歌曲连贯起来进行演唱，称为"大联唱"。大联唱不一定局限于齐唱，可能还包括独唱、合唱、轮唱等多种声乐演唱形式。

三、声乐的几种唱法

声乐唱法主要包括美声唱法、民族唱法和通俗唱法等三类，2006年中国又出现了原生态唱法。

（一）美声唱法

美声唱法意大利文：Belcanto又称"柔声唱法"。它要求歌者用半分力量来演唱。当高音时，不用强烈的气息来冲击，而用非常自然、柔美的发声方法，从深下腹丹田的位置发出气息，经过一条顺畅的通道，使声音从头的上部自由地放送出来即所谓"头声"。歌唱呼吸是发声的动力，是歌唱的基础。美声区别于其他唱法的最主要的特点，用一句话来概括，就是美声唱法是混合声区唱法。美声唱法不仅影响着中国的声乐艺术，同样也影响着其他国家的声乐艺术。

美声唱法从声音来说，是真声、假声都用，是真、假声按音高比例的需要混合着用的。从共鸣来说，是把歌唱所能用的共鸣腔体都调动起来。这种唱法本身有它自己特有的"味道"、特有的音响特色。美声唱法所需要的歌唱乐器唱出来的歌声是有它特有的"味道"的。

在美声唱法中，男声不存在像老生那样的唱法，老生用真声的比例多。女声更接近青衣，指的是真声、假声混合的程度，主要区别在共鸣腔体的运用上。尽量解放可能用得上的共鸣，当然这里有个审美的问题，用太多的共鸣就不自然了，既要用好共鸣，又要用得自然，这得有适当的尺度分寸。可是，艺术很难用几尺几寸来衡量。各种类别、各个时代不一样，各种风格、各种形式也不一样。歌剧、艺术歌曲、清唱剧在美声唱法中有各种不同的用法，这需要用歌唱的感觉和灵敏的听觉去辨别。

（二）民族唱法

民族唱法是由中国各族人民按照自己的习惯和爱好，创造和发展起来的歌唱艺术的一种唱法。民族唱法，广义地讲可以包括中国的戏曲唱法、说唱唱法、民间歌曲唱法和民族新唱法等四种唱法。这里所指的民族唱法，则是作为狭义地来理解，主要是指演唱民族风格较强的声乐作品时所用的技术方法及一些规律。它们既是从戏曲、曲艺、民歌这些民族传统唱法中提炼和继承下来的，同时又借鉴和吸收了西洋唱法中优秀的结果。

传统的民族唱法以真声为主，大多采用腹式吸气法，其特点是气吸得深，但量少，而形成的吸气管道比较长，不利于高、中、低声音的统一。共鸣以头、鼻腔共鸣为主，辅以喉、咽、口腔，加上少量的胸腔，形成一个上至头腔、下通喉腔和胸腔的垂直柱状的共鸣通道，以求达到最佳的像戏曲的亮点共鸣效果，与美声唱法的混合共鸣有所不同。相对来说，民族唱法由于咬字和润腔等技法的运用，在共鸣腔管的使用上，比美声唱法要细一些和短一些，以求突出民族性。喉咙打开适度，喉咽腔不要求开得太宽，喉结相对稳定，放松下颚，抬高上颚。这样获得的共鸣集中在头鼻腔。

在风格处理上，北方民歌要豪放、悍犷一些，南方民歌则要委婉、灵巧一些，高原山区民歌要高亢、嘹亮一些，平原地区民歌要舒展、自如一些。我国是个多民族、地域广大的国家，因而语言丰富、民歌风格多彩，不能一言以蔽之。一首歌曲是先有歌词后再谱曲的，演唱者不仅是在重视词作者和作曲者的歌词和音乐，而且是在进行一次艺术再创作，要使词曲融为一体。既要考虑到曲调的规律又要照顾到语调的起伏，用咬字吐字的技巧将语言加以艺术化、音乐化，才能达到词曲结合的要求。

由于民族唱法产生于人民之中，继承了民族声乐的优秀传统，在演唱形式上是多种多样的，演唱风格又有鲜明的民族特色，语言生动、感情质朴，因此，在群众中深深扎根，成为人们不可缺少的精神食粮。

随着美声唱法对声乐演唱的不断影响，二十世纪八十年代后，中国民族唱法借用了美声的胸腹式联合呼吸方法，吸气量足，易于控制，高音区主要以头控共鸣为主，增加了真假声的混合，发出来的声音亮丽、集中、穿透力强；同时，以适当地运用口腔共鸣和胸腔共鸣，增大音量，加大民族声乐的震撼力和艺术表演力，使高声区不但亮丽，更有美声学派金属般的声音。歌唱中，三个共鸣腔往往配合着使用，而不用美声学派的混合共鸣的方法，目的突出民族性。在对语言的美化方面，胸腔、口咽腔共鸣的作用虽然不如鼻腔那么直接和明显，但在整个歌唱表演中，对调节音色的作用是不可忽略的。他们头、鼻腔共鸣交替配合、紧密协作，便于咬字行腔，使声音通畅甜美。歌唱表现更为生动、灵活，风格色彩和风格更为鲜明。也有人称这种新型下的民族唱法为"民族新唱法"

（三）通俗唱法

通俗唱法（流行唱法）在20世纪30年代的中国广泛的流传。其特点是声音自然，近似说话，中声区使用真声，高声区一般使用假声，很少使用共鸣，故音量较小，演唱时必须借助电声扩音器，演出形式以独唱为主，常配以舞蹈动作，追求声音自然甜美、感情细腻真实。

通俗歌曲中的语言，以质朴为本。它与社会生活联系紧密，许多歌曲直接反映社会生活中不同层面人物的生活、思想和感情，多以平白如话、直抒情怀的方式出现，一般不过多地修饰雕琢。随着散文式甚至完全口语化的歌词的出现，使得通俗歌曲的演唱艺术也增添了新的样式。但是，绝大部分歌词仍具有一定的规范性、文学性。

吐字清晰是通俗唱法中最重要的特征之一。中国的通俗歌曲中，普通话为通俗唱法中的主流，这包括大陆创作的歌曲、一部分港台歌曲以及用普通话演唱的粤语原创歌曲。演唱大陆创作的歌曲时，语音大多比较规范，讲究"出字、归韵、收声"的咬字吐字过程，字字清晰、质朴无华。粤语歌曲的演唱，则应有浓烈的南国风格，但语言不通亦难为内地观众所接受，于是有人将粤语译成普通话演唱，但由于语系不同、字音规律差别甚大，因而仍然难于达到粤语演唱的效果。

　　质朴通俗歌曲内容与形式的广泛性和平民化，使得其演唱者的普及程度亦十分高。也就是说，多为未受过专业声乐训练的人员。因此，通俗唱法的声音运用，大都接近自然形态，也就是一种质朴的本色的声音。即使在其发展过程中，吸收融合了多种声乐艺术的发声方法，并且自身也在变幻升华，但其基本特征仍是质朴的。在现代社会，许多专业性质的通俗歌手已把通俗唱法的水平推到了前所未有的高度，但都十分小心地保持通俗唱法的这一重要的艺术特征，从而使之既有别于已形成成套科学理论体系的美声唱法，又有别于饱含着丰厚文化积淀的各种类型的民族唱法。从某种意义上说，质朴的声音已不仅是一种天生的自然形态，也是通俗唱法为了区分于其他唱法的一种刻意追求。

　　韵味独特亦是通俗唱法重要的艺术特征。在业余歌唱爱好者中，大多并未接受过声乐训练，嗓音条件一般，但演唱通俗歌曲时，仍颇具艺术感染力，这正是因为通俗唱法的平民化与广泛性，造成一种纯真动人的韵味。这种韵味，可以是歌曲演唱风格质朴率直的体现；也可以是其独特的声音技巧，包括声音的控制与放开、强烈与轻柔的对比以及气声、哑声、嘶裂声、喊唱声等等的灵活运用；也可以是情感表达的本色与自然。总之，是一种天然去雕饰的本色意韵。

　　通俗唱法在表演中，除完成歌曲演唱一般要求节奏、音准及吐字清晰之外，还常运用声音或形体动作的强化来达到情感的表现，即往往借助于夸张性的表演，加上电声乐器的强力伴奏，更常把这种夸张的表演形式推至极致。这种表演所造成的氛围，已不仅仅是歌唱者自己投入，而是扩展开来，对周围的观众，具有极强的煽动性。这也正是众多的青年人为之倾倒的缘故。

　　通俗唱法的歌手一般都比较注意外部形体的表演——有的借助一样乐器（一般是吉他），自弹自唱；有的在歌唱的同时，配以舞蹈动作。舞蹈动作的选取或编排，都是根据歌曲的风格及情绪来设计——大部分通俗歌手，多只在唱的同时用手势或脚步的变化来辅助表演；而有的歌曲舞蹈性较强，就需要专门为之设计动作。通俗唱法的形体动作，多是借鉴现代舞的某些步态和身段，如霹雳舞、拉丁舞、的士高及太空舞等等。通俗唱法的这一艺术特征，最能吸引青年人的参与。

（四）原生态唱法

中央电视台第十二届青歌赛的"原生态唱法"比赛，虽然未冠以民歌演唱的定语，实际上却是民歌的比赛。如果要以"原生态唱法"命名，还应当包括我国丰富多彩、形式繁多的民间音乐的各种类型，除了民间歌曲外，还有民间戏曲演唱、民间曲艺（说唱）演唱。它们都有原生形态的演唱环境和独特唱法。

每种唱法各有不可替代的文化价值和审美价值，并区别于其他唱法，就如同某种文化不能取代另外一种文化一样；同时，它也是随着地域、阶段的不同而改变的。随着科学的发展、社会经济的大转型，人们生存状态、生活方式、思想观念、文化需求和审美趣味在快速衍变，因此声乐艺术的发展也应与社会和时代的变化、人民需求相结合，我们要提倡多种不同形态、不同层面和不同趣味、不同唱法的创新。原生态唱法出现在文化繁荣的今天，以其独特的形式、质朴的情感、天然的唱法独树一帜，也成为一种时代的产物。有人质疑原生态唱法的科学性。在笔者看来如何理解"科学性"是问题的关键，人们往往用美声唱法的标准和固有的对某种唱法的要求看作是衡量某一唱法的"科学性"。原生态唱法有自己的一套发声技巧、发声理论。在我国各民族不同的文化背景下保持原滋原味、浑然天成、自然直观的表现各民族的风格、特点、生活方式，这就是它作为一种唱法所特有的"科学性"。大家可以试想一下，如果将原生态歌唱的方法也用美声的理论来演唱，那将失去它对我国民族文化的一种诠释，也破坏了它在自然层面上的美感。无异于用国外的咖啡体会中国的茶道，结果全然不是想要的滋味。作为我国民族文化的产物，原生态唱法还具有多样化的特点。我国是世界上拥有人口最多、民族最多的国家，我们有五十六个民族，每个民族拥有每个民族语言、风俗、服装等文化背景，他们都拥有在这种文化背景下的音乐艺术和歌唱风格，也使得原生态唱法形式、内容多样，有多样的作品风格和演唱风格。这是其他唱法所不能替代的。并且原生态民歌具有很大的即兴性，歌词结构短小，通俗易懂。音乐语言凝练，往往是以极为简单的音乐素材来表达深刻的思想感情。同时，原生态歌曲直接表达人们对真、善、美的追求，不加修饰地追求歌人合一。原生态唱法的演唱语言是本地方言，歌唱嗓音圆润明亮，演唱的旋律优美动听。这就是原生态唱法的魅力所在。

第三节 声乐爱好者需要掌握的声乐基础常识

我们平时称所谓的"声乐",实则是一个转借词。按西洋音乐理论严格界定,"声乐"是指用歌喉(声音)来表现的一切音乐的统称。它是相对器乐(用乐器来表现的音乐)而存在的。所以说,声乐应包括歌曲的演唱、清唱剧的演唱、歌剧的表演、地方戏的演唱以及神剧、经文歌、民谣的演唱等,形式上包括独唱、重唱、齐唱、对唱、合唱、表演唱等。西洋音乐理论家将声乐又称之为歌乐(即Vocalmusic)。现在,人们似乎只把"声乐"的意义限定在歌曲演唱的发声方法上,形式也只限定于独唱、重唱等。其实,发声方法也是独立的一个学科,西洋音乐理论称之为发声法(Vocalization)。为了适应目前人们的称谓习惯,这里也将"声乐"一词界定在"歌曲演唱的发声方法"上。声乐艺术是一门技术性和实践性非常强的学科,仅凭理论知识和文字资料去进行学习是非常困难的,它是通过正确的发声训练和不断的歌曲演唱来逐步体会而完成的。每位歌唱者必须通过发声练习的途径,掌握科学的歌唱发声的基本方法,使歌声更加美妙动人。一般的声乐爱好者所掌握的发声方法与专门的音乐院校的声乐教学应有所不同,它的范围更广泛,更具灵活性,更加注重实用性,更加多样化。所以,在掌握的发声练习的基础常识中,应包含基础技能、实用技巧、表现能力三大部分。

一、声乐的基础技能

声乐的基础技能,主要指除纯音乐总体范畴的基本知识(如视唱能力、节奏模拟能力、乐理知识等)外的属于声乐的基本要素。这基本要素便是呼吸、发声、共鸣、吐字。

(一)呼吸

学习正确的歌唱呼吸,乃是歌唱艺术最重要和最必要的基础。呼吸是歌唱的原动力。声乐界有"谁懂得呼吸,谁就会唱歌"之说,说明了呼吸在歌唱中的重要性,影响歌唱的最根本问题是呼吸,它确实是歌唱者首先应该学会的一项基本功。我国古代声乐理论有"善歌者必先调其气"一说;声乐教育家费兰契斯克·兰培尔第也有"歌唱的学问是呼吸的学问"一说。由于在整个声乐功能系列中,歌唱呼吸是最重要的一环,是整个歌唱建筑的基础,因此每位歌唱者一定要充分理解和运用气息发声、气息控制的方法。

呼吸的训练,正常的要求是如何将大量的空气储藏于胸腹之内,也就是声音要有一个立足的地方,这个立足点也就是以横膈膜及下肋两侧做支持点,当我们咳嗽或笑的时候,可以直接感觉到它的支持作用。而不是说如何将空气用力地向外压出。我们有许多人对这一点不甚了解,甚至错误地认为歌唱呼吸的作用就是如何运气、如何将气吐出。其实,正确的要求恰恰相反,科学的吸入比合理的呼出重要得多。因为"声音线"是以气做支撑的,没有足够的气做声源,"声音线"就不可能保持流畅、自如、圆润。要想达到此目的,就要求练习者在呼的同时,不仅要充分扩张胸腔肋骨,还要由横膈膜及其连锁部分(主要是腹部肌肉)加以严格的控制。气息的支点就是腰部、腹肌(戏曲称为丹田)的力量对歌唱的支持,就是用最少的气、最小的力获得最美、最佳的声音。支点要坚实有力、能支上劲,要做到脚踏实地、昂首挺胸、底气十足、正步走般的用气,不要如履薄冰、踩钢丝般、蹑手蹑脚、偷偷摸摸的用气。另外,歌唱中的支点要更多地加入肌肉控制和灵活的弹性,支持并控制歌唱,使情感表达更充分。由此可见,要想歌唱艺术常青不老,就要正确掌握和运用好呼吸与气息的支点。没有经过呼吸训练的人,常常唱歌时,脸红脖子粗的、青筋直暴、歌声僵直、高音上不去、低音下不来等等,都是与气息支持点没有保持住有关。反之,我们掌握了呼吸方法,有了支持点的感觉,那么,当我们歌唱发声时,便会感到声音仿佛落在我们所控制的气息上,也就是说声音是由呼吸来支持了,这种声音不但悦耳响亮,而且能强弱自如地做出各种变化来。古人云:"沙喉响润,发于丹田者自然耐久。"

呼吸的几种方法:

1. 缓吸缓呼

这是我们在训练和歌唱时常常采用的方法。就是胸腔自然挺起,用口、鼻将气息慢慢吸到肺叶下部,横隔膜下降,两肋肌肉向外扩张(也就是腰围扩张),小腹向内微收。这种吸气要求自然放松,平稳柔和地进行。

2. 急吸急呼

急吸就是在很短的时间内，通过口、鼻迅速把气息急促而深入地吸到肺叶下部，并将气息保持住，然后，按照缓呼的要求而呼出。我们在演唱实践中经常要用到的，因为在歌曲的句与句之间、字与字之间的吸气不通的话，你有很长的停顿时间，往往采用"偷气"的办法来吸入且要吸得不让人发现，这就是急吸缓呼的作用。为了培养呼吸的控制力，我们可以采取一些练习曲及歌曲中的某些乐句做带词的练习，效果较好。

3. 喉头和声带

喉头和声带，是歌唱的发声器官，是歌唱的核心部位，是通向整体歌唱的要塞，是打开歌唱艺术宝库的金钥匙。因此，了解和搞清喉头与声带在歌唱时应处的位置和状态是非常必要的。一般来说，歌唱时喉头位置应该比平时说话时偏低一些，处于低而自如的稳定位置和喉头壁打开的状态（就像我们深吸气时的喉头感觉，因为吸气时的喉位，比静止时的喉位略低一点）。

4. 打开喉咙

在歌唱训练中"打开喉咙"是十分重要的中心环节，它直接影响到声音的好坏。"打开喉咙"也就是将喉头稳定在正确的位置上，口盖积极向上收缩成拱形，舌根放松，平放在下牙齿后，牙关打开，下巴放松自然放下而稍后拉，这时候的喉咙是打开的。关于如何"打开喉咙"，这里介绍两种方法：一是"打哈欠"的状态。"打哈欠"状态可以让口腔打开自然，放松，口盖抬起，口腔内空间增长增大。所以在唱歌时，咽喉不要闭塞，要使咽喉张开，让气息自如地送出来，"哈欠"状态确实是打开喉咙的好办法，也使歌唱者保证了一个很好的演唱状态。在平时练习时，还可以用闭嘴的"打哈欠"。闭口打哈欠的时候，里边的状态也是开的、抬的，如果我们在唱歌的时候都能保持这个状态的话，那你的声音就不会是"白"的、"扁"的了，你的声音就会是"竖的"、"圆的"了。二是用"微笑"状态来打开喉咙。我们讲的"微笑"不是光笑，而指的是把"笑肌"抬起来。"笑肌"抬起是要鼻、咽腔打开，大牙关打开，面部两边的笑肌（颧骨）呈微笑状，这样的微笑状态可以使你的喉咙打开，可以使你获得高位置的声音。"歌唱状态就是里边的哈欠，处头的微笑。"这话很精辟。

（二）发声

人的声音是由声带发出。我们人类从婴幼儿时期的呀呀学舌，到学生时期学习文化，以后步入社会人与人的交流，都离不开语言（也就是说话）。每个人说话时的嗓音运用是最自然、最放松、最随心所欲的，是各发声部位下意识的配合，目的只是注意事物的描述和情感的表达，使对方听清便可，不可能去注意自己的气息运用如何、声音共鸣怎样、嗓音洪亮与否。唱歌离不开语言，是由说话发展而来的。"话声是歌声的基础，歌声是话声的升华。"说话和唱歌都是从一个嘴里发出的声音，应该是统一的，发声器官的工作原理应该是一样的，区别之处只是：说话时的用声在最适度、最灵便的自然声区里；而唱歌时的用声从低到高的音域要远远地超过说话用声的自然声区，音域是拉宽了。时间上，唱一乐句比说一句话的时值要长一些，所用的气力相对要大一些，但是二者发声的基本状态不能改变，就像骑自行车匀速运动和加速度时它们所用气力不一样，但是道理是一样的，就是你不蹬，它不走。状态的改变，声音也会受到影响，跟着随之改变。喉头上提、舌根使劲、卡紧喉咙、咽喉撑大、过分提高软腭、声带不挡气、声音空虚无力、下压喉头出现喉音、鼻音等等，这都是改变说话发声状态的结果。既要改变状态，又要使之自然发声，这便是声乐基础训练的最终目的之一，也是使歌唱的声音达到弱而不虚、强而不炸的必要手段。

歌唱发声练习的步骤一般按音域进展的规律，可分为三个阶段进行。第一阶段以中声区训练为基础，掌握基本的发声方法，调节和锻炼肌肉以适应歌唱技术的需要。无论哪个声部，都应该从中声区开始训练。练中声区的音相对巩固后再逐步扩大音域，要知道声乐学习要从基础入手，中声区是歌唱嗓音发展的基础，基础必须打得扎实，要记住"欲速则不达"的道理。第二阶段是在练习中声区的基础上，适当扩展音域，加强气息与共鸣的配合训练，练好过渡声区（即换声区的训练），为进入头声区的训练打好基础。第二阶段的练习是关键的一环，需要花费的时间相对也比较长，但千万要有耐心和信心，不要急于唱高音，要沉得住气，等这段音域巩固后，再进入高声区的练习。第三阶段，即高声区的练习，可以在比较巩固上两个阶段的基础上加强音量音高的训练，进一步扩大音域，做较复杂的发声练习，使各声种达到理想的音高范围。这个阶级的练习要特别注意高、中、低三个声区的统一，音的过渡不要发生裂痕和疙瘩，重点是加强头声区的训练，获取高位置的头腔共鸣，从而达到统一声区的目标。这样我们歌唱发声的乐器基本制造完毕，可以唱一般难度较大的歌曲了。

（三）腔体与共鸣

在传统声乐理论中，我们把歌唱的腔体分为头腔共鸣、口腔共鸣和胸腔共鸣三大部分。当然细分还有喉腔、咽腔、鼻腔共鸣等。我们知道声音的传播必须依靠介质，可以是空气、水、金属等物质，这个介质必须是客观存在的。比如在真空中，声音就不会传播。那我们所说的明亮辉煌的头腔共鸣，真的是在头部空间发出的吗？这显然是一种错误的理解。我们的头部是大脑、脑液，这些器官可以产生轻微共振，却没有提供更大的声音传播空间。所以我们所说的头腔共鸣是一种比喻性的描述。

歌唱时我们要求各共鸣腔体应该是充分打开的，如此才能使声音通畅。这种腔体的打开既包括生理上的调整，又包括意识上的调整。比如口腔、咽腔，这些腔体可以通过肌肉控制充分打开，为声音形成一个良好的共鸣环境。协调方法可以用"半打哈欠"、"吸气"等办法把喉头放在低位，发声前再向下做一个深咳气的动作，这时，可以明显地感觉到颈窝（两锁骨之间的坑）下方的深处有一个着力点，这个着力点就是我们感觉上发出声音的地方。头腔的打开，也有很多种提法，有人提倡闻花时后脑"吸开"的感觉，也有人提倡"面罩唱法"等，都是一种意识上的调整。这些办法是根据不同个体的调整目的而言的，适用最重要。

总体而言，在歌唱的共鸣腔体中，一种是可调节共鸣腔，如口咽腔、喉咽腔；一种是不可调节共鸣腔，如胸腔、鼻腔、头腔。但在我们歌唱主观意识上，都要把它们置于可调节的状态下，在意念上是可以调整控制的。这一点，要经过长期整体协调统一的练习才能体会到。

（四）吐字

1. 字头要唱得短、轻、准

汉字的发音，大多是以辅音开头的，字头就是指发音的开头部分，即我们常说的"五音"：唇、舌、牙、齿、喉。

唇音：b、p、m、f

舌音：d、t、n、l

牙音：j、q、x

齿音：z、c、s、zh、ch、sh、r

喉音：g、k、h

这五大类的发音时，用力部位要分明，出口不能含糊。唇音字用力部位在唇上，上下嘴唇喷口应有力清晰。舌音着力在舌尖，牙音字用力部位在牙，齿音字用力部位在上下齿间，喉音字用力部位在喉。我们应充分运用"咬"字的技巧，来加强歌曲的感染力。

2. 引长字腹

字腹（韵母）是字在歌唱发音中的引长部分，它占时值较长，歌唱时响度最大，是字的主体部分，与发声的关系最密切，它需要引长，也能够引长。它对歌唱的好坏起着关键性的作用。引长部分，按照字腹中不同的韵母的口形要求，分为"齐、开、撮、合"四类，我们称"四呼"。

开口呼：a、o、e，发音时要求口腔打开。

齐齿呼：i或以i为开头的韵母，发音时口呈扁平形，气息通过上下齿之间的空隙流出，用力在齿。

撮口呼：ü或以ü为开头的韵母，发音时上下唇微向前，用力在唇。

合口呼：u可以u为开头的韵母，发音时上下唇收拢呈圆形。

"四呼"在引长字腹时运用，口形决不能随曲调的变化而变化，应始终保持不变。歌唱中声音是否圆润、连贯，主要取决于吐字发音的准确、连贯与流畅。

3. 字尾收音要分明

字尾，是指字的结尾部分。在歌唱发声中，凡是有字尾的字，都应把尾音收住，才算唱完整这个字，否则只算唱了半个字。单韵母的字是没有字尾的，不需要收音，只要元音发音完整不走形。复韵母的字，应很好地注意收音。

如收ai、ei、uai、uei的韵尾时，应收i音，嘴角微向两边咧开。

收ao、ou、iao、iou的韵尾时，应收u音，双唇应向前微撮。

收n为字尾的音时，软腭下降，舌尖抵上齿龈，阻住口腔通路，放气流穿鼻而过，收向前的n音。

收 ng 为字尾的音时，软腭下降，舌根上升贴住软腭，阻住口腔通路，使气流穿鼻而过。

字尾收音时，要收得自然，要收得短、准、轻。且收尾的部位要准确，响度要适中，时值要做到收音即停。我国的语言文字繁多、变化万千，收尾的部位也各不一样。在我国的传统演唱中，将汉语语音的韵尾归纳为十三个韵脚，也就是我们常在诗歌中遇到的押韵的意思，我们称它为"十三辙"。

4. 关于"十三辙"

（1）发花辙：凡收 ai、au、a 的字均属之，如沙、下、马等。属元音结尾，收韵时口形不变。

（2）梭波辙：凡收 o、uo、e 的字均属之，如波、歌、多等。

（3）乜斜辙：凡收 ie、üe 的字均属之，如叠、叶、野等。

（4）"一七"辙：凡收 i、ü 的字均属之，如喜、月、雪等。

（5）姑苏辙：凡收 u 的字均属之，如哭、古、谷等。

（6）怀来辙：凡收 ai、uai 的字均属之、如开、槐、怪等。

（7）灰堆辙：凡收 ai、uai 的字均属之，如内、醉等。

（8）遥条辙：凡收 ao、iao 的字均属之，如高、肖等。

（9）油木辙：凡收 ou、iu 的字均属之，如酒、手、后等。

（10）言前辙：凡收 an、ian、uan 的字均属之，如南、关、边等。

（11）人辰辙：凡收 en、in、uen、un 的字均属之，如分、宾、军等。

（12）江阳辙：凡收 ang、iang、uang 的字均属之。

（13）中东辙：凡收 eng、ing、ueng、ong、iong 的字均属之，如争、表、红等。

5. 关于声调

汉语是有声调的语言，声调是一个音节或字在单独发音时它的高、低、升、降的音高变化，汉语语言中的四个声调在咬字、吐字中，虽然按三部分结构规律把字吐清楚了，但若字的声调不对，唱出来的字仍然容易使人误解。如果我们把四声搭配得当，就形成了声调的对比，有起有落，有高有低，有长有短，朗读起来好听，唱起来易于上口，这就强调了诗词的节奏美、旋律美。

总之，歌唱的语言离不开字音的声、韵、调这三部分，只有掌握了字音的结合规律，演唱时辩证地处理每个部分之间的关系，还要根据歌曲情感的需要，做出相应的变化，完整地表现出每个字来，才称得上真正完成了歌唱的咬字吐字。还有一点要强调的，就是咬字吐字重要的是要研究语言如何表现感情。一般来说，唱轻快的歌曲，咬字吐字应特别轻快、敏捷、灵活；唱雄壮的进行曲时，咬字应结实有力；唱抒情曲调时，咬字应优美柔和；唱慢速度的歌曲时，咬字吐字应圆滑、相连，从而达到"以情带字，字里传情"的目的。

二、声乐的实用技巧

声乐的实用技巧，是在基础技能的基础上，根据对音乐的理解，在实用过程中需要做出的基本处理，它包括了强弱变化、高低变化、长短变化、快慢变化、断连变化等。

（一）强弱变化

强与弱是相对存在的，它们之间的对比变化，可以存在于歌曲与歌曲之间，更重要的是存在于一首歌曲的段落与段落之间、乐句与乐句之间、小节与小节之间、音与音之间、一个音的前后之间。音乐是极度情感化的艺术，形式越多变感情越丰富，这个乐句是弱的，下一乐句就可能是强的；这个音是弱的，相邻的音又可能是强的；即使是一个音，开头是弱的，中间可能会强一些，后一部分又可能会弱下来。强弱变化可能是突然发生的，也可能是渐渐发生的。严格地讲，强弱并不等于力度的大小。弱不等于虚，不等于松懈；强不等于使劲地喊。实则它们是一种气息的控制，我们在辅导教学时，必须深刻领会到这一点。

（二）高低变化

高低变化虽属于音乐创作上的安排，音乐辅导者也必须领悟在演唱高与低连续变化时的一些技术要领。高低变化，实则是声区的变化。声区变化又最容易显示气息是否贯通、声线是否连贯、共鸣是否随即到位等技巧功力。没有严格的指导训练，一切问题都容易在高低变化中暴露出来。

（三）长短变化

长短变化主要是气息调控的体现。若要使长短变化自如自在，必须在气息的呼入与呼出中做合理的分配。

（四）快慢变化

快慢变化的关键是吐字和气息的连贯。

（五）断连变化

这种变化也是由气息做支撑的，在横膈膜的不断调节下，方能唱出或顿、挫、短、促，或悠远、绵长、圆转的效果。

三、声乐的表现能力

声乐的表现能力似乎不属于知识、技能范畴，在一般专门音乐院校中也不可能作为课程由声乐教师按部就搬地讲给学生听。但作为群文声乐辅导者，却是一项非常重要的辅导课题。如果说前列的基础技能与实用技巧属于基本知识，那么，表现能力则属于二度创作能力。基本知识是建筑的基础，有了基础并不等于完成了建筑工程，即使完成了建筑主体工程，还要经过门窗的安装、墙体的粉刷、地面的抹平，还要有内外的装饰、布置。表现能力，即如建筑基础之外的所有工作。我们常见一些人发声技能、技巧均有一定造诣，但却仍唱不出什么名堂，没有属于自己的作品，原因就在于他缺少了这一部分。

具体而言，声乐的表现能力包含根据歌曲内容确定基调、确定韵味、确定情绪、确定形象等几个方面。

（一）确定基调

每首歌曲作品都有一定的内涵基调，是刚性还是柔性？是有力的还是温和的？是抒情的还是行进的？是内在的还是外露的？……这些都需要辅导者在辅导学员时预先确定这一点。特别是在学唱一首新作品时，这一点更是尤为重要。

（二）确定韵味

不同的歌曲具有不同的韵味，有的具有某一地域的地方韵味，有的具有某一民族的民族韵味，有的具有某一旋律韵味，有的具有某一和声、调性韵味。韵味可能存在于节奏之中，更大地可能存在于甩腔、装饰音之中。韵味不对，整个歌曲的风味便失去了。寻找韵味、确定韵味，也是辅导者的任务之一。

（三）确定情绪

歌曲的情绪，指歌曲要表现的喜、怨、欢、悲、乐、愁等。唱准了情绪，才能完整地表达歌曲的内容、抒发歌曲的情感，起到感人、动人的目的。

（四）确定形象

歌曲形象不是可视性的，全凭歌者意识支配下的声音感觉去塑造。歌曲形象可能是具体的人，也可能是模糊的人；可能是个体的你、我、他，也可能是泛指的我们大家。还可能仅是一种意境、一种氛围，甚至只是一种情感。形象确定后，歌者只能去用声音深化它、凸现它、夸张它，使听众感悟到形之存、物之有。

所以，作为一个声乐训练过程，分析歌曲作品、理解歌曲作品、多方掌握歌曲（音乐）所蕴含的种种表现因素，是一种动力，也是一种要求。不要以为声乐训练、声乐辅导只是"声音"的教学，它更需要一种综合性的素养。

以上谈到了声乐训练的三个基本要素，即基础技能、实用技巧、表现能力三大部分。这三个部分是相辅相成、缺一不可的，所以在声乐训练中不能顾此失彼。

第四节 情感在声乐演唱中的表达

声乐原本就是一种抒发情感的艺术，无论演唱的技巧如何，最终还是为表达情感为目的。声乐作为一门表演艺术，对歌唱主体而言是演唱者内心情感、认识、需求以歌曲为载体的情感输出，；对于欣赏者而言情感的接受，可以获得一定程度的情感和精神愉悦。演唱者通过歌曲与听众进行的情感和心理世界交流的过程，在演唱中演唱者必须使自己的内心世界与歌曲感情完美统一，才能感染听众，使听众与作品产生情感的双重共鸣。因此，在声乐演唱中，情感的把握与表达是最为重要而不可忽视的一种能力。情感是人对客观与现实态度的体验，它反映的是客观事物与个体主观之间的某种关系。情感有两种主要的类型：一种是从生活中直接感受到的情感体验；另一种是从艺术作品等其他渠道间接接受和感受到的情感体验，称为"审美情感"。在声乐演唱中，我们更多地是依靠审美情感。个人的生活环境和生活经历是有限的，而音乐所表现的情感世界是无限的，演唱者不可能亲身体验每首歌曲所表达的情感。如果演唱者在生活中没有这种情感的现实体验，在这种情况下，就需要演唱者依靠从其他艺术作品或通过其他渠道来获得情感审美体验，以此来感染自己，并通过声乐来表达这种情绪，把它变为自己演唱时的情感体验。在情感的作用下，人的生命体验转化成审美艺术形象并强烈呈现出来。声乐演唱就是呈现的主要方式之一。音乐情感是人对现实音乐世界的一种特殊反映形式，也是人对音乐及相关事物的客观认识是否符合自己的音乐需要而产生的音乐心理体验。音乐是感情的一种独白，音乐打动你的并不是作曲家或别的什么人的所谓的"情感"，而是你自己的"情感体验"感动了你自己，它使你沉浸在你自己的生活回忆和情感记忆之中感慨万千，沉浸在对自己以往的"喜、怒、哀、乐"等情感体验中。

声情并茂是声乐艺术一直所坚持的审美标准。在声乐演唱中，声必以情发，而情必依声传。声音是表达情感的必要手段，情感是声音表达的最终目的。只有辩证地把握声与情的关系，才能使歌曲演唱达到感人肺腑、沁人心脾的境界。

歌曲的内涵是指作品的内在含义， 也是作者的思想和感情。每首歌曲都蕴藏着作曲家的深情厚意，凝聚着作曲家的强烈感情。如何理解作品的内涵， 是演唱者二度创作的基础。声乐作品有一个基本框架，随心所欲地发挥势必会违背作品的本意，在规则范围内去挖掘情感，严格、认真、积极地去把握作品才是最理想的声乐演唱。声乐演唱的情感把握，最主要的是对歌词、旋律以及声乐内涵的情感理解和把握。当我们拿到一首歌曲时，应逐字逐句体会词作者的用意以及歌曲的时代背景和思想感情。同时，还要通过歌谱，发掘和领会歌曲中的每个音符和旋律。歌唱者理解得越深，感受就会越深，在演唱时的表达就会越纯真、越完美。所以，首先分析歌曲、理解歌曲，然后深刻理解和领会词义，即歌曲所表达的情，或者说是歌曲的意境。这样把握住歌词所描绘的每一个角色的基本特点和情绪变化，才能准确而又生动地表现出作品的艺术形象。旋律是建立在曲调和曲拍之上的。在音乐作品中，旋律是情感表达的重要手段，它可以反映与唤起人的情绪，激起人们的某种情感反映，引起人的某种心理上的共鸣，因此人们认为旋律是音乐的灵魂。声乐作品中的词，作为一种情景的表现，是为曲调的抒情功能奠定基础的，词是曲的导向，而曲又是词的深化和发展，词的喜怒哀乐引导着曲的走向，从而使词曲统一，表现歌曲的魅力。一个演唱者需要有分析、理解和体验作品感情内涵的能力，并且用歌声去表达作品的内涵和思想感情——要对声乐作品所反映的生活及人物了解，对音乐语言、音乐表现手段所表现的感情有感受、体验和认识的能力，善于运用歌唱的技能、技巧，把所理解的内容感受的情感用歌声表现出来的表达能力。演唱者要善于感受、体验歌曲的情感，领会其中的含义，用歌唱的技巧技能将它表现出来，这是使歌唱富有艺术表现力的非常重要的一个方面。

  同时，在演唱过程中情感表达是很重要的，它要求演唱者有一个自然的表达过程。一是良好的歌唱心理。所谓情感，是对人们心理状态的发扬或抑郁的意识。演唱者总是利用自己的发声技术或声音上的某些特点来发挥自己歌唱的长处的。演唱者掌握技术能力愈强，他在台上发挥的能力就越自如。要克服紧张的情绪需要很大的信心，而自信心尤为重要。要把建立演唱者自信心这一原则放在首位。人会歌唱并不是因为有嘴，而是因为有心。歌唱是自然的，它并不是指一个人的嗓子好不好、有没有高超的技巧，而是这个人会不会动心、动心的时候会不会发出动情的声音，而这个时候几乎永远是不缺乏惊人的技巧的。二是把握声情与形神。声与情是声乐艺术最根本的造型因素，以情带声、以声传情、声情并茂是一切声乐艺术美的创造标准。"情"在歌唱中起主导作用，是"声"的灵魂。

情感直接影响着声音的明朗轻快、粗犷严厉、柔和缠绵，从而依情发声使歌声各具不同的音色。声乐的情感表现主要源于对作品的深入体验。通过对作品深入、全面、细致的分析，挖掘与体验出词曲的内容与情感，我们才能倾情传达给大家。有创造性的歌唱者会善于挖掘声乐作品的内涵、外延，将高度的声乐技巧用于唱"情"。"形"与"神"是歌唱艺术表现的外形和内涵。"形"是歌唱者内在意蕴的外在表现形式；"神"是艺术的灵魂、生命，充满着生气的内在意蕴，是歌唱情感的高度升华。演唱不只是唱的活动，还是一种表演活动，演唱者适当地辅助一些形体上的活动，势必会产生锦上添花的效果。要把富有感情色彩的声音与面部表情及手势和谐地配合起来，通过细微的眼神、手势、神韵、表情的变化来表达自己丰富的情感意蕴。三是情感想象与情感表达。声音的质量必须以内在的情感体验的艺术想象为基础，艺术想象可以引发出艺术表现和审美体验。演唱时的感情和情绪要做到准确、真实、鲜明，同时在情绪的形成、转折、发展上合乎情理，这就必须有艺术想象的参与。因此，在声乐演唱时，艺术想象是十分重要的，它的作用首先表现在分析歌曲上。与纯音乐作品不同的是，声乐艺术既有曲又有词，是音乐与文学语言相结合的艺术，和文学语言的关系十分密切。由于文学语言的帮助，声乐具有思想的细腻性和情感的确定性等特点，这是其他艺术所不及的。语言本身就具有传达和表现思想感情的功能，可以直接倾诉内心所体验的每一种情感。在声乐艺术中，要善于将生活中的这种情感表达的自然方式，经过艺术的创造和适当夸张。恰如其分地运用到歌唱的语言表现中去，就能使歌声具有情感的魅力。在演唱时从调整歌唱呼吸的方法或呼吸动作入手，是获得歌唱情感的主要渠道。

另外，呼吸也是音乐表现的重要手段，歌唱的技巧强调"声情并茂"，而"声"的好坏很大程度上在于气息的运用正确与否，因而呼吸本身也就是音乐表现的一部分，所以在演唱和训练时应当按歌曲的感情需要进行呼吸。这就要求歌唱者在平常的训练中从吸气入手，努力做出与歌曲所要表现的内容相同或相似的表情和情感动作。由于吸气的过程会强化人的情感意识，因此，吸气动作不仅带动着口腔、胸腔和头腔等歌唱部位的打开和兴奋，激发了人的歌唱欲望，而且还会极大地触动歌唱者的情绪记忆和情感体验，唤起了歌唱者的情感动作和表情动作，为歌唱情感的实现创造了有利的条件。如唱抒情歌时，美的感情会使你不由自主地会像"闻花"一样吸气，唱喜悦欢快的歌时，你会像发现新鲜事那样让人用"惊讶"的状态吸气，唱悲伤的歌时，人会情不自禁地用"哭泣"的状态去呼吸等。这些富于感情的吸气，无论其深度和长度都已具备了歌唱气息的需要，可以在演唱时充分自如地表达情感。

通过带有情感的反复练习，歌唱者就能把情感记忆转化为现实的歌唱情感，使歌唱情感融入到演唱过程中，使演唱时的发声动作、歌唱状态和声音听觉上都带有强烈的情感特征，以促进歌唱情感和表情的形成和稳定。

第五节 声乐鉴赏

声乐，除了自我表达以外，还是一门被欣赏的艺术。由于业余爱好者对音乐艺术有限的理解，调查中70%的人群所谓的"欣赏音乐"，更多的是对声乐艺术的欣赏。因为声乐艺术给人带来的是更直观的艺术内容，人们可以通过歌词明确地理解作品，再通过旋律以情感上的共鸣，进而达到审美的目的。声乐艺术的特征，是歌词与音乐的有机综合体，是两种不同艺术形态之间的相互契合与合作。从本质上讲，声乐欣赏是音乐欣赏的一部分，也是声乐审美实践活动不可缺少的组成部分，但它与纯音乐欣赏有所不同，声乐欣赏所涉及的只是与人声相关的声乐作品。声乐作品在没有人欣赏的时候，是不完全的声乐作品，还不是声乐作品的实现。声乐作品作为人的精神产品，"只有在消费中才能得到最后的完成"。从这个意义上讲，它必须经过欣赏者的消费，才能完成它全部的创造过程。由此可见，声乐欣赏的过程，自然地成为声乐艺术审美实践的不可或缺的环节。

歌喉，可以说是上天送给每个人的一件乐器。人的一生中几乎没有人不唱上几句的。于是，提高歌唱水平与鉴赏水平就成了一种需要。音乐艺术分两大门类：声乐与器乐。相对于器乐而言，声乐可以说是人类社会生活中最古老、最大众化、最广泛的的艺术形式之一了。我国古代的诗歌，如春秋时期的《诗经》、汉乐府、唐诗、宋词等，这些流传下来的经典文学作品，其中许多原来都是配有曲调，可以歌唱的；成语"绕梁三日"、"响遏行云"的典故，就源于春秋时期关于歌唱的故事。古籍《韩非子》还记载了古代想求学歌唱的学生，要接受老师的考试与挑选，方能从师学习歌唱；古希腊的传说故事里有位著名的歌唱者失去了爱妻，他用歌声悼念亡妻唱了三天，那悲伤、优美的歌声深深地感动了地狱之神，而答应将其妻送回了人间。

一、了解欣赏音乐的三个阶段

音乐欣赏的三个阶段依次为官能的欣赏、感情的欣赏、理智的欣赏。

官能的欣赏主要满足于悦耳（即好听），是比较肤浅的欣赏。要对一件音乐作品进行全面的领略，从而获得完美的艺术享受，除了官能的欣赏以外，还必须进入感情的欣赏和理智的欣赏。因此，声乐的欣赏标准，除了感性以外，还要从声乐的基本常识中去判断和界定：

1. 作者和作品的时代背景。一件音乐作品，总是表现了作曲家对现实生活的感受。

2. 民族特征。一切音乐作品都根植于民族民间音乐，因此都有各自的民族特征。有些作品概括地体现了民族音乐语言的特点。

3. 作者的创作个性。作曲家由于生活时代、环境、素养、经历和艺术趣味的不同，表现为各不相同的创作个性。

4. 标题。标题是指说明作品内容的一段文字。器乐作品有标题音乐和无标题音乐之分。声乐基本都是有标题的。

5. 音乐语言的表现功能：

（1）旋律：又称曲调，是按一定高低、长短和强弱关系而组成的音的线条。它是塑造音乐形象最主要的手段，是音乐的灵魂。

（2）节奏：是旋律中各音在进行时的长短关系和强弱关系。

（3）节拍：是强拍和弱拍的均匀交替。

（4）速度：音乐中快慢的程度。

（5）力度：音乐中强弱的程度。

（6）音区：是音的高低范围。

（7）音色：不同人声、不同乐器及其不同组合的音响上的特色。

（8）和声：是两个以上的音按一定的规律同时结合。

（9）复调：是两个或几个旋律的同时结合。不同旋律的同时结合叫对比复调，同一旋律隔开一定时间的先后模仿称为模仿复调。

（10）调式调性：调式是从音乐作品的旋律与和声中所用的高低不同的音归纳出来的音列，这些音互相联系并保持着一定的倾向性。调性则是调式的中心音（主音）的音高。

6. 曲式、体裁和题材。曲式是音乐材料排列的样式，也就是音乐的结构布局。体裁是音乐的品种。题材是音乐的内容。

二、了解声乐的各种体裁特征

体裁，是文艺作品的种类和样式。该词的法文为genre，从拉丁文genus一词的从属格generis变化而来，释义为：种类、样式。文学家创作诗文、音乐家创作乐曲，首先要考虑采用什么体裁。每一种体裁都有一定的规格。声乐作品的不同种类或样式被称为声乐体裁。它是作品根据表现内容、情绪、特定环境、人物、时间及旋律、节奏等因素所形成的自己特有的样式。各种音乐体裁的产生、形成、变化、发展都是各个时代、各个民族、各个阶层的社会文化生活需要的产物。因此，声乐的体裁都同一定的社会生活有联系，反映出一定的内容和情绪特征，它是在人类长期的社会实践和音乐的历史长河中发展变化所形成的。了解体裁，有利于认识音乐形象，理解音乐特点和时代风貌。

（一）民歌

民歌是经过广泛的群众即兴编作、口头传唱而逐渐形成和发展起来的，它是无数人的智慧结晶。民歌的音乐形式具有简明朴实、平易近人、生动灵活的特点。比如号子（具有强烈的节奏感）、山歌（自由抒发坦率真诚的情绪）、小调（规整化、修饰化，善于表现细腻、含蓄的心情）的特点截然不同，欣赏的角度也不同。

（二）颂歌

颂歌用于对党、祖国、领袖、人民、英雄人物、革命事业的歌颂、赞美。

（三）进行曲

进行曲原为军队中用以整步伐、壮军威、鼓士气的队列音乐，以曲调规整、节奏鲜明并多带附点音符为特点。

（四）抒情歌曲

它常常是通过作曲者本人对于客观事物的感受来表达思想内容的，所以更富有主观性。有时它也体现集体或者整个民族的思想感情。

（五）劳动歌曲

与劳动动作相配合的强烈声音节奏和直接促进劳动的功用为其基本特征。

（六）叙事歌曲

叙事歌曲的主要特征，是歌词具有很强的史诗、叙事诗或故事诗的性质。演唱者以第三人称来唱，有时也用第一人称来代替故事中的人物说话，有时将叙事与代言结合起来。

（七）诙谐歌曲

带有诙谐幽默的内容，通常节奏较明快。

（八）舞蹈歌曲

舞蹈歌曲是为了配合舞蹈的动作与节奏而谱写的歌曲。

（九）摇篮曲

缓慢的伴随摇篮的速度，旋律委婉优雅。

（十）船歌

起源于意大利威尼斯，本来是撑贡多拉的船夫所唱的当地民歌

（十一）小夜曲

是用于向心爱的人表达情意的歌曲。

（十二）大型声乐体裁

　　大型声乐体裁。有组曲、套曲、清唱剧、康塔塔、大合唱、歌剧等。
　　除了官能、感情、理智的欣赏外，声乐艺术同时存在着理性认识的特殊对象性关系。也就是说，通过声乐欣赏的审美活动，我们在听觉（结合想象）对象中所获得的不仅仅是客观表现对象的某种外在特征，而是以此激发出内在的自我意识和精神。例如冼星海创作于1939年的《黄河大合唱》，其创作背景是："九一八"事变之后，日本帝国主义侵占了我国东北三省，使3000万同胞妻离子散、四处逃亡……腐败的国民党反动派采取不抵抗主义，把祖国的大好山河拱手相送。中国人民面临着亡国的危机，中华民族忍受着屈辱和苦难……有着光荣战斗传统的中国人民再也忍无可忍了，他们在中国共产党的英明指导下，组成了抗日民族统一战线，掀起了民族解放战争的高潮。在了解了这样一个背景后，人们再次欣赏这部巨作时，感受到的不仅仅只有黄河的历史、黄河的凶险、黄河的屈辱、黄河的呻吟、黄河的威力……更重要的是体会到作品中所表现的中华民族坚强、悲壮深沉和热情豪迈的性格，从而激起他们热爱中华民族的深切的情感。由此可见，通过欣赏审美活动，我们在听觉（结合想象）对象中获得的不仅仅是客观表现对象的某种外在特征，而是以此所激发出内心的自我意识和精神，体现了一种主体的再创造性。总之，因为欣赏的目的是审美，而审美是我们对自己生命的一种客观化体验，也是证实我们本质力量的一种存在。因而，声乐欣赏过程中的主体创造性是不能否认的。
　　欣赏者主体审美体验的差异性也是客观存在的。我们经常说："有一千个观

众，在他们心里就有一千个哈姆雷特"这是由于欣赏者主体之间存在的差异（诸如阅历、性格、气质、修养、理解力、感受力等）所导致的，人们在听同一首作品时，不会出现完全相同的感受。例如伟大音乐家赵元任的《教我如何不想他》（刘半农词，1926年）着重表现了当时中国青年那种大胆追求个性解放和恋爱自由的激情。歌词这样写道："天上飘着些微云，地上吹着些微风。啊！微风吹动了我的头发，教我如何不想他……"由于欣赏主体的性别，阅历和文化层次不一，欣赏过程中不同的欣赏主体将会对这首歌中："他"的理解有所不同，从而情感上也会有所差异。当一个女性欣赏这首歌曲的时候，她或者将"他"理解为心目中的白马王子；但当一个男性听到这首歌的时候，他也许将会把歌曲中的"他"理解为他自己心中爱慕的对象"她"。又例如在异国他乡求学、创业的海外赤子们，听到这首歌的时候，这个"他"字，在他们心目中就不仅仅指代某个个体，而将意味着"祖国"此时他们在思想感情上，这个"他"字就不能单纯地理解为儿女私情，而将上升为对祖国的眷恋和热爱之情。由此可见，每个欣赏主体都在欣赏过程中不断地改变着对象，从而导致了这种在欣赏同一件声乐作品时，由于对作品的理解不同，出现的主体差异的客观存在。

第四章 大众舞蹈

第一节 舞蹈发展史

科林伍德指出:"表现某些情感的身体动作,只要它们处于我们的控制之下,并且在我们意识到控制它们时把它们设想为表现这些情感的方式,那它们就是语言。在这个意义上,可以说'舞蹈是一切语言之母'。在这种原始语言中,身体各部分的每一个动作和每一个固定姿态,都具有发音器官的动作在口头语言中所具有的同样意义;一个使用这类语言的人,说起话来就将使用他身体的各个部分。"

舞蹈作为一门动作艺术,也属于身体语言的一种形式。舞蹈表演中的身体语言与其他的一些非语言交流方式有着许多相似的地方,因此可以借用一些身体语言方面的研究成果来界定舞蹈身体语言的特点:它是"不说话的交流","是对面部表情、时间、姿势、气味、眼神等等的研究"。舞蹈艺术在产生之初就是作为人类情感的一种发泄方式,是人类内心情感的外化。舞蹈是以人体的动作、姿态和造型的组合、发展、变化所形成的身体语言塑造出生动、鲜明、具体的舞蹈形象来反映现实生活、表现人物的情感和思想的。舞蹈是一种抒情性的艺术,舞蹈善于抒情,舞蹈身体语言能表现其他艺术语言难以表现和描绘的人的内在精神世界和丰富、复杂的情感。我国古代《诗经·大序》中所说:"情动于中而形于言,言之不足,故嗟叹之;嗟叹之不足,故咏歌之;咏歌之不足,不知手之舞之、足之蹈之也。"

原始社会,人类为了获取食物,不得不想方设法猎取野兽。为了生存,原始人大都成为狩猎者,狩猎既是他们的生活方式,又是他们几乎唯一的生活来源。当他们获取到食物时,当整个狩猎群体获取丰厚的食物来源时,为表达捕鱼、狩猎和采集收获物的欢乐心情，情不自禁地手舞足蹈起来，共同庆祝这个收获的时刻以自我娱乐，这个所谓的"手舞足蹈"就是最原始的舞蹈。上古时代，舞蹈就充当原始人们交流思想和感情的工具。它的起源是随着人类生产劳动而产生的。动作和节奏与劳动是密切相关的，不管是哪一种劳动，人的手脚总是要活动的，手用以拍打，脚用以踩踏，在某种动作连续重复过程中，就产生有规律的节奏，再伴以呼喊或打击石块和木棍，最原始的舞蹈就出现了。

在人类原始部落里，舞蹈具有全社会性，在他们组织散漫和生活不安定的状况下，需要有一种社会感应力使他们团结在一起，舞蹈就是产生这种感应力的重要手段。不论是狩猎还是战争，都是整个部落一起行动，所以原始舞蹈总是集体性的。部落为了有个共同标志，这就出现了图腾。图腾不仅作为部落区别的标志，同时亦是一种最原始的宗教信仰。每逢祷告或庆贺，都对着图腾跳舞，这叫图腾舞蹈。图腾舞蹈在世界各地原始民族中都是一样存在的。北美洲印第安部落跳的野牛舞，他们迷信野牛和自己部族有血缘关系，跳这种舞野牛就会出现并让他们狩猎。澳洲土人跳他们的图腾蛇舞时，舞者纹脸纹身，作为对自己部落祖先的纪念。龙和凤是中国古代民族的图腾。由于各个部族互相归并，一个图腾已经不能代表整个部落联盟的共同祖先，于是把几种图腾特征，如以鹿的角、蛇的身、鱼的鳞、鹰的爪综合成龙的形象，以孔雀、山鸡等特征综合成凤的形象，用它们代表最高统治者一姓的祖先，作为"帝德"与"天成"的标识。后来才把龙和凤当作中华民族发祥和文化肇端的象征。原始社会解体，人类进入奴隶社会，从此，图腾崇拜开始和巫术迷信相结合，因而就产生了巫舞。图腾崇拜和巫术虽然都是原始宗教信仰，但两者性质不同、活动形式也不相同。图腾是原始人类崇拜的偶像，而巫师则是作为人与神之间的桥梁；图腾舞蹈是社会性的集体舞蹈，而巫舞则是巫师的表演。在巫术中，歌和舞被利用为巫术的手段，制造出一种神秘的气氛，以保证巫术的成功。从舞蹈发展的角度上看，巫舞比原始的图腾舞蹈前进了一大步，它从比较粗糙的集体舞蹈转向专业的、个人的舞蹈表演，而且还表现出神话中的人物和故事。中国春秋战国时期的楚国，巫舞十分盛行，规模宏大，形式和内容都相当丰富。奴隶社会末期，巫舞逐渐向娱君娱神的方向发展。男巫已开始改为女巫，从此巫就失去了原来受崇拜的地位。到了封建社会，宫廷舞蹈大规模地发展，分为祭祖性质的乐舞和宴饮助兴的乐舞。中国的汉魏和隋唐时代，是宫廷舞蹈发展的两个高峰。宫廷内设有专门管理收集乐舞的乐府、太常寺、梨园等机构，训练和培养宫廷乐舞演员和乐员。唐玄亲和南唐李后主等皇帝还亲自参加编制乐舞。东方国家如印度、日本、朝鲜等，同样也有专供皇室享用的乐舞和舞伎。在欧洲，古希腊、罗马的宫廷舞蹈原来也是很兴盛的，自西罗马灭亡后，整个欧洲为教权所统治，娱乐性舞蹈被中世纪教会认为是不道德的而加以禁止，但带有世俗性质的民间舞蹈仍独立于宗教舞蹈之外而发展，直到文艺复兴以后，宫廷舞蹈才重新恢复。西方十七世纪后的宫廷舞蹈，是以社交性质为主的娱乐舞蹈，皇帝也一样参加跳舞。这种舞蹈是向民间吸收了若干种舞蹈形式，由舞师加以改造和传授，以适应宫廷中的社交仪式，这是西方社交舞蹈的起源。芭蕾是从欧洲宫廷舞蹈发展而来的，首先是属于宫廷中专有的表演，后来转移到剧场中去演出。它制定出一整套技术规范和要求，所以称之为古典芭蕾。古典芭蕾是表演性舞蹈中技巧要求最高和最讲究形式规范的舞蹈，它传播面很广。二十世纪初，现代舞在西方兴起，这种舞蹈形式最初是受浪漫主义思潮影响产生的，后来又在现代主义的思想影响下产生出许多舞蹈派别。它总的倾向是反对传统的艺术观念，提倡创新、自由，建立了一套它们自己的表演体系和理论体系。现代舞在德国、美国、英国、日本等国家较为流行。在舞蹈发展史上，民间舞蹈常常被人忽视。其实，只有民间舞蹈才是舞蹈发展的主流。民间舞蹈是人民群众智慧的结晶，它是一条永远不会枯竭的舞蹈源泉。历代统治者都懂得向民间舞蹈吸取营养，但他们又千方百计去禁止民间舞蹈的活动。民间舞蹈源远流长，它并不因为被禁止而停止发展，也不因为被宫廷吸收而改变其固有的乡土特色，它始终是以绚丽多姿的风貌在民间广泛流传。

在中国，女性在社会中的地位，是随着时代的不同而有多样变化的。在最远古的时代，曾经有过母系社会的形态，但最迟至周代起，中国便建立了以男性为主的父系社会。在宗法制度下的女性，古代的社会所给予妇女的，是一个既狭小又苛刻的生活空间，妇女生活在那个时代，也无怨无尤地恪守自己的本分。中国古代女性地位一直不高，"三从四德"一直压在女性身上，从出生时就被教育要有女德。女性一直被束缚在一个低下的地位。而在西方，女性主义最先作为一种政治运动出现在西方思想界，有着它非常实际的目的和色彩。二十世纪六十年代，它在现实生活中尤其是在政治中卓见成效。随后，它才扩延到了妇女研究，并转向文化领域，开始关注妇女作为女性的自身特征。

但是实际上，女权运动和女权主义的分析立场与方法并不仅仅在于它表面上所展露的全部关于妇女的话题，而是在这个"第二性"的背后所隐藏、代表的一种弱势群体。关注妇女地位与处境，就是关注人类中弱势人群的地位与处境。对这种弱者的问题的发现、认知、探索，体现着一种文明和一种思想成熟程度的高低。

如果以这种标准来看待中国舞蹈，就会比较清晰地捋清中国舞蹈发展的内在因素和社会原因。

中国舞蹈源于远古代时期的劳动生产、生殖繁衍、宗教祭祀等活动，与生活密切相关，反映生活。奴隶社会的礼仪祭祀舞和乐舞奴隶，女乐们主要供奴隶主的享乐。传说纣王曾把乐人师娟关了起来，逼他创作淫荡的歌舞"北里之舞，靡靡之乐"，让一群青年女子裸体追赶其间，通宵不息地歌舞作乐。先秦汉时期的诗歌舞形式的女乐是不仅供奴隶主们享乐，而且女乐人的身份卑微，还让帝王公侯作为政治礼品随意相互馈赠和交换。汉代的"百戏"，早期经历了魏晋南北朝时期的各族乐舞大交流的时代，一直到隋唐的歌舞戏与滑稽戏，它在这一千多年的发展中，始终是娱乐和戏谑的角色，尽管具备了很多艺术的因素，但是在思想上、在表达的主题上，建树有限，甚至可以说距真正人生价值的塑造甚远。例如夏商时期的汤，有出著名的《踏摇娘》。它讲一名姓苏的长着酒糟鼻的丈夫嗜酒，每每喝醉酒后，就粗暴地殴打其妻。该作品的表演，就是以一名男演员身穿女子的衣服，模仿被丈夫打后的这位妻子一边哭泣一边向别人诉说、边走边唱的姿态，同时有人在旁相和，嘲笑女人的这种丑态。从这部歌舞戏中，可以察觉到：在一个男权的社会，一个强势群体把持社会一切权力的现实中，女子、处于被动地位的人，含悲忍辱而未能得到一点同情和反思被看成是极为正常的现象，乃至可以大大地成为戏谑的对象。北朝乐府民间歌舞《木兰诗》是我国民间中广泛流传的戏曲歌舞。它叙述的是女英雄木兰代父从军，经过浴血奋战，立下赫赫战功，最终辞官还乡与家人团聚的故事。说明女孩也能为国效劳尽忠。该作品冲破了女子生来就注定无法与男子享同等的权力，有着与男人同等的期望和责任。

到了宋、金时期的民间歌舞和舞队，女乐人的地位仍是低下的。但由于宗教的介入，佛教及儒家思想相融合产生出的传统道德已在社会生活中蔚然成风，人的生死轮回、因果相报已经开始在普通百姓的意识中产生了强大的作用，尽管它带着并不纯粹的宗教和哲学命题。这一时期，民间开始盛行"目莲戏"。在"目莲救母"中，我们隐约可以识辨出社会，尤其是民间对女人，或说对于不能占据社会主流，因而没有受教育的权力，没有机会去接受社会新的思想启蒙与扶助的人所采取的态度，那就是终于有了同情，反思了她们蒙昧的原因，但仍旧保持着主人般高高在上、施舍于弱者的姿态。这是强势人群抛向弱势人群关照而同情的一瞥，虽然没有很平等地观察和思考，但是这种发现毕竟开始了。

随后，由北杂剧传至南方而形成的南戏开始形成了中国戏曲史上第一次有大批广泛流传的剧本产生的时期。这一时期流传至今的名戏《赵贞女》的"负心戏"，主要反映了宋代这个集封建统制大成的时期，科举制造成占主流社会的官员/男人的生活裂变所带来的对妇女的恶劣影响。这些戏大多讲贤惠多情的女子遇到中了状元的负心汉。然而不同以往的是，女人们开始意识到了不公平的命运和社会处境。在戏中，她们即便是死后变成鬼魂也要回来捉拿得利薄情、寡仁少义的男人——因为人们终于发现，逆来顺受即使是上天注定，也有它欺强凌弱的本质上的不合理性。至此，对女人的同情又向前跨越一步，而成为对女性细腻情感的体会和对她们反抗的鼓励。

待到中国戏曲最为成熟的元代，舞台上的故事与主角终于开始发生了颠覆般的变化。

由于元朝思想统治薄弱而松散，使得社会风气甚为开放，尤其在民间，不仅文化多元而纷杂，儒家的传统束缚也几近丧失。这时，虽然传统社会男尊女卑的本质仍旧存在，女人的社会地位也远远不能和男人相比，但是，思想上的出发点他们却是平等的了。在戏中，女性题材越来越受到关注，这一突出表现就是对男、女双方纯真执着的爱情的描写，《西厢记》就是到此时才在王实甫的笔下成为经典的。而像关汉卿的喜剧《救风尘》中的女主角已反过来驾轻就熟地以智慧调弄、嘲笑着势力强大的男人了，这与唐戏的《踏摇娘》形成多么鲜明的对比！这一女性精神的觉醒和反抗到了《窦娥冤》达到高潮，她不仅宁死不屈于男人掌权下的黑暗势力，而且以一柔弱女子之心，公然咒骂天地神灵降给人间的不公。弱势群体不仅要得到平等的权力，而且要从根本上探明这种差异背后最深层的原因。

到了近、现代，舞剧《白毛女》中的喜儿，因为八路军的到来和新的社会制度的建立而一夜之间成为一个政治独立和身心健全的女性。由此看来，女性的要求真正解放，取决于许多因素，诸如女性文化教育水平的高低、女性自我意识的强弱。它突出的特征和女性的情感倾向，使观众了解到"紧身衣壳"带给女性的束缚，反抗并控诉男权思想和文化体系。在舒巧舞蹈作品《祥林嫂》、《胭脂扣》中，给予当代舞蹈启示了一种新思维方向：冲破传统文化艺术色彩，把女性最隐私的内心大胆敞开来解读。北京舞院王玫创作的现代舞《雷和雨》重新诠释四凤和繁漪等女性的情感世界，并以她们为主线展开。其中在繁漪的几段独舞中，用跑动、静止、彷徨、旋转、跌倒等等一系列对比强烈的动作，展现出对自由、对爱情的渴望。在《雷和雨》的舞剧中用女性主义视点，把她们作为人，作为女人提炼出来，从家庭、经历、爱情各个层面刻画着三位女性，使她们立体起来、丰富起来，从而展现女性完整的心理。现当代的舞蹈，为了建树人的健康身心，把妇女真正地解放出来。

  舞蹈作为一种剧场艺术，它的成熟与繁荣依赖于百姓观众的接受；而诗歌、散文等其他文学形式的成熟与繁荣，可以说主要是面向读书人，更确地说是读书的男人们——因为在社会中，他们要依靠读诗文、经文而走向仕途之路这一立身于社会的根本。那么文学中不合理化的、无价值的，以及思想上的缺乏力度、在现实的处境中受到阻碍，往往就可以被人们忽略。

  但对于舞蹈而言，它的主要受众面在民间，是最为普通的百姓。如果不能使他们切身体会到情与理的相融，想让他们保持住坐在下面的兴趣与耐心，是很难想象的。而如果没有观众，这样一种形式又怎么能发展呢？因此，从这个角度说，中国舞蹈直至开始走入人的内心世界，哪怕只是一点同情和叹息，这种观、演间的共鸣就立即得到了回应。经过隋唐兴盛期、宋时的百戏的发展、元代杂剧的盛行，当代舞剧的产生一跃成为该时期可说是唯一耀眼的文艺形式，群众纷至沓来，不仅沟通无碍，而且能够齐声相和。这样，中国舞蹈在对弱势群体，尤其是以女性为代表的群体的关注与理解的基础上，才开始迈向成熟并最终真正成熟起来。它以舞蹈自身的经验、智慧和力量，开拓并发展了另一种思维，提高了女性地位，丰富了世界女性舞蹈艺术魅力。它不仅使女性在舞蹈中的地位与日俱增，也使舞蹈艺术的发展和实践更加成功和生动。

  中国舞蹈源远流长、根叶深茂。它随着历史的长河，从远古流至今天，又将从今天流向未来。中国现、当代舞蹈艺术是中国古代舞蹈艺术的继承和发展，它既保存了数千年中华舞蹈的传统，又随着时代的变迁而演化发展。虽然兴衰荣枯时有起伏曲折，但历史向我们证实：舞史悠悠、舞星灿烂、舞学精深的中华民族的舞蹈文化，它还以博大的胸怀，归纳百川、荟萃中外，逐步形成以我为主、多元并存、相互吸收、共同发展的态势，翘首以待新世纪的到来！

　　随着生活水平的不断提高，人们越来越追求和需要精神生活，以各种艺术表演形式满足精神上的愉悦，大众舞蹈也因此不断拓展了自己的领域，不再局限于专业的舞台，开始走向社会的各个角落，例如学校、社区、公园，已经成为当今社会的一种文化现象，越来越多的群众参与其中，喜爱这种表现形式。作为群众文化生活的重要组成形式，大众舞蹈是一种自发的群众性的娱乐形式，

　　大众舞蹈，也称群众舞蹈，顾名思义，就是以群众为主体的、在群众中进行的，并以群众自我娱乐为主要目的的舞蹈活动。群众自己掌握和应用舞蹈的手段，通过舞蹈艺术的创造和传播来表现群众自己的思想、情感和生活。根据目前我国社会舞蹈活动的现状，大众舞蹈大致可分为民间舞蹈、社交舞蹈、校园舞蹈、儿童舞蹈等主要门类。我们知道，大众舞蹈和其他群众文化一样起源于劳动和人类特有的精神生活需求。随着社会的发展，大众舞蹈在内容上日益丰富，形式上多姿多彩，多方面地反映表现人民群众的生活、思想、情感及审美需求。因此，群众性的舞蹈活动日新月异、蒸蒸日上，它对于建设社会主义精神文明、满足人民群众日益增长的文化需求，有着极为重要的意义。

第二节　舞蹈的种类

　　舞蹈艺术种类繁多。舞蹈艺术起源于人类的劳动和娱乐，由群体和个人为了自娱而做的一些最简单的动作，发展到复杂、精妙的舞蹈艺术品。"舞蹈"一词的定义是广义的，它既包括一般性质的跳舞，也指公认的舞蹈艺术流派。由于历史的发展、人类社会的变迁、人们的认识活动日益深化，表现社会生活的舞蹈艺术也就自然不断地发展和变化，以至不断产生新的舞蹈艺术品种、形式、风格、体裁和特性。

　　根据舞蹈的作用和目的，舞蹈可分为生活舞蹈和艺术舞蹈两大类。

一、生活舞蹈

　　生活舞蹈，是指与人们的日常生活有着直接密切关系的舞蹈。这类舞蹈不分

男女老少、平民百姓或达官贵族，人人皆可参加跳的舞蹈。此类舞蹈的特点动作简单，没有高超的技巧和技术规范，没有严谨的程式，而是舞者个人为获得乐趣和最大的感情满足而自由地舞动，它是具有广泛的自娱性的舞蹈。

生活舞蹈包括社交舞蹈、习俗舞蹈、宗教及祭祀舞蹈、健身舞蹈、体育舞蹈、自娱舞蹈、教育舞蹈等。这类舞蹈在世界各国人民的生活中均有保存和流传，是生活内容不可缺少的组成部分，并作为一个民族、一个国家的习俗文化传统被载入史册。这种舞蹈的活动方式和场所，大都是因其活动目的不同而选定。

（一）社交舞蹈

社交舞蹈指欧洲文艺复兴以来的宫廷舞蹈和近代社交舞蹈。社交舞，又称交谊舞或交际舞，是来源于西方的一种舞伴舞。社交舞当前已经以社交形式和比赛形式出现在世界各地，包括简单易学的普通交谊舞(Social Dance，俗称"普交舞")和按全世界统一竞技比赛标准要求的国际标准交谊舞(International Standardballroom dance，俗称"国标舞")。以比赛形式出现的国际标准交谊舞也叫体育舞蹈。目前中国流行的普通交谊舞舞步大都由国际标准交谊舞的舞步简化而来，常见的有慢三、快三、慢四、快四、伦巴、恰恰和森巴。其中慢三由华尔兹简化而来；快三由维也纳华尔兹简化而来；慢四由狐步简化而来；快四由快步简化而来。

（二）习俗舞蹈

习俗舞蹈，又可称为节庆、仪式舞蹈，是我国许多民族在婚配、丧葬、种植、收获及其他一些喜庆节日所举行的各种群众性的舞蹈活动。在这些舞蹈活动中，表现了各个民族的风俗习惯、社会风貌、文化传统和民族性格特征。

（三）宗教及祭祀舞蹈

宗教、祭祀舞蹈，是进行宗教和祭祀活动的舞蹈形式，主要用以祈求神灵庇佑、除灾去病、逢凶化吉、人畜兴旺、五谷丰登，或是答谢神灵的恩赐。祭祀舞蹈，是祭祀先祖的一种礼仪性的舞蹈形式。过去人们用以表示对先祖的怀念或是希望先祖和神佛对自己的保佑和赐福。

（四）健身舞蹈

健身舞蹈，是健身的方式之一。专门针对身体的一些部位为了维持其健康的状态而做的类似于舞蹈的健身操就是健身舞蹈。健身舞蹈分为普拉提、芭蕾、舍宾、健美操、肚皮舞、街舞等。

（五）体育舞蹈

体育舞蹈，是舞蹈和体育相结合，以艺术审美的方式锻炼身体，使身心全面健康发展的舞蹈新品种，如各种健身舞、韵律操、中老年迪斯科、冰上舞蹈、水上舞蹈、街舞HI-HOP，以及我国传统武术中的舞剑、舞刀和象征模拟各种动物、特定形象的象形拳、五禽戏等。

（六）自娱舞蹈

自娱舞蹈，是人们以自娱自乐为唯一目的的舞蹈活动。用舞蹈来抒发和宣泄自己内在的情感冲动，从而获得审美愉悦的充分满足。

（七）教育舞蹈

教育舞蹈，是指学校、幼儿园等进行审美教育的舞蹈活动，以及开设的舞蹈课程，用来陶冶和美化人的思想感情、道德情操，对培养人的团结友爱、加强礼仪以及增进身心健康，都能起到潜移默化的作用。

二、艺术舞蹈

艺术舞蹈是指由专业或业余的舞蹈家，通过对人们社会生活的观察、体验，加以取舍集中、提炼和概括，进行艺术构思和创造，使主题思想更鲜明、艺术形式更完美，具有更典型化的艺术形象的舞蹈作品。此类舞蹈有一定的规则，动作有科学的规范，有高超的技术和技巧，表演性强，变化多样，有专业的舞蹈大师指导，表演者要经过严格的挑选，并经过严格系统的训练。节目经过认真的排练，演出时有舞台美术、灯光、服饰、化妆等多方面的配合，在固定的剧场由少数人表演，给广大观众欣赏的舞蹈作品。

艺术舞蹈有多种流派，种类繁多，有各种不同的形式、风格和特点。随着社会的发展，人类产生了多方面的审美需求，舞蹈创作更加繁荣发展，不断创新和繁多起来。研究和认识舞蹈的种类，目的是为了认识和掌握各种舞蹈的特点和规律，使舞蹈艺术家能够在舞蹈艺术实践中自觉地去遵循规律、掌握特点、发挥舞蹈艺术形式的特长，促使舞蹈艺术更加繁荣发展。

由于艺术舞蹈品种繁多，根据各个不同的艺术特点、大致可分为三类。

第一类，根据舞蹈的不同风格特点来区分，有古典舞蹈、民间舞蹈、现代舞蹈、当代舞蹈和芭蕾舞等。

1. 古典舞蹈： 是在民族民间舞蹈基础上，经过历代专业工作者提炼、整理、加工创造，并经过较长期艺术实践的检验，流传下来的，被认为是具有一定典范意义和古典风格特点的舞蹈。世界上许多国家和民族都有各具独特风格的古典舞蹈。欧洲的古典舞蹈，一般都泛指芭蕾舞。

2. 民间舞蹈： 是由广大人民群众在长期历史进程中集体创造，不断积累、发展而形成的，并在群众中广泛流传的一种舞蹈形式。它直接反映人民群众的思想感情、理想和愿望。由于各国家、各民族、各地区人民的生活劳动方式、历史文化心态、风俗习惯以及自然环境的差异，因而形成了不同的民族风格和地方特色。

3. 现代舞蹈： 是19世纪末和20世纪初在欧美兴起的一种舞蹈流派。其主要美学观点是反对当时古典芭蕾的因循守旧、脱离现实生活和单纯追求技巧的形式主义倾向；主张摆脱古典芭蕾过于僵化的动作程式的束缚，以合乎自然运动法则的舞蹈动作，自由地抒发人的真实情感，强调舞蹈艺术要反映现代社会生活。

4. 当代舞蹈（新创作舞蹈）： 即不同于上述三种风格的新风格的舞蹈，它常常是根据表现内容和塑造人物的需要，不拘一格，借鉴和吸收各舞蹈流派的各种风格、各种舞蹈表现手段和表现方法，兼收并蓄为我所用，从而创作出不同于已经形成的各种舞蹈风格的具有独特新风格的舞蹈。

5. 芭蕾舞：是一种经过宫廷的职业舞蹈家提炼加工、高度程式化的剧场舞蹈。"芭蕾"这个词本是法语"ballet"的音译，意为"跳"、或"跳舞"，其最初的意思只是以腿、脚为运动部位的动作总称。法国宫廷的舞蹈大师们为了重建古希腊诗歌、音乐和舞蹈于一体的戏剧理想，创造出了"芭蕾"这样一种融舞蹈动作、哑剧手势、面部表情、戏剧服装、音乐伴奏、文学台本、舞台灯光和布景等多种成分于一体的综合性舞剧形式。芭蕾舞在西方剧场舞蹈艺术中占统治地位达三百余年，至今已历四个多世纪。

第二类，根据舞蹈表现形式的特点来区分，有独舞、双人舞、三人舞、群舞、组舞、歌舞、歌舞剧、舞剧等。

1. 独舞：由一个人表演的、完成一个主题的舞蹈，多用来直接抒发人物的思想感情和揭示人物的内心世界。

2. 双人舞：由两个人表演、共同完成一个主题的舞蹈。多用来直接抒发人物的思想感情的交流和展现人物的关系。

3. 三人舞：由三个人合作表演完成一个主题的舞。根据其内容，可分为表现单一情绪、表观一定情节以及表现人物之间的戏剧矛盾冲突等三种不同的类别。

4. 群舞：凡四人以上的舞蹈均可称为群舞。一般多为表现某种概括的情节或塑造群体的形象。通过舞蹈队形、画面的更迭、变化和不同速度、不同力度、不同幅度的舞蹈动作、姿态、造型的发展，能够创造出深邃的诗的意境，具有较强的艺术感染力。

5. 组舞：由若干段舞蹈组成的比较大型的舞蹈作品。其中各个舞蹈有相对的独立性，但它们又都统一在共同的主题和完整的艺术构思之中。

6. 歌舞：是一种歌唱和舞蹈相结合的艺术表演形式。其特点是载歌载舞，既长于抒情，又善于叙事，能表观人物复杂、细腻的思想感情和广泛的生活内容。

7. 歌舞剧：是一种以歌唱和舞蹈为主要艺术表现手段来展观戏剧性内容的综合性表演形式。

8. 舞剧：以舞蹈为主要艺术表现手段，并综合了音乐、舞台美术（服装、布景、灯光、道具）等，表现一定戏剧内容的舞蹈作品。

艺术是以形象的直感的方式展现在观众面前，所以舞蹈为视觉艺术。但人们在欣赏舞蹈时，虽然主要依据是视觉中的形象，同时也在听觉中，通过音乐和效果完善着视觉的形象，使视觉与听觉二者相结合，构成一个统一的艺术形象。所以，舞蹈也可以称为视觉与听觉相结合的综合艺术。为了鼓励我国优秀的舞蹈新创作，发现和培育优秀人才，提高舞蹈的编导和表演水平，国内分别设立了全国舞蹈比赛、中国舞"桃李杯"邀请赛等等，使我国的舞蹈事业得到了不断的繁荣壮大。

第三类，按年龄层次区分，有幼儿舞蹈、少儿舞蹈、青少年舞蹈、中老年舞蹈等。

三、有氧舞蹈

随着人们锻炼健身的意识不断增强，有氧舞蹈也成为当今年轻一代喜好的舞蹈形式。

有氧舞蹈是配合音乐有节奏地舞动的有氧运动。有氧舞蹈一方面能消耗较多热量，一方面能把许多舞蹈动作健美操化，通过有氧健美操的锻炼形式，反复或进行组合练习。有氧舞蹈动作不像健美操动作比较操化，有氧舞蹈有许多风格，其音乐与舞蹈的结合紧密，锻炼时能达到愉悦身心，同时人的创造、想象、表现和艺术修养等综合能力都能达到提高。

根据动作、音乐的不同特点，分为嘻哈、莎莎舞等许多风格的有氧舞蹈。而有氧舞蹈在中国又出现了扇子舞等许多风格。跳有氧舞蹈并不一定要去舞蹈教室，在家也能跳，可配合年龄编舞，有较大的自由性。

有氧舞蹈有以下几种特点：

1. 拉丁风格

最早的有氧舞蹈都带有拉丁舞风格，如爵士舞风格的有氧舞蹈；以后又出现了萨尔萨有氧舞，这也是一种比较快的拉丁舞风格的有氧舞蹈，吸取了许多如曼波舞、恰恰舞、探戈、桑巴舞的风格。这些有氧舞蹈的特点就是髋部动作很多，动作优美。

2. 摩登风格

摩登舞是体育舞蹈比赛中的一个项目群，参加比赛的运动员男士要着燕尾服摩登舞西装，打领结，女士要着长裙，梳宴会正式发型。这个项目群中共包括华尔兹、维也纳华尔兹、探戈、狐步和快步舞五项。比赛时裁判对参赛各对运动员不打分，只确定优胜顺序，最终根据总排名前三名胜出。摩登舞类中有华尔兹舞、探戈舞、狐步舞、快步舞和维也纳华尔兹舞五个舞种。

3. 街舞风格、方克风

方克、街舞的有氧舞蹈与Funk、hiphop音乐有很大的关系，这些音乐都比较欢快，使人都有一种跃跃欲跳的感觉。Funk、hiphop是带有自由舞和黑人舞风格的有氧舞蹈，动作放松、自由多变，它能够提高锻炼者的协调性，达到健身的目的。跳funk、hiphop后使人精神非常愉快，所以这种有氧舞很受青年的欢迎。

有氧舞蹈对人体有着极大的好处，控制超重肥胖效果明显：有氧运动的特点是强度低、不间断、有节奏、持续时间长，而且方便易行、容易坚持，因此能真正消耗脂肪而不是水分或肌肉。此外，有氧运动可增强心血管功能：长期坚持有规律的有氧运动，不仅能有效控制体重，还可使肌体对氧气的吸入、输送和利用的功能进一步增强，使心肌的收缩变得更为有力。有氧运动还能增大肺活量、调节物质代谢、使高血糖者的血糖降低，还能增强骨骼密度，防止骨质丢失，预防骨质疏松。在进行有氧运动时，通常是众人在有节奏的拍子及优美的旋律下进行的群体活动，既活跃的情绪，又增强了体质，其乐融融之中充分享受生活的乐趣。

第三节 舞蹈爱好者需要掌握的舞蹈常识

不同的艺术形式有不同的物质载体和不同的物质手段。舞蹈的物质载体是人体，它是一种人体动作的艺术，是以经过提炼、组织、美化了的人体动作为主要艺术表现手段，着重表现语言文字或其他艺术表现手段所难以表现的人们的内在深层的精神世界、细腻的情感、深刻的思想、鲜明的性格和人与自然、人与社会、人与人之间以及人自身内部的矛盾冲突，创造出可被人具体感知的生动的舞蹈形象，以表达作者的审美情感、审美理想，反映生活的审美属性。舞蹈在一定的空间和时间内经过连续的人体动作过程、凝炼的姿态表情和不断流动变化的队形画面，结合音乐、舞台美术等艺术手段来塑造舞蹈的艺术形象。舞蹈是一种空间性、时间性、综合性的动态造型艺术。

舞蹈是以人体动作为主要表现手段的一种艺术，是以人体的舞蹈动作为传达人的情感信息符号的物质载体，用语言或文字来谈舞蹈是非常困难的。因而，身体作为一种语言通过舞蹈动作进行表达便形成了舞蹈特有的身体语言。语言是一种符号载体，人类的语言把一定的声音符号和一定的意义内容联系起来，建构了一个语声的符号体系。人类的身体语言也是人类交流的一种重要方式。据统计，人类通过身体语言交流的信息要占信息交流总量的一半以上。与有声语言不同的是，身体语言是以人类的肢体为媒介的。从身体语言的角度来看，人类的动作往往是其内心的真实写照，是人类情感的象征符号。

如今，长期关注和喜爱舞蹈并坚持习舞的朋友不在少数。很多人学习舞蹈，刚开始是抱着锻炼身体的心态，但是大多数在真正地接触舞蹈之后，就会情不自禁地为之着迷。在这里，主要讲的是激情广场中中老年舞蹈爱好者应掌握的一些舞蹈常识。

一、舞蹈中需要注重的几个问题

（一）舞感

舞感就是整体的范儿。一个舞者型的优美，取决于舞感；舞感培养不好，跳出来的动作只会连自己都觉得别扭。对舞感的体会要从自己身体上感悟，看着镜子里跳舞的自己，要明白自己哪里别扭，并且及时纠正，切忌懒懒散散不观察自己、不要求自己，要知道培养自己的气场。入门时动作是次要的，最关键的恰恰是对舞感细节的掌握。再就是听音乐。一般舞感不好的人，多数是节奏感、协调性不好的人。这时候除了加强练习基本功，还要从音乐节奏变化表达含义下手，记住要让音乐和舞蹈融为一体，它们都是息息相关的。记住，一个舞者的优美由舞感体现。

（二）良好的习惯

良好的习惯，即正确的舞蹈学习心态和正确的舞蹈练习方法。一个正确的学习心态是很重要的，假若怕苦怕累、没有坚定的毅力，那又何谈学习舞蹈、热爱舞蹈？这是生存在内心的东西，不用我多说。我相信每一个真正热爱舞蹈的人都可以体会得到。学习不可抱有幻想，不要急于结果，要清楚自己真正追求的东西是什么，然后用坚定不移的信念去舞蹈。

还有就是正确的练习方法。这个是要求系统技术的一项，对于刚入门的学习者，最好有专业的老师指导，一定要选择会教的老师，而不是说在多短时间内可以学会多少成品舞。入门时，记住学的不是动作有多少，而是你的基础，各个方面的基础培养。如果因种种原因而无法专业地学习，那么自己练习时，一定要有正确的方法，比如要面对镜子跳舞，方便自己纠正错误动作，达到提高练习效果。

再就是要一心一意地练习，不要急于一时心热，导致看到这个也想学、看到那个也想学，盲目性的练习只会导致你舞得越来越离谱，所以要了解一定的知识之后再进行正确地练习，不然也许跳了几年都不清楚自己跳的是什么。所以，一定要让良好的习惯在心里生根发芽。

（三）一定要用"心"在跳舞

舞蹈原本就是通过肢体语言抒发情感的一门艺术，所以舞者需要用"心"跳舞。所谓用心，就一定要发挥脑力、用心思考。跳舞这个过程，要一半用肢体、一半用心，要勤于思考、善于理解。很多人看了教学视频并学习动作，可是多半跳得不是那么完美——因为学的只是舞形、只是形似，却无理解体会音乐舞蹈的灵魂。所以，最好有老师指导，听老师的理解，剩下的就是自己更深层地领悟了。跳舞永远是要融进自己所学的一切，每每看着自己跳舞，一定要清楚问题出现在哪里，了解自己各个肢体动作的优劣，所不擅长的东西就要在学习的同时多多思考，把自己正确的理解不断发挥出来，从而完善自己。

（四）把握细节问题

舞蹈中的细节根据舞种的不同而改变。首先了解自己所跳的舞种，再详细地进行分解学习，所有舞种里重要的部分有肌肉耐力、心肺耐力、身体平衡、身体组合灵活、力量控制的把握等等。舞蹈肯定是一种大量的体育练习项目，这个平时的运动更能帮助你力量的发挥，耐力的提高，所以建议大家多运动。要多练习自己肢体的灵活性，基本功很重要，再就是力量控制，能开能收才是最重要的，动作完成的同时要具有力量的控制，肌肉要有弹性，整体跳出来的感觉才会收放自如，当动作位置到位之后，一定要控住，瞬速发力，细节技巧成就舞蹈的精华。舞蹈内在的东西要自己多多琢磨。所有的细节一定要在正确地练习下加大训练度，只有多做，多习惯于一个技巧，它才会真正地生于你心，成为你的实力。

二、舞蹈训练中的基础术语

（一）八个方位

1～8点：呈米字型，45°一个点，舞蹈者正前为1点，依次点数为顺时针方向。是用以规范舞蹈者面向，走向的专业术语。即场地正前第一方位——"1点"；右前、右旁、右后分别是第二、三、四方位——"2、3、4点"；正后是第五方位——"5点"；左后、左旁、左前分别是第六、七、八方位——"6、7、8点"。

（二）扶把训练

即学员手扶把杆做舞蹈动作。分"单手扶把"和"双手扶把"。

（三）中间训练

即站在训练场地中间做练习。是相对"扶把训练"而言的。

（四）对称动作

指左、右相对的同一动作。如"右按手"的对称动作即"左按手"。

（五）动作的左与右

单一舞蹈动作一般都分左、右两面，通常是以动作腿（或动作臂）来区分。如右手做"盘手"，即称"右盘手"。舞蹈训练中常称"左虚步"、"右端腿"等，即表示用左或右肢做该动作。

（六）动作的单与双

有些动作以单臂（或腿）做动作时，多称左或右（见上条）；以双臂（或双腿）做时即标以"双"字，如"双山膀"、"双摇臂"、"双起双落"等。

（七）面向、视向

身体正面所朝的方向称面向；眼看几点即视向，一般也包括脸的朝向，如"眼看8点"，即脸和视线均朝8点。

（八）亮相

源于中国古典舞蹈中独具特色的一种技法。即在某舞蹈段落最后，以一个加强节奏感的动作塑造该舞姿"造型"。通过这个舞姿动作顿挫到位，或甩头、凝视等，使表达的神情更明朗、强烈。此种造型即亮相。

（九）平圆、立圆

与地面平行的圆圈运动路线（通称"划圆"）即"平圆"；与地面垂直的圆圈运动路线即"圆"。

（十）划弧

指在"划圆"轨道上的某一段路线，如手臂划"上弧线"，即手臂做立圆的上半圆。

（十一）留头、甩头

身体开始转动而头仍留向原方位不动，称"留头"。头从一方位迅速转向另一方位称"甩头"。例如"转圈""翻身"动作，开始转体时"留头"，当身体转动约180°时，再迅速甩头360°，以控制旋转方向、增强动力。甩头也是亮相时的常用动作。

（十二）涮头

以颈为轴，头在肩上方做平圆动作。

（十三）环动

多指腿部以髋关节为轴的划圆动作。有时也泛指其他关节为轴的划圆动作。

（十四）控制

此处指舞蹈训练课目的一种。即使舞姿静止在一个动作上，训练肢体的控制力量和能力。

（十五）身韵

即舞蹈的"身法和韵律"。其基本的动作元素有"提""沉""冲""靠""含""展""移"等。它是中国舞蹈中独具特色的艺术表现技法，体现了中国古典舞蹈风格的特征。

（十六）起范儿

正式动作以前，从力量或动作上做准备，称"起范儿"。一般在正式动作前的半拍时间，做起范儿动作。

三、舞蹈学习的过程及方法

（一）从感性到理性的过程

刚开始学习舞蹈者，一般是从单一动作学起，如同是一个单字、一个单词的学习，但这个单字和单词是人体某一个具体形象，同时它也是一种符号。当学会多个单词以后，一经组合就形成一个具体的形象。这一切都要经过学习者以自己的身体去实现、感受。然而，舞蹈形象却不单纯是社会生活中实在的形象，而是某种象征、某种暗示，其本身带有一种抽象性。当单词越学越多，可以组成各种句子的时候，学习者的思维就发生了变化，就能够感觉到某种象征与暗示，并能够理解。所以，形象性感性认识和抽象性理性认识，两者缺一不可。

（二）从模仿到创造的过程

我们在学习舞蹈的过程中，模仿是存在的；在模仿的过程中，希望可以突破模仿阶段。俗语说："熟能生巧。"舞者若模仿到十分熟练的程度，就不会满足于模仿，这是一切有创造性人才的共同特点。他们在长期的模仿中，逐步掌握了身体运动规律，而且到了可以随意发挥也不走样的程度。这时，他们就自然会在现成的、大家都一致的训练中寻找到自己的规律。他们会在各种时机中去表现自己，并且最会扬己之所长、避己之所短。对于舞蹈天才来说，他们表现自己的突破点正是艺术想象的才能。

镜子观照学习法——也是一种"模仿学习法"，提出"镜子"就是为了观照、为了模仿，这是舞蹈学习最初的，也是最基本的、不可逾越的过程。当然，这里的"镜子"包括真实的镜子、以教师为镜子、以舞友为镜子。

四、业余舞蹈爱好者怎样解决练功问题

（一）压腿

每天分别压15分钟旁腿、前腿、后腿。

（二）压肩

这是打开肩部韧带的练习。压肩时，双手臂伸直放在把杆上。两腿之间的距离略等于肩宽。头部和脊柱都要放松，向下压时能够感觉到肩部韧带被拉长。大概15分钟。

（三）劈腿跳

是为学习中间大跳做好准备的手扶把杆的跳跃组合。在做这一动作跳起来时要注意双脚同时一前一后打开。打开过程中，绷直脚背，伸直膝盖，跳跃越高，腿叉越开越好。着地时，双脚快速收拢，两脚并起来着地练习10分钟。

（四）下腰

双脚打开至肩宽，双臂向上伸直，五指打开，手心朝前。下腰时，上半身向后仰，头抬起来向后找自己的脚后跟，身体和手都向脚后跟靠齐并往里卷。下好以后，手臂和膝盖都尽力撑直，眼睛看脚后跟。开始可能下不去，但是多练习就好了，每天练习15分钟。

（五）劈腿

劈腿有利于拉伸腿部韧带。在训练时，注意脚背不能松弛。我们可以按照这样的顺序训练：

1. 左脚在前劈腿，双手抱住左脚，控1～2分钟，然后腿不动，身体向后仰。有基础的可以让右手撑住地面，左手抓住后腿控住。

2. 左脚在前的竖叉不动，身体向右转的同时变胯，变为横叉。双脚背不要趴倒在地面。上半身和脚背都要立起来，然后上半身趴倒在地面，双手臂向前伸展。趴胯1～2分钟。

3. 横叉不动，再向右转，变为右脚在前的竖叉。

五、跳舞保健，老年人得避开的"雷区"

许多老年人出于保健目的而学习舞蹈，但由于生理因素，老年人在跳舞时要增强保护意识。

老年人运动系统肌肉萎缩，关节附近骨质增生，韧带弹性下降，关节活动不灵，神经系统反应迟钝，一旦跌倒，容易发生关节、肌肉损伤甚至骨折。因此，应注意循序渐进，科学训练，慢慢适应。

一般来说，运动量适当的舞蹈动作协调、有节律，微有出汗；结束后虽感疲劳，但可较快消除；晚间容易入睡，睡眠香甜，无失眠、多梦。若一开始跳舞即感到气喘、出汗较多，或感到肌肉持续酸痛、周身无力，或运动后食欲不振、睡眠失常，均提示运动量过大，须进行调整。

此外，老年人跳舞，应避免突然的大幅度扭颈、转腰、转髋等动作。地面不宜过于光滑。最好穿着运动鞋，特别不宜穿高跟、硬塑料底类的鞋子。因病服用巴比妥类、酚噻嗪类、安定、三环类抗抑郁药、降血压药及单胺氧化酶抑制剂等药物，或饮用药酒后，可能会影响身体的平衡，不宜跳舞。

许多舞蹈都要求腰部转动灵活，若协调不好，或用力过猛，可引起腰部肌肉、韧带、筋膜等软组织撕裂损伤，导致局部肿胀、疼痛，皮肤出现青紫斑块，肌肉痉挛发硬，影响腰部伸屈、侧弯、旋转等活动。要预防腰扭伤，可在跳舞前做些准备活动，使全身肌肉协调，处于待命状态。一旦发生腰扭伤，应及时治疗、卧床休息。

跳跃、蹬腿等动作超过耐受能力，可致跟腱劳损，发生无菌性炎症。当动作不协调或用力过猛时，跟腱可被肌肉拉断，出现局部疼痛、皮下淤血、肿胀，足踝活动不灵，不能用力蹬地等症状。如怀疑跟腱断裂，应去医院仔细检查，争取尽早接上。

古人有"闻鸡起舞"的习惯，不少中老年朋友也喜欢清晨跳舞。经过一夜睡眠，这时跳上一场舞，将全身筋骨活动开来，可使一天轻松。但要注意，不要眼睛一睁就开始跳，不妨先喝一杯开水。因为一夜睡眠未进食，尿液排泄，加上出汗、呼吸等不显性失水，致使身体缺少水分，血液黏稠度增高，循环阻力增大，影响心脑供血。这时喝一杯水，可迅速吸收，稀释黏稠血液，改替脏器代谢，促进血液循环，这样不但使皮肤看起来光亮，还可使精力倍增。

　　进食后，消化器官血液循环会加快，以帮助消化食物。此时立即跳舞，大量血液将改道流向运动器官，对食物消化吸收不利。一般来说，饭后休息40分钟左右再开始跳舞，较为适宜。

六、根据舞蹈类型来选择合适的发型

（一）盘发发髻

　　简单的盘发发髻可以为你的舞蹈增添一份高贵与优雅。一般情况下，芭蕾舞演员在平日练习和演出时最常采用这种发型。发髻可以把你的头发干净利落地收进发包。要梳这样的发型，方法也非常简单：先扎一个马尾，再将头发拧成一个圈。将两鬓的碎发用夹子固定。发髻的高低会展现出不同的效果。低发髻会让你看起来柔和，而侧扎可以显得俏皮时尚。

（二）马尾

　　马尾是最简便的发型，无论是上课、彩排还是演出，马尾会让你看起来随意、运动或者优雅。有弹性的卷发绑出的高马尾比较适合啦啦队或者其他的舞蹈队演出。有些凌乱的侧马尾比较适合hip-hop。用一些宝石饰品点缀的马尾比较适合剧院爵士或者踢踏舞。无论选择什么风格的马尾、跳何种舞蹈，要确保将它绑得足够紧，这样在跳舞的时候它才会保持竖立。

（三）法式盘发

　　法式盘发要比简单的发髻盘发看起来显得更加高贵。但是依然要将脖子后面和脸部周围的头发收进发髻。打造法式盘发需要将头发分到一侧，将它向你的后脑勺拧去，将发尾塞进发髻内，用夹子固定。法式盘发非常实用，现代芭蕾、爵士和交谊舞都可以运用。你可以为你的盘发加点宝石的发夹以点缀。

（四）半披发

半披发不仅可以让你在舞蹈的时候头发显得飘逸，而且不会让多余的头发遮住你的脸。你需要将顶上一层头发绑一个马尾或者盘起来，留下一些底部的头发。这样的风格适合现代舞和当代舞。卷曲撩人的半披发是标准爱尔兰舞者比赛的发型。你可以加一些宝石或者有趣的头饰。确保后面头发的固定不会影响你的舞蹈。

第四节 关于广场舞

广场舞蹈是舞蹈艺术中最大的一个子系统。中国有五十六个民族，单汉族就有千千万万个广场舞蹈形式。每一个民族都有自己独特的广场舞蹈形式，广场舞蹈几乎遍布了祖国每一个角落。就拿山西来讲，县县都有自己的广场舞蹈，村村都有广场舞蹈活动。所以说广场舞蹈在中国乃至世界上都是一个非常重要的艺术形式。

随着社会的不断进步和发展，广场文化作为一种社会文化现象，越来越受到人们的关注。作为广场文化重要表现形式的广场艺术，更呈方兴未艾之势。而广场舞的功能和表演区域发生重大变化。从中华人民共和国成立以来，党和政府非常重视民众文化的建设和发展。特别是进入20世纪90年代以后，政府在县以上城市建立了许多文化广场。广场舞蹈悄然发生着大变化，广场舞从乡村走进城市，成为城市文化建设不可缺少的内容。如今的广场舞蹈活跃在祖国大地的各个角落，成为城市生活的亮点和风景线。同时，也给予了广场舞新的内容。由于广场舞蹈艺术的特殊性，在娱乐中能起到意想不到的健身作用，使广场舞成为娱乐、健身为一体的城市舞蹈。在全国各地从早到晚，都能看到广场舞的影子。

一、广场舞是激情广场中的主要表现形式

广场舞蹈是全国激情广场群众文化活动中的一个主要表现形式，是当今舞蹈

艺术中最大的一个子系统。它源于社会生活，产生在人民群众之中，群众是广场舞的创作者和表演者。在历史的长河中，人民群众不仅创造了广场舞蹈，而且发展了广场舞蹈，使这一民间艺术之花深深扎根于广大群众的社会生活之中。广场舞蹈不仅锻炼了人们的身体，更陶冶了人们的身心。

福州各大激情广场以"大家唱"为主要形式的平台，经过十多年的发展，都由单一的"大家唱"拓展到"大家唱"、"大家跳"、"大家乐"等不同需求的各种表现形式。每当夜幕降临，激情广场平台团员陆续集中在一起，先来支广场舞健身。广场舞队伍，无论是在城市还是农村，都遍布了每一个角落，不计其数。广场舞蹈正在全国许多大中小城市和村镇风靡，深受民众喜欢。这种体育舞蹈不限年龄，动作简单，舞步重复，容易掌握。它不受场地的限制，在广场、公园、街边、操场，有一块空地和音响即可马上跳。众人排成行列跳，就有了排舞或排排舞之称。它的舞步能灵活多变，可以自编自创，自由设计、编加、删减，所以也被称为自由舞。

广场舞是人们在广场上随性进行的，以健身、娱乐为主要目的，以操、舞为载体，并体现音乐主题的各种身体活动的总称。广场舞的表演以欢快喜庆为主，有一定的阵容规模，动作整齐，舞曲节奏欢快，舞者情绪高昂。大家在一派欢乐的舞蹈过程中，愉悦身心，宣泄情绪，并以愉悦的精神感染自己和观众，实现自我价值。广场舞不仅能锻炼身体，也能陶冶情操，丰富人们的文化生活，使人们获得独特的精神享受。广场舞的作用与价值，在于给人们以真善美的教育，不断陶冶情操，吸收美的真谛，提高民族的精神文明水平，对促进精神文明建设具有重要作用。广场舞作为舞蹈的一个子系统，所具有的形象性、感染性、独创性、技艺性等审美特征，将社会结构、生活环境、人与人之间的关系协调在美的旋律律动与造型中。另外，任何一个高度发达的社会，其精神文明的一个重要标志就是社会凝聚力。而舞蹈能使民族凝聚力潜移默化地渗透在社会行为中，使人们能较好地理解民族感情，从而促进精神文明建设，提高人们的审美水平。党的十八大提出"丰富人民精神文化生活，让人民享有健康丰富的精神文化生活，是全面建成小康社会的重要内容"，"开展群众性文化活动，引导群众在文化建设中自我表现、自我教育、自我服务。"广场舞作为一种群众性文化活动，在促进精神文明建设方面具有独特的作用，所以重视与推广广场舞，是贯彻落实党对社会主义精神文明建设要求的方法之一。

广场舞的参与者更多为中年或以上人群，更多为妇女，他们大多数已经处于退休或者即将退休状态，没有太大的来自家庭生活的压力，如何保持身体的健康逐渐成为一件重要的事情。待到规模壮大到一定程度后，跳的人越来越多，看的人也越来越多，于是便如滚雪球般越来越壮大，年龄层的分布也越来越广，名副其实地成为一项流行的全民健身浪潮。

二、广场舞的界定问题

关于广场舞内容的界定还是一个待研究的课题，到目前为止还没有人给出一个确切的、权威的说法。不同的学者从不同侧面对广场舞的概念进行了探讨。一般学者把广场舞认为是舞蹈的形式之一，主要从功能、特点、目的、内容等角度来界定广场舞。归纳起来主要有几种观点：一是认为广场舞是一种舞蹈类型，广场舞是自发性以健身为目的的在广场上进行的舞蹈。二是认为广场舞蹈是一种舞蹈形式。如广场舞蹈是一种通常在广场开展的以歌舞形式呈现的具有开放性、自娱性、广泛的群众参与性及大众化的节奏韵律感和艺术美感的舞蹈样式。三是认为广场舞是一种社会活动，如广场舞是一种集健身与形体舞蹈为一体，配以富有节奏感的音乐，在广场等宽敞场地开展的群众性舞蹈活动。还有人认为，广场舞是一种社会现象。通过对有关广场舞的研究文献和资料的研究可以看出，目前对广场舞定义的界定还没有达成共识，这说明广场舞的研究还有待深入，也表明上述定义确实还存在一些缺陷，或过于宽泛，或过于偏颇。

广场舞是以集体舞为主要表现手段的，广场舞蹈是群众参与性很强的表演艺术形式，其表演方式都以集体舞出现，少则几十人多则几百人，场面红火热闹。广场舞蹈一定是在广场上表演，表演场地一般都比较宽阔，表演人数不能太少。所以广场舞蹈一般都是以集体舞的形式来表现的。

广场舞蹈同时带给人们自娱性。自广场舞蹈产生以来，自娱性就成为广场舞蹈的主要特征。民众在参与广场舞蹈时并不要求名利，完全是为了自娱。不仅锻炼了身体，更陶冶了人们的身心。

广场舞是利用舞蹈来抒发情感的艺术，使舞者内在情感得以宣泄，产生精神振奋的愉悦感。同时，观赏者也得到精神享受。这使舞者得到表现自我的机会，产生自我价值感。这就是广场舞蹈最大的作用，也是决定广场舞自娱性的原因所在，也是广场舞自产生以来越来越流行的原因。

与此同时，广场舞在沿着继承、创新、发展的健康轨道向前迈进的同时，又以崭新的姿态为二十一世纪人们的美好生活而发挥着其他艺术形式所无法替代的积极作用。

三、广场舞的发展历程

舞蹈是历史最悠久的艺术形式。早在人类语言还未产生以前，人类就利用舞蹈来交流感情、庆祝胜利，利用舞蹈形式来传教劳动方式及图腾信仰、巫术宗教祭礼活动和表现自身情感思想内在冲突的需要。就当今在我国的少数民族中还有不少民族沿用至今，如在湖北的土家族至今还用舞蹈形式讲述着他们的过去和历史。

广场舞蹈历史悠久、源远流长。据艺术史学家考证，人类最早产生的艺术是舞蹈，而且广场舞又是舞之母。广场舞蹈源于社会生活，产生在人民群众之中，群众是广场舞的创作者和表演者。在历史的长河中，人民群众不仅创造了广场舞蹈，而且发展了广场舞蹈，使这一民间艺术之花深深扎根于广大群众的社会生活之中。

随着人们主体意识、参与意识的增强和广场文化活动的广泛开展，广场舞正越来越受到社会各界的关注和重视，成为城市文化生活中不可或缺的重要形式和内容。

广场舞蹈是舞蹈艺术里规模最大的一个子系统。广场舞拥有自己的一套独特的表演形式和结构特征，而中国五十六个民族又从中产生数以万计的广场舞蹈表演形式，每一个民族都会有各自民族的特征。

舞蹈是历史上最悠久的艺术形式。人民群众创造了广场舞蹈，也发展了广场舞蹈，这样使得民间艺术得到了发展，也渐渐地在广大人民群众的生活中扎下了根。

四、关于广场舞的分类

关于广场舞的分类研究还比较少，到目前为止，也只是在一些文献资料中有零星地涉及。主要有以下三种分类方法：一是按照形式分为徒手广场舞、轻器械广场舞；二是根据不同的风格，分为古典广场舞、民间广场舞、现代广场舞；三是按照其功能，分为健身性广场舞、自娱性广场舞、商业性广场舞。

（一）广场舞形式的多样性

广场舞的形式，是指内容的结构和表现方式。包括舞蹈本身的结构、节奏、表情、音乐、服装、道具、队形等等，它与内容紧密联系，互为依存，又相互制约，表现了广场舞千姿百态、姹紫嫣红的多样性。

形成广场舞形式多样性的因素大致有三个方面：一是民族风格不同，各民族不同的生活环境、风土人情、历史进程、自然条件造成了各民族民间舞蹈的风格特点；二是文化意识不同，受风俗信仰和文化传统、审美意识等方面的影响，产生了丰富多样的表现这些内容的艺术形式；三是地域习俗不同。

（二）广场舞的开放性

广场舞的开放性特征主要表现在以下三个方面：一是广场舞开展的场地的开放性。广场舞一般都是在广场上、公园里、街头巷尾、楼前空地、活动舞台开展，这些地方都是全方位开放性的。二是广场舞开展形式的开放性。因为广场舞是在空旷地方进行的，没有剧场"三堵墙"的狭小空间限制，也没有观众和演员的界限，表演者和观赏者可以随时交流，表演者可以随时停下来做别的事，欣赏者亦可随时加入表演队伍中去。三是对社会贡献的开放性。广场舞把人们吸引到一定的社会秩序中，以健身和娱乐为主要目的，在大街小巷自由自在地跳着、笑着，以这种最朴实、最直接的形式表达当代人的审美趣味、审美心态和对未来美好生活的追求与向往，对强身健体、培养高尚情操和审美能力、维护社会的安定、创建和谐社会氛围、提高全民素质、起着特殊的作用。这种作用没有法律法规的限制与要求，也没有道德行为的规范，它对精神文明建设和和谐社会的建设所起的作用是开放性的。

五、广场舞的作用

（一）健体

广场舞具有体育锻炼的价值，经常进行排舞练习，心血管和呼吸系统都能得到良好的锻炼，改善心肺功能，加速新陈代谢过程，促进消化，消除大脑疲劳和精神紧张，从而达到增强体质、增进健康、提高人体的活动能力等良好的健身作用。

（二）健心

从心理学的角度来分析，人的注意力是心理活动对一定对象的指向和集中，也就是说注意是受指向制约的。在翩翩起舞的过程中，其注意力必然都集中在欣赏优雅的舞曲音乐，并沿着节奏将内心情感抒发在舞姿上。由于注意的转移，就能使身体其他部分的机能得到调整和充分休息。所以参加排舞这项运动能消除紧张的情绪和缓解压力，练习者在优美动听的音乐、美妙的舞姿中，消除疲劳、陶冶心灵，感受到愉快的情绪，从而达到最佳的心理状态。

（三）健脑

记忆就是过去的经验在人脑中的反映。它包括识记、保持、再现和回忆四个基本过程。其形式有形象记忆、概念记忆、逻辑记忆、情绪记忆、运动记忆等。在排舞的练习过程中，不仅要运用形象记忆、概念记忆，而且还要运用情绪记忆和运动记忆。而随着年龄的不断增长，记忆力会以很慢的速度减退，这是自然规律，也是正常现象。通过排舞练习以及对大脑神经的不断刺激，来减缓记忆力减退的生理现象，达到良好的健脑效果。

（四）健美

广场舞的练习是在优美动听的音乐旋律中，用心灵共舞，把细腻的情感注入舞姿中，并以高超的舞蹈技艺，形神一致地表现出各种动与静的姿态，塑造出各种美妙的意境组合，体现出美的姿态、美的造型，创设出体育与艺术、健与力高度结合的意境，给人们艺术熏陶和美的享受。因此，广场舞练习对形态、姿态、健康等方面都有较高的要求。经常参加排舞练习是一项很好的形体训练，可提高人体的协调能力，强健身体的各个部位的肌肉群，以及增加骨骼的骨密度，具有十分积极的健美作用。

六、跳广场舞的注意事项

广场舞几乎可以说是全民健身运动，深受中老年朋友欢迎，特别是缺乏娱乐的中老年人，晚饭之后的广场，公园到处可见广场舞的队伍。但是也要提醒中老年朋友们注意：跳广场舞虽好，但也要注意几个事项，以保证安全。

（一）晚饭后不能立即跳舞

很多人习惯在晚饭后马上出去跳舞，这样是不对的。跳舞前30分钟不宜吃大量食物，但也不能空腹。此外，跳舞前做热身，可以压腿、压跟键、压肩膀、简单弹跳等，5～10分钟即可，或以身体微微出汗为度。

（二）根据身体状况选择舞蹈

选择广场舞不要过于盲目，要弄清自己的身体状况，适合什么样的舞蹈，切忌盲目仿效。特别是老年人，最好测量一下血压和脉搏，即使是血压处于正常范围，也要避免街舞、迪斯科等难度较大或长达2小时以上的舞蹈。

（三）不要穿硬底鞋、紧身裤跳舞

硬底鞋弹力差，地面反作用大，容易损伤小腿肌腱和关节组织。应穿宽松、吸汗的全棉衣裤，确保四肢气血畅通，同时选择鞋底柔软且合脚的气垫鞋、运动鞋。

（四）睡前两小时内不要跳剧烈舞蹈

如果您有早睡习惯，最好早点去跳广场舞，以便有充足的时间给身体做缓冲，否则容易造成入睡困难。

七、跳广场舞的基本健身常识

我们每次做仰卧起坐时，在起身的时候腹部就会收缩，这就是核心力量。在跳广场舞时，我们每次的呼吸都会让腹部有频率的收缩。可是很多人都没有注意到要将这个收缩与舞蹈时的节奏合二为一，以此来增加动作力度与身体张力。每个呼吸点与节奏点都要配合好，就可以使舞蹈看上去更富有生命力、更有韧性！这个习惯要慢慢养成。

（一）跳广场舞如何运用好呼吸

跳广场舞时的呼吸是一个慢慢养成的习惯。方法很简单。就像我们在做仰卧起坐一样每次起身时吐气时，你可以感觉到腹部的收紧。同理，在舞蹈时有规律地做到一松一紧来配合肢体的力量就可以将动作的张力与爆发力做到最大。让腹部一直在收缩、收缩、收缩！用力的地方就把气吐出去，配合动作本身需要的肢体的力量就可以了。

除了呼吸上的配合，还有就是根据音乐的节奏来让中断做到一放一收的作用，如此一来在肢体上的舞蹈动作与身体的张力上就会被放到最大化，内敛的一股劲就会表现得淋漓尽致。

（二）跳广场舞如何把握好情绪

思想与情感上通过舞蹈动作所表现出来的情绪，换句话说就是自己人生经历、爱情遭遇和人与人之间的感触的多少来体现了。

动作是死的人是活的，每个人都有自己的气质与风格。在将舞蹈动作学扎实后就完全地可以随心所欲地去表现自己，然而前提依然是需要自己释放自己。情绪的释放与你的性格有最直接的关系。外向、内向决定着你的情绪释放的多与少。另一方面，就是生活的累积和沉淀。每个人的条件不一样，表现出来的情绪强度也不一样，可是都有它独特的一面。多或少并不重要，重要的是你能表现出来，至少要先感染到自己之后，才能感染到别人。

第五节 舞蹈鉴赏

舞蹈世界的美轮美奂，让很多人喜欢这门艺术，觉得很美也很奇妙。为了对舞蹈有更深的理解，舞蹈鉴赏是一门值得学习的课程。

舞蹈是一个综合体，当然，其中舞者是整个舞蹈的核心，是舞蹈的演绎者，但是除了舞者之外，音乐、舞台美术（服装、布景、灯光、道具）等也是舞蹈不可或缺的。比如在欣赏一个舞蹈作品时，除了舞者的深厚功底和精湛的演绎之外，音乐、舞台美术也是一个很精彩的看点——灯光的明暗、颜色的调和以及道具的合理使用等，在整个作品中都会占据很重要的地位。舞蹈有两个显著的特点：一个是审美感，一个是文化感。尽管日常生活当中的身体语言也有文化差异，但舞蹈中的文化感是属于风格性的，进入到美学的范畴。舞蹈身体语言的审美感集中表现在高难度的动作技巧上。人们欣赏舞蹈，既欣赏舞蹈表演的美，也欣赏高难度的舞蹈技巧的美，并进而受到思想上的陶冶和感染。身体语言对于舞蹈表演而言最为重要，因为它是这门艺术最根本的表现手段。所以，身体作为一种语言通过舞蹈动作进行表达，其语言的功能也发生了变化，不仅是表现的对象，更变成了表现的手段。此时舞蹈的独特性也就在于其表达媒介的独特，即身体语言的独特性——身体除了表达自身的形式美感外，更上升为一种语言，它不仅表现自身，还可以解释或传达其他更多的内容与含义。

一、舞蹈鉴赏的意义

舞蹈欣赏，是人们观赏舞蹈演出时所产生的一种精神活动，是对舞蹈作品的感受、体验和理解的整个过程。因此，它本质上是一种认识活动。但它又不同于一般的认识活动，而是一种特殊的对舞蹈作品的认识活动。舞蹈欣赏，就是观众通过舞蹈作品中所塑造出的舞蹈形象，具体地认识它所反映的社会生活、人物的思想感情以及舞蹈作者对这种生活现象的审美评价。观众在欣赏舞蹈作品的过程中，往往会联系自己的生活经历，引起情感上的共鸣，激发起记忆中有关的印象、经验，以及一系列的想象、联想等形象思维活动，来丰富和补充舞蹈作品中的舞蹈形象，使其更加完整、生动和鲜明，从而能在观赏舞蹈作品的过程中体会到更加宽广的生活内容和深刻的思想含义。舞是生命情调最直接、最实质、最强烈、最尖锐、最单纯而又最充足的表现。舞蹈不仅娱乐了大家的文化生活，也成为当前人类生活中不可或缺的文化精神需求，还起到宣传、审美教育的社会作用。

二、怎样进行舞蹈鉴赏

由于舞蹈能把高度发展的社会理性凝聚呈现为明显直观、灵活多姿的感性形式，因此在鉴赏舞蹈时，就能给人以教育。具体表现为：一方面，舞蹈能开发人们的想象力和创造力，提高对未来信息的处理、反馈能力；另一方面，能促进人的毅力、细心、专注、自制力等非智力因素的培养，以及性格、情操等方面良好素质的塑造。如欢快、明朗的舞蹈作品，能造就人积极向上、乐观镇定的性格；深邃宏伟的舞蹈作品，能培养人刚毅、坚强的精神；抒情、温暖的舞蹈作品，能改变人烦躁、孤寂的情绪……总之，通过鉴赏舞蹈，可以陶冶人的道德情操，培养人的道德情感，塑造完美高尚的人格，促进人的健康发展，从而有利于和谐社会的形成。

三、舞蹈鉴赏的前提条件

人们进行舞蹈欣赏这种舞蹈的审美活动，首先必须具备一定的主观条件，也就是说要具有一定的舞蹈知识、舞蹈欣赏水平和认识能力，舞蹈欣赏活动才能正常和顺利地进行。这正如马克思所说的那样："如果你想得到艺术的享受，你本身就必须是一个有艺术修养的人。""只有音乐才能激起人的音乐感；对于不辨音律的耳朵说来，最美的音乐也毫无意义，音乐对它说来不是对象……"所以，我们只有在了解舞蹈艺术的特性、舞蹈和其他艺术的关系、舞蹈形象构成的各种因素等之后，才能更好地鉴赏舞蹈。

（一）世界各民族舞蹈经典姿势："三道弯"

"三道弯"，特指在舞蹈动作中的头和胸、腰和臀、胯和腿以逆反向度呈S状的形态。广义上讲，"三道弯"是世界东方各民族舞蹈的典型姿态之一。

从地域的角度来谈，位于东亚的中国文化圈内东西南北各文化板块的民间舞种汇成了多种舞姿的"三道弯"，"北方的秧歌，南方的灯"中已包括了数种民间舞：山东的胶州秧歌、陕北秧歌、东北秧歌、安徽花鼓灯、云南花灯都广为人知，又如西部的弦子、敦煌乐舞、东北部的满族舞蹈、朝鲜舞蹈比比皆是，呈现出纷繁的"三道弯"舞姿造型。位于南亚的印度文化圈的印度舞，位于西亚的阿拉伯文化圈的东方舞，又如属于东南亚的马来文化圈的巴厘舞，都有着不同姿态造型的"三道弯"。

在中国的各民族中，汉族最具代表性的民间舞蹈是秧歌。由此"扭"在汉族舞中处处皆是，一个"扭"字，把汉族民间舞势态形象地勾勒出来。各种各样的扭，各个地方的扭，都有不同。胶州秧歌是调动全身各部位"扭、拧、韧、碾"循环往复连绵不断，富有内在激情的动作，活动起来"扭断腰"的动作特点，形成了流动中特有的"三道弯"。东北秧歌强调扭得"活"，扭得"浪"，扭出味道来。河北秧歌则有"扭"多于"跳"的特点。海阳秧歌注重的是"扭中摆"。陕北秧歌，"扭"是关键。南方安徽花鼓灯舞蹈动作中"三道弯"是它的亮相特点，无论是"风摆柳""三点头"还是"单背巾""凤凰单展翅"，此类动作都是呈挺拔向上的曲线造型。云南花灯"崴得团"是基本动律，这种"崴"中出现"三道弯"的姿态是腰胯扭得大而灵活。这么多种"扭"的姿态，把汉族人民的舞蹈文化美感表露得淋漓尽致。

傣族舞，具有安详舒缓的动律、"三道弯"与"一边顺"的舞蹈造型。亚热带风情的傣族民间舞有二三十种之多，较为典型的有"孔雀舞""象脚鼓舞""嘎光""依拉贺"等。

藏族舞，舞姿秀美，多呈"三道弯"体态。松垮、弓腰、曲背和膝部的松弛和颤动是藏族舞的主要特点。"弦子舞"的突出特点是流畅圆润、舒展、极富抒情、膝部连续不断既松驰又有控制的微颤是其内在动作核心,上身与胯部轻微连续的逆向横移,加以头部的配合形成的内在微妙的晃动,因此引发舞姿连接动作的"三道弯",使女性动作越发娴美,这就是著名的"巴塘弦子"。

蒙族舞,以"盅碗舞"和"筷子舞"最为著名。肩部、手臂动作丰富,步伐常模仿"马步"。

维族舞,以"移颈""打指""翻腕"为特征,并配合快速、连续的旋转。具有热情、乐观却不轻浮、稳重细腻却不琐碎的风格韵味。

朝鲜族,舞蹈形态主要是"手足同时运动"。其中"轮回舞"的动作有"扭与拧""前后翻""左右旋转"等,这种手臂与身体形成的"三道弯"进而发展为太极形和螺旋形。具有潇洒、典雅、含蓄、飘逸的舞风,以细腻而又具有跳跃感的12/8拍为主要节拍型之一。看似简单的动作,蕴含着高难度的呼吸技巧。主要形式有农乐舞、扇舞、假面舞等。

满族舞,风格体现在最具有概括性的四句话:"腰身扭曲三道弯,托耳奔马拉弓箭;摸鬓托肋单举手,举额齐眉有曲线。"这就是说,满族舞蹈的胯部起着承上启下的轴心作用,它通过头、胸、脖和腿部,使身体形成"S"型。

汉族舞历史悠久、种类繁多。其中以胶州秧歌、东北秧歌、安徽花鼓灯、灯舞为主。总体来讲,具有成语寓意、缘物寄情、载歌载舞、鼓之舞之等艺术特色。

以上这些中国民间舞蹈的基本形态可以直接上溯到远古。例如,汉代舞蹈的文献资料就是宝贵的遗产。汉代的乐舞画像砖,内容丰富、题材广泛。尤其在刻画人物形态上,普遍采用艺术夸张手法,把舞伎腰部描绘得细如束丝、软若柔枝,不但显示了舞者身形的秀美,还把汉代舞蹈"翘袖撅臀""纤腰长袖"的特定"三道弯"势态惟妙惟肖地刻画出来。汉代女乐歌舞需要精湛的技巧,比如西汉名舞人赵飞燕腰肢纤细,身轻如燕,能在掌上任意变幻造型,创造各种迷人的"三道弯"舞姿,那栩栩如生的图像留给我们太多的舞蹈动态启示。

在中国舞蹈发展过程中,唐代舞蹈是一颗璀璨明珠。有着广泛影响的敦煌舞和汉乐舞画像砖同工异曲,它的舞姿造型本身存在有天然的S型曲线,形成了直角"三道弯"和圆曲"三道弯"等诸般造型。舞者的身形都是丰乳、细腰、冲身、出胯、歪头的"三道弯"体态。

第四章 大众舞蹈

以上是中国文化圈内的一些舞蹈脉络及特征。下面介绍一些"环中"国家的民间舞蹈。

埃及是东方舞的发源地，具有特殊的舞蹈动律。它的胯部扭动技巧既表现出女性的妩媚又表现了女性的健美，由此冲破了地域界限，在亚、非、欧三大洲舞坛被普遍仿效。

阿拉伯文化圈的土耳其舞蹈，以高原民族风格为主又融合了西方舞特点，形成了自己民族的韵味。如《奇弗泰·泰而利》舞蹈是以扭动胯部外加肩胸为特征。由于扭动胯部还要牵扯到腹部，所以又称为"肚皮舞"。女性舞蹈注重脚步和腰部的动作，"抖胯"是它的突出特点。

印度尼西亚的巴厘舞是被誉为"东方希腊"的巴厘岛的传统舞。巴厘舞刻意追求曲线美，讲究"三道弯"。它有代表身体造型的术语，说明技艺、律动的术语，表达音乐变奏的术语和八种表情术语。巴厘舞腰肢、脚步、眼神的"波拉"律动都是一种曲线造型或沿"8"字波动的语汇。如代表身体造型的术语叫"阿根姆"，它是舞蹈中的基本姿态，相当于芭蕾中的"阿拉贝斯"。巴厘古典舞蹈家能准确熟练掌握各种不同特色的"阿根姆"造型。巴厘舞最基本的动律特点就是身体各个部分，如躯干、胳膊、腿、头、眼、手等，需要沿着弧线成S形路线动作，造成各种各样的"三道弯"。

印度舞蹈是对世界舞蹈产生较大影响的舞种。受佛教的影响，印度舞蹈中许多造型姿态中的手势都表达一定的宗教含意，各式各样的"三道弯"姿态均来自手势，舞蹈的主要语汇是手势。如"卡拉那"术语，系指手、脚、身体并用的舞蹈姿态。各种手势的运用，在舞蹈中转换成多种舞姿的"三道弯"造型。

受到印度舞影响的泰国、柬埔寨、缅甸、老挝各国，其舞姿与印度大同小异。尤其是泰国与柬埔寨两国，由于历史上曾互为宗属，文化上有过多次反复性交流，所以他们的传统舞中有许多雷同之处。缅甸的暹罗舞也是受到印度文化的直接影响，舞蹈主要用丰富的手语动作表现生动的舞姿造型，它注重腰腿的柔软，"三道弯"的线条圆润流畅。

康提舞是斯里兰卡最有传统和代表性舞蹈。由于它们的表演内容大都取材有关动物的神话故事，所以它的动作富有气势。由于模仿各种动物生活形态，手的造型非常巧妙，各种姿态随着手臂的舞蹈变化，在人体自然美的基础上加工为多种姿态。康提舞的特点为两腿半蹲，开胯，手的造型基本上是虎口张开的掌式，手不断翻动，手臂基本保持在胸前平举的位置上，同时大量使用旁腰及胸腰的动律，头随身体的韵律而晃动，眼睛也随手而转动，下身沉得有力，每一动都是由下至上产生的韵律，从而造成了有别于他国的"三道弯"特色。

（二）中国各民族舞蹈的风格特征

1. 汉族民间舞蹈的风格特征

汉族民间舞蹈种类繁多，在民间中广为流传的有龙舞、狮舞、灯舞、绸舞、秧歌等等。现经专家整理加工并已进入课堂的，有东北秧歌、云南花灯、安徽花鼓灯、山东胶州秧歌和鼓子秧歌等。

2. 藏族舞蹈的风格特征

在素称"世界屋脊"的我国西部青藏高原上，生活着能歌善舞、具有悠久歌舞传统的藏民族。几百万藏族同胞勤劳、纯朴，善于以歌抒怀，借舞抒情。银白的雪山、一望无际的莽原，正好引吭高歌；河谷飞平坦的坝子上，可以尽情欢舞。大自然造就了藏族人民优美的歌喉、矫健的体魄，悠久的历史文化和豪迈的现实生活则是他们即兴歌舞创作的源泉。人民在歌舞中欢庆佳节，也在歌舞中祭祀祈祷，用歌舞来伴随劳动，也以歌舞赞美爱情与生活，歌舞活动成为他们生活中不可缺少的组成部分。因而，西藏舞蹈与歌唱艺术密切结合，以歌中有舞、舞中有歌的独特艺术风格著称。

3. 蒙古族舞蹈的风格特征

蒙古族人民世代生息在我国北方辽阔的大草原上，自古以来崇拜天地山川和雄鹰图腾，由于长期的游牧狩猎生活和受草原的地理环境和气候条件的影响，蒙古族与其他东方民族差异很大，形成了强悍、矫健的体魄和桀骜不驯、勇往直前的性格，同时也创造了富有草原文化气息的、具有游牧民族特色的草原游牧舞蹈——蒙古族舞。他们的民间舞蹈热情奔放、稳健有力、节奏欢快，具有粗犷、剽悍、质朴、庄重的鲜明特点，洋溢着来自大自然的勃勃生机，呈现出一派豪放与自信的"天之骄子"的气概。

4. 维吾尔族舞蹈的风格特征

中国维吾尔族自古居住在中国的西北部新疆，它是我国最大的省区之一，有着悠久的文化传统和丰富的艺术遗产，其中歌舞艺术更是绚丽多姿，因此自古以来即以"歌舞之乡"著称。维吾尔族舞蹈与其他民间舞蹈一样来自于生活。维吾尔族人民早先生活在我国北方的大草原上，后移居至西域（今新疆），由草原牧骑生活发展到地区的农业生活，在不同历史时期信奉过萨满、摩尼、佛、伊斯兰等宗教。这种经济生活和宗教文化在维吾尔族舞蹈中留下了多重的文化印迹，使之既有历史中《胡腾》《胡旋》的风韵，又有萨满跳神的姿态；既有古波斯、阿拉伯舞蹈的神态，又有邻近民族舞风的余味。维吾尔族舞蹈在继承古代鄂尔浑河流域和天山回鹘族乐舞的传统基础上，又吸收古西域乐舞的精华，经过历代新疆各族人民的艺术创造和长期发展与演变，不断追求完善，形成具有多种形式和特殊风格的、深受人民喜爱的民间舞蹈艺术。

5. 傣族舞蹈的风格特征

傣族主要聚居在我国西南地区云南省西双版纳和德宏自治区以及耿马、孟连自治县等地，那里江河纵横、绿树繁荫，蕴藏着许许多多天然的美丽。在得天独厚的自然环境的哺育熏陶下，以及随着社会发展和中原文化和南亚文化的影响，傣族民间舞蹈逐渐形成极具东方韵味的艺术风格。

6. 彝族舞蹈的风格特征

彝族人民居住在我国四川、云南、贵州、广西等地，他们能歌善舞，有着丰富多彩的舞蹈形式。在民间广泛流传的就有"烟盒情""打歌""罗作舞""阿细跳月""四弦舞""花鼓舞""铜鼓舞"等等。新中国成立以后，在广大舞蹈工作者的共同努力下，彝族舞蹈也获得了进一步的提高和发展，成为祖国文化百花园中的一朵绚丽的鲜花。

7. 朝鲜族舞蹈的风格特征

居住在我国东北地区吉林、黑龙江、辽宁等地的朝鲜族人民，勤劳朴实，能歌善舞。他们自古从事农耕劳动，酷爱大自然。他们特别喜爱白鹤，把白鹤作为长寿、幸福的象征。这种民族性格与审美观直接体现在他们的歌舞中，便形成了潇洒、典雅、含蓄、飘逸的独特风韵。朝鲜族传统舞蹈种类繁多、风采各异，在民间广泛流传的就有"扇子舞""纱绢舞""农乐舞""假面舞""长鼓舞""钗舞""剑舞""拍打舞"等十多种。新中国成立以后，在舞蹈艺术家们的努力下，许多民间传统舞蹈被整理创作成为优秀节目，在群众中广为传播。我们可以在舞蹈《顶水舞》《淘米舞》《喜悦》《长白瀑布》等节目中，看到身穿小巧短衣、下着拖地长裙、襟垂飘带的朝鲜族姑娘们翩然起舞的优美形象，在宛若鹤群展翅的舞姿中蕴藉着生生不息的朝鲜民族精神。

三、民族舞的个例作品赏析

（一）汉族民间舞蹈《红绸舞》

此作品创作于中华人民共和国成立不久。该作品以民间传统舞形式表达了亿万人民翻身作主的喜庆心情，体现了工农大众扬眉吐气、欢欣鼓舞的时代精神。编导在民间秧歌的基础上，注入弹跳的律动，加强动作的热烈欢快的情绪；道具红绸大小8字、横波、立波、肩圈、大车轮的展开，形成了丰富生动、多彩多姿的流动造型；蹦子、射雁、翻身、倒踢紫金冠等传统戏曲语汇的纳入，更增强了整个舞蹈的艺术表现力。

构思的特点：（1）主次分明，领舞无论在长绸动作难度或空间上都占有突出的地位；（2）热闹而有序，台前、中、后方各成一体，看似杂沓纷乱，却又秩序井然；（3）画面设计别致。

《红绸舞》的服装道具，亦见匠心。作为主要道具的红绸，时而扎成火炬状，时而打开，将编导的意图发挥得淋漓尽致。在服装方面，绿衣与红绸在色彩上形成互补，白衣、黑鞋又与红绸相互映衬，使得整个舞蹈在色调上鲜明开朗，富有层次感。

（二）藏族舞蹈《洗衣歌》

该舞蹈以浓郁的生活气息和藏族特有的艺术风格，表达了军民之间的鱼水深情和汉藏之间和谐的民族关系。《洗衣歌》艺术上的最大特点，是歌、舞、道白融为一体。自藏女出场到追赶班长下场，始终洋溢着热情、幸福和颂扬之情。洗衣时唱的《洗衣歌》"出打出出打觉过出打咳"来萨——（快点洗啊）、"阿拉黑司"等劳动呼号，以及道白的恰如其分地应用，使全舞显得格外新鲜活泼、充满生机。不过，该作品仍然以舞为主，其动作是在藏族特有的踢踏步基础上演化而来的，比如泼水步、秧歌踩衣步、捶衣等，风格柔而轻，体现了藏族姑娘活泼热情的性格和对解放军的热爱，从而充分地体现了军民一家亲的浓烈感情。

四、从舞者的表现技巧上评价一个作品

我们在欣赏和评价一个舞蹈时，从表现这个角度讲，应该从这十个字出发，即轻、稳、准、洁、敏、柔、健、韵、美、情。

1. 轻：轻如羽毛，一叶轻舟，一片轻纱，轻盈体态，翩翩起舞；大跳也要有一种轻盈的感觉，像只燕子。

2. 稳：稳如泰山，两三个技巧性动作，变成舞姿，必须有一个稳定感，稳当、稳妥、稳重，中心必须有平稳感，脚跟要站稳，非常好看。

3. 准：动作的规范性必须要准确，有分寸感，多了不行，少了也不行，动作、舞姿、造型，这一切都要准确。

4. 洁：干干净净，没有拖泥带水的东西，不庞杂，清脆利落，清彻可见，这样才能使人觉得豁然开朗、心情愉快。

5. 敏：舞蹈要靠手和脚，不敏捷，功夫不到家，就不干净。要敏捷，像燕子穿帘一样，否则拖泥带水，拍子合不上，显得呆滞。

6. 柔：柔中有刚，刚中有柔，刚柔相济。

7. 健：健美，即要有力度感，神态、体态有支柱，不是软塌塌的。

8. 韵：韵律、韵味，即音乐性，有情感，有音乐感。

9. 美：舞蹈是美的艺术，看了以后使人得到美感，受到鼓舞教育。动作的美，体态的美。形神要兼备，使人觉得确实是艺术品，叫人赏心悦目，能打动心弦。

10. 情：舞蹈的核心是"情"，艺术要表达感情。

如果再补充两个字，则还可以加上"理"，即理念、哲理（得到启示）；"态"（体态）。这十二个字是舞蹈者应该做到的。形寄于舞，舞表之情，形神兼备，情舞交融，把深刻的心理和优美的意境(诗境)表现出来。

舞蹈本身是具有罗曼蒂克的、艺术夸张的，如摘葡萄，一吃是酸的；或者是骑马，马是四条腿，人是两条腿，但是通过动作，同样可以逼真。我认为，太实了就失去了诗意。

舞蹈首先要让人看得懂，不要把话说得太白，要有悬念、联想，要含蓄些。如果一个舞蹈没有回味的地方，没琢磨劲儿，还谈什么诗意呢？我们不应苛刻，

要求舞蹈表达细微的内容，它不像文学那样功能强大，不能那么琐碎，它是感情的凝集、概括和集中的表现。如古人所说："状难写之景如在眼前，含不尽之意见于言外。"这种瞬间酿成的艺术的精髓，是拨动观众(欣赏者)的力量。舞蹈本来就是稍纵即逝的，是一种流动艺术，美的瞬间变成使人难忘的记忆。这是高层次的精神享受，使人充分感受到生活的无限美好，从而激发人的生活热情。还有一个雅俗共赏及群众大众化的自娱自乐、群众喜闻乐见的小舞蹈，深受广大群众的欢迎和喜爱。如《纤夫的爱》和近年发展的新秧歌、木兰拳扇、健身舞等等。

五、教你如何看懂舞剧

（一）故事

故事是古典舞剧的骨干，不管是传统的古典主义芭蕾还是新古典主义芭蕾，都会有一个被分为几幕演绎的故事，要看懂舞剧都得先知道舞剧剧情。

（二）舞蹈

舞蹈是舞剧的肉体，因为它是可触可见的。看懂了故事情节只能保证你完整看完一部舞剧，细节鉴赏才是更高深的阶段。有一些你绝不能错过的，则是芭蕾中的名段，一般为难度较高或者能集中表现人物内心的情节，比如《天鹅湖》中王子与黑天鹅的大双、《胡桃夹子》中的糖果仙子舞、《睡美人》中的公主出场一段等。演员的每个动作，并不一定含有明确的语言概念，更多的情况是仅仅表现某种情绪；通过演员的情绪、动作力度和舞蹈性格、演员的面部表情等等，能清楚理解角色性格及在矛盾冲突中的地位。

（三）音乐

音乐是舞剧的灵魂，比起看懂剧情和鉴赏舞蹈动作，欣赏芭蕾舞剧的音乐难度最大。比如后面这三大剧中的音乐，单拎出来都是十分经典的古典音乐作品。比如《天鹅湖》中的《四小天鹅舞》《胡桃夹子》中的《花之圆舞曲》和《糖果仙子》《睡美人》的《玫瑰慢板》等等。精彩的舞步搭配上古典优雅的小提琴声，犹如天作之合，一步步引领我们渐入佳境。

舞蹈鉴赏是人们观看舞蹈表演时对人体动态美所产生的一种审美活动。艺术鉴赏是令人愉快的精神消费。生产以消费为目的，舞蹈作品离开了艺术鉴赏，艺术创造就失去意义，艺术作品也就失去了存在的价值。英国文学史上的著名人物塞缪尔·皮鲁斯曾写下了极富文学价值的日记，但是这些日记却全部用密码来写，生前未曾发表，而且存心死后也不让人读懂。直到他死去百年之后，一位教士经过五年刻苦努力，才将这些密码破译出来，使作品得以与世人见面。试想，若不是这位教士，塞缪尔·皮鲁斯的作品哪怕是惊世之作，也恐怕要沉沙千载，能有什么意义呢？艺术史上不乏将自己的作品"藏之名山"、不与世人见面的例子，但这些艺术家是不是真的想让自己的苦心之作与世隔绝呢？显然并非如此。他们更多的只是想让自己一时无法得到社会接受的作品，留待子孙后代来承认。因此我们说，任何艺术作品都离不开接受与鉴赏。舞蹈艺术也一样，舞蹈艺术鉴赏作为一种精神的审美活动，是舞蹈艺术家与观众、舞蹈活动与社会之间的桥梁，是检验作品社会功能的重要途径，更是舞蹈作品实现其价值的主要依托。只有经过千百万人的鉴赏，才能最终使其成为现实的艺术，实现自己的价值：改造社会、教化人心，从而获得艺术生命。可以这么说，艺术创造者之需要鉴赏者，正犹如千里马之于伯乐。

六、舞蹈艺术的升华

（一）形式美

美是一切艺术的本质特征，是舞蹈艺术的精华。舞蹈是表现人体美的一门艺术。它讲究形体美、动作美、线条美、姿态美，它是无声的美，并通过这种无声的美给人们以美的享受——有节律、有姿态的造型，有礼、有节的动作，能培养人健康的形体、端庄的仪态举止，进而影响人的心灵世界。我国老一辈舞蹈家贾作光根据他几十年来舞蹈创作和舞蹈表演的切身体会，对舞蹈艺术美做过很好的总结。他说："舞蹈美首先接触的是舞蹈形态、色彩、感情、音乐等诉诸人们的审美感情的，因此舞蹈形式——身体线条、肌肉能力及技巧显得十分重要，道理就在这里。舞蹈技巧概括凝练地表现了人们的技术能力的艺术创造，是舞蹈揭示美的非常重要的表现手段。舞蹈艺术如果失去了动作、技巧，缺少表达感情的舞蹈美的形式和手段，就等于没有舞蹈艺术。"由此可见，舞蹈的第一要素是形式美（形体的、动作的、节奏的、情调的美）。

（二）表现性

每一件艺术品都必须表现某种东西。苏珊·朗格在《情感与形式》一书中说："凡是基本没有愿望和冲动而要表现任何东西的作品都不能算作艺术品。"对于以人体的动作姿态为主要表现手段的舞蹈艺术来说，表现人类的生活、思想和情感，是这一艺术形式的中心内容。舞蹈艺术是一种最直接、最炽热、最激昂地表现人们强烈感情的艺术。经过锻炼的舞蹈演员的身体，要能将人脑中的认识、情感，通过舞蹈动作组合所形成的身体语言不言而明、意领神会地生动表现出来。因此，丰富的艺术表现是舞蹈身体语言的内在要求。舞蹈艺术是一门长于抒情、重在表现但却又是最接近于再现艺术的表现性艺术。

（三）文化感

舞蹈艺术是一定历史文化的产物，人们要充分利用舞蹈身体语言来进行创作和表演，对于舞蹈文化的了解是必不可少的。舞蹈受一定社会历史、文化条件的制约。显而易见，在舞蹈的学习和表演中，以发挥舞蹈艺术表现力为目的的形体训练，除了生理机能范围内的基本动作训练和技能技巧训练之外，还应包括文化意识、文化情感等精神范围的陶冶。舞蹈是身心相关的艺术。人们除了要在形式上训练基本动作、技能技巧，还要在其中贯穿舞蹈的文化知识，使舞蹈文化得以继承和发展。在身体语言的传达中强调文化意识的渗透，实际上就是强调在技能训练中融入舞蹈的历史文化背景，帮助人们掌握民族文化特征，体会民族文化情感与丰富多样的个性表现手段。舞蹈演员通过形体训练可以使人的自然形体成为富有表现力的艺术形体，再通过有思想内容、有文化精神的艺术表演，展现一个民族文化的深刻内涵和审美特征。以孔雀舞为例。孔雀舞是傣族的传统舞蹈，而傣族人是把孔雀作为神来看待的。在舞蹈当中，舞者用右手所塑造出的孔雀形象实质上是一种神的象征，舞者是把这个形象作为神而高高奉于头顶。基于这种舞蹈文化背景，舞者塑造孔雀形象的手是不能低于胯下的，否则就是对神的不敬。如果缺乏这方面的舞蹈文化知识，有些人很可能把手置于身体的下部，这样就会造成舞蹈身体语言传达信息的极大偏颇。

总之，舞蹈所特有的表情手段是人体的动作和姿态，和文学、戏剧所用的文字和语言相比，在再现生活、说明事理方面有很大的局限性，但在抒发人的内心情感方面则是直接、鲜明、富有感染力的。

第五章 乐队常识

第一节 民族乐器介绍

随着激情广场外延的不断拓展，除了每个平台具有独立的伴奏乐队以外，有些还成立了以乐团为主要表现形式的激情广场大家奏平台，在广大的群众文化队伍中，有民乐、西洋乐及电声乐以及中西混合的演奏形式，更多样的活动内容吸引了更多市民群众积极自愿参与到其中，做到群众各取所需、各得其乐。

中国民族音乐，是指用中国传统乐器以独奏、合奏、舞奏形式演奏的民间传统音乐。中国民族器乐的历史悠久，从西周到春秋战国时期民间流行吹笙、吹竽、鼓瑟、击筑、弹琴等器乐演奏形式，那时涌现了师涓、师旷等琴家和著名琴曲《高山》和《流水》等。秦汉时的鼓吹乐，魏晋的清商乐，隋唐时的琵琶音乐，宋代的细乐、清乐，元明时的十番锣鼓、弦索等，演奏形式丰富多样。近代的各种体裁和形式，都是传统形式的继承和发展。随着时代推移新品种更不断增多，于是有做分类的必要。

中国民乐分为吹奏乐器、打击乐器、丝竹乐器、弹拨乐器、拉弦乐器五大类。

一、吹奏乐器

我国的吹奏乐器的发音体大多为竹制或木制。根据其起振方法不同，可分为三类：

一是以气流吹入吹口激起管柱振动的，如箫、笛等；

二是气流通过哨片吹入使管柱振动的，如唢呐、海笛、管子、双管和喉管等；

三是是气流通过簧片引起管柱振动的，如笙、巴乌等。

由于发音原理不同,所以乐器的种类和音色极为丰富多采,个性极强。并且由于各种乐器的演奏技巧不同,以及地区、民族、时代和演奏者的不同,使民族器乐中的吹奏乐器在长期发展过程中形成极其丰富的演奏技巧,具有独特的演奏风格与流派。

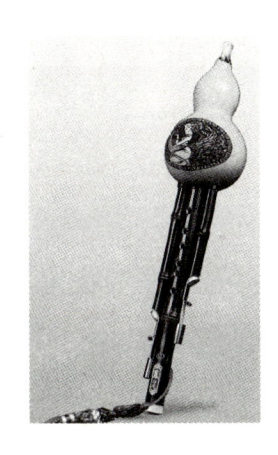

1. 葫芦丝

葫芦丝,又称"葫芦箫",是云南少数民族乐器,主要流传于傣、彝、阿昌、德昂等民族中。葫芦丝可分为高、中、低音三种11类型,常用的调为降B、C、D等调。葫芦丝发源于德宏傣族景颇族自治州梁河县,主要流行于傣、阿昌、佤、德昂和布朗等族聚居的云南德宏、临沧地区,富有浓郁的地方色彩。

2. 巴乌

巴乌,簧管乐器,也叫"把乌",流行于云南彝、苗、哈尼等民族中。哈尼族称"各比",彝族称"比鲁"或"乌勒",侗族称"拜",常用于独奏或为舞蹈和说唱伴奏。巴乌的品种较多,在哈尼族,有单管、双管之分;由于竹管长短、粗细的不同,还有高音、中音和低音巴乌之分。

3. 笛子

笛子,是中国传统音乐中常用的横吹木管乐器之一,即中国竹笛,一般分为南方的曲笛和北方的梆笛。笛子常在中国民间音乐、戏曲、中国民族乐团、西洋交响乐团和现代音乐中运用,是中国音乐的代表乐器之一。大部分笛子是竹制的,但也有石笛和玉笛。不过,制作笛子的最好原料仍是竹子,因为这种材料的笛子声音效果最好。

4. 箫

箫，又名洞箫，单管、竖吹，是一种非常古老的吹奏乐器。它一般由竹子制成，吹孔在上端。有六孔箫和八孔箫之分，以"按音孔"数量区分为六孔箫和八孔箫两种类别。六孔箫的按音孔为前五后一，八孔箫则为前七后一。八孔箫为现代改进的产物。

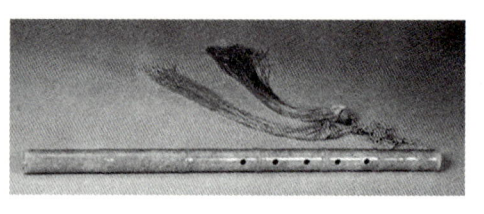

5. 唢呐

唢呐，是中国民族吹管乐器的一种，也是中国各地广泛流传的民间乐器。由波斯传入，唢呐的音色明亮，音量大，管身木制，成圆椎形，上端装有带哨子的铜管，下端套着一个铜制的喇叭口（称作碗），所以俗称喇叭。在台湾民间称为鼓吹，广东地区亦将之称为"八音"。唢呐发音高亢、嘹亮，过去多在民间的吹歌会、秧歌会、鼓乐班和地方曲艺、戏曲的伴奏中应用。经过不断发展，丰富了演奏技巧，提高了表现力，已成为一件具有特色的独奏乐器，并用于民族乐队合奏或戏曲、歌舞伴奏。

二、打击乐器

我国民族打击乐器品种繁多，演奏技巧丰富，具有鲜明的民族风格。根据其发音不同可分为：一是响铜，如大、小锣、云锣，大、小钹，碰铃等；二是响木，如板、梆子、木鱼等；三是皮革，如大小鼓、板鼓、排鼓、象脚鼓等。

我国打击乐器不仅是节奏性乐器，而且每组打击乐群都能独立演奏。同时，民族打击乐器在我国西洋管弦乐队中也常使用。民族打击乐可分为有固定音高和无固定音高的两种。无固定音高的，如大、小鼓，大、小锣，大、小钹，板，梆，铃等；有固定音高的，如定音缸鼓、排鼓、云锣等。

1. 大钹

大钹，又名大镲，圆形（中间突起），铜制。两面为一付，无固定音高。大钹声音宏亮，多用于合奏和戏剧、歌舞的伴奏。

2. 小钹

小钹，又名小镲，形状与大钹相同。略小，无固定音高。小钹音色清脆、明亮，常用于器乐合奏和戏曲、歌舞的伴奏，宜于表现欢快、热闹的场面。

3. 大锣

大锣，圆形，铜制，锣面较大。各地流行的种类较多，形制不尽相同，其中京锣、苏锣是较常用的两种。大锣无固定音高。大锣声音宏亮、粗犷，可用来渲染气氛、增强节奏，多用于器乐合奏或戏曲伴奏。

4. 小锣

小锣，又称手锣、京小锣等，圆形，铜制，锣面较小，无固定音高。小锣用薄木片敲击，打法也与大锣大致相同。小锣音色柔和、清亮，在戏曲伴奏中，常以各种打法来配合演员的动作、以烘托气氛。

5. 堂鼓

堂鼓，又称大鼓，鼓框木制，两面蒙皮。演奏时，将鼓放在木架上，用双木槌敲击。堂鼓鼓面较大，从鼓心到鼓边可发出不同的音高，音色各异。一般是鼓心的音较低沉，愈向鼓边则声音愈高。击奏时，音量能从很弱到很强，力度变化很大。可敲击复杂的花点，对情绪及气氛的渲染能起较大的作用。是现代民族器乐合奏及戏曲音乐中常用的一种乐器。

三、丝竹乐器

"丝"指弦乐，包括弹拨乐和拉弦乐；"竹"之管乐、丝竹乐，指的是用竹制吹管乐器与弦乐器合奏。丝竹乐器是相对于打击乐器而言的民族乐器中旋律性较强、演奏风格细致、音色较柔和、明亮的乐器类群，多表现优美抒情、轻快活泼的情趣。丝竹乐伴歌唱，汉乐府中就有"相和歌"，史籍有"丝竹更相和，执节者歌"的记载（《晋书·乐志》）。魏晋南北朝的丝竹，除伴奏歌唱外，还单独演奏（多半在歌唱之前）。这种情况，在今日说唱音乐中也常可见。明清以来，因戏曲、曲艺的蓬勃发展，丝竹乐的品种也更加丰富。丝竹乐大多风格细腻、柔和，善于表达喜悦愉悦的情绪。各种旋律乐器都能尽力发挥自己的特点，围绕着一个共同的旋律骨架而即兴发挥，常构成支声复调。它的地方色彩很浓郁，各乐种大多能体现地方特色的主奏乐器。

江南丝竹是流行于江浙一带的丝竹乐，泛指江苏南部、浙江西部一带的民间丝竹合奏乐，其中以流传于上海一带的乐曲为主。丝竹音乐将丝弦与竹管乐器相结合来演奏，有时加上一点轻打乐器，起点缀作用，是一种传统的"细乐"演奏形式。江南丝竹的合奏乐器，常用的有丝弦的二胡、三弦、琵琶、扬琴，竹管的笛、箫、笙和小件打击乐器鼓、板等。其中以二胡、笛、箫为主。江南丝竹是民间风俗音乐，多与民间的婚丧喜庆及庙会活动联系在一起。其音乐风格清新活泼、细致秀雅，曲调优美流畅、柔和婉转。江南丝竹最初在农村中流行，后在承筝茶馆中作为民间自娱与人，助兴消遣的一种手段，一直十分兴盛。江南丝竹风格清新幽雅，流畅柔婉，旋律精美，支声性复调织体丰满。所用乐器有二胡、笛、琵琶、扬琴、三弦、中胡、秦琴、箫、笙以及板、板鼓、碰铃等打击乐器，以二胡与笛子为主。主要典型曲目有中花六板、慢六板、三六、慢三六行街、欢乐歌、云庆、四合如意，号称"八大曲"。

四、弹拨乐器

弹拨乐器是用手指或拨子拨弦，及用琴竹击弦而发音的乐器总称。我国弹拨乐器分横式与竖式两类。横式，如筝、古琴、伽倻琴、扬琴和独弦琴等；竖式，如琵琶、阮、月琴、三弦、柳琴、冬不拉和扎木聂等。弹奏乐器音色明亮、清脆。右手有戴假指甲与拨子两种弹奏方法。弹奏乐器除独弦琴外，大都节奏性强，但余音短促，须以滚奏或轮奏长音。弹拨乐器一般力度变化不大。在乐队中除古琴音量较弱，其他乐器声音穿透力均较强。弹拨乐器除独弦琴外，多以码（或称柱或称品、相）划分音高。除独弦琴外，皆可演奏双音、和弦，琶音和音程跳跃。我国弹奏乐器的演奏流派、风格繁多，演奏技巧的名称和符号也不尽一致。

1. 古琴

古琴，又称瑶琴、玉琴、丝桐和七弦琴，是汉民族最早的弹弦乐器，是汉文化中的瑰宝。它以其历史久远、文献瀚浩、内涵丰富和影响深远为世人所珍视。有三千年以

上历史，属于八音中的丝。古琴音域宽广，音色深沉，余音悠远。在中国古代社会漫长的历史阶段中，"琴、棋、书、画"历来被视为文人雅士修身养性的必由之径。古琴因其清、和、淡、雅的音乐品格寄寓了文人风凌傲骨、超凡脱俗的处世心态，而在音乐、棋术、书法、绘画中居于首位。

2. 古筝

古筝，是我国独特的、重要的民族乐器之一。它的音色优美、音域宽广、演奏技巧丰富，具有相当的表现力，因此它深受广大人民群众的喜爱。古筝又名"秦筝"。自秦、汉以来从我国西北地区逐渐流传到全国各地，逐渐形成了各具浓郁地方特色的流派。目前古筝的统一规格为：1.63米，21弦。

3. 月琴

月琴，是由阮衍变而成，在民间流传很广，常用于戏曲、曲艺伴奏及独奏、器乐合奏，与京剧、京二胡一起称为三大件。月琴的音箱，一般是木质圆形，也有八角形的，张四根丝弦，分成两组，每组两面三刀弦的音高相同，七品。音色清亮。通常是五度定弦，用拨弹奏。新中国成立后，对月琴进行了改革。有一种改革后的月琴，加宽了琴颈；品位增多至二十四品，按半音排列，便于转调；弦改为钢丝尼龙缠弦。音色清脆、柔和。月琴可用于独奏、伴奏及合奏。

4. 琵琶

琵琶，被称为"乐器之王"、"弹拨乐器之王"、"弹拨乐器之首位"，已经有2000多年的历史。最早被称为"琵琶"的乐器大约在中国秦朝出现。琵琶，琵和琶原是两种弹奏手法的名称。琵是右手向前弹，琶是右手向后弹奏。现在的琵琶，吸取曲项琵琶的形式，结合秦琵琶的优点改革而成。琵琶可用作独奏、重奏、合奏及伴奏。琵琶表现力丰富，既可演奏慷慨激昂、威武悲壮的武曲，又能演奏柔美、抒情幽雅的文曲；可演奏技巧复杂的华彩性乐段，又可演奏宽广、深情的抒情性旋律。

5.扬琴

扬琴是中国常用的一种击弦乐器，与钢琴同宗，音色具有鲜明的特点，音量宏大，刚柔并济。慢奏时，音色如叮咚的山泉；快奏时，音色又如潺潺流水。音色明亮，犹如大珠小珠落玉盘般清脆。表现力极为丰富，可以独奏、合奏或为琴书、说唱和戏曲伴奏，在民间器乐合奏和民族乐队中常充当"钢琴伴奏"的角色，是一种不可缺少的主要乐器。

五、拉弦乐器

拉弦乐器主要指胡琴类乐器。其历史虽然比其他民族乐器较短，但由于发音优美，有极丰富的表现力，有很高的演奏技巧和艺术水平，深受全国各族人民的喜爱。拉弦乐器被广泛使用于独奏、重奏、合奏与伴奏。拉弦乐器大多为两弦，少数用四弦，如四胡、革胡、艾捷克等。大多数琴筒蒙的蛇皮、蟒皮、羊皮等；少数用木板，如椰胡、板胡等。少数是扁形或扁圆形，如马头琴、坠胡、板胡等，其音色有的优雅、柔和，有的清晰、明亮，有的刚劲、欢快，富于歌唱性。

1.二胡

二胡，也曾称为胡琴或南胡，由胡琴发展而成。琴筒用木或竹制成，一端蒙着蛇皮，张二根弦。竹弓，张马列尾，夹于二弦之间拉奏。二胡不但用于声乐的伴奏和器乐合奏，在20世纪20年代就已发展成独奏乐器。新

中国成立后，对二胡进行了不断的改进，将丝弦改为钢丝弦，扩大了音量。二胡音色柔和优美，表现力丰富，擅长于表现细腻的抒情乐段，亦可演奏技巧很高的华彩性乐段。

2. 京胡

京胡，主要用于京剧音乐，自晚清起成为京剧、汉剧的主要伴奏乐器。定弦比二胡高许多，高调门的京胡定弦为e2-b2，低调门的京胡定弦也在g1-d2以上。正因为定调高，京胡的音域比较窄，只有一个八度。

3. 板胡

板胡，又名椰胡、秦胡、胡呼、大弦、瓢等。它是伴随戏曲梆子腔的出现，在胡琴的基础上产生的乐器。大约在明末清初，随着梆子腔的兴起而流行，后为多种地方戏和曲艺采用，如河北梆子、评剧、吕剧、豫剧、晋剧、秦腔、蒲剧、兰州鼓子、道情等。板胡的音箱用椰壳或木制，面板用薄桐木板。琴杆用较硬的乌木或红木，张二根弦、马尾竹弓。板胡发音高亢、响亮，声音穿透力强，技巧灵活，可独奏、重奏与合奏。

六、补充

根据发音体发音的特点来区分中国民族乐器，还可分为四类：体鸣乐器、膜鸣乐器、气鸣乐器和弦鸣乐器。以下对中国（含各民族）民族乐器名称进行罗列。

（一）体鸣乐器

1. 敲击体鸣乐器：叮咚、木棍琴、韵板、基诺竹筒、竹筒琴、锣、铛铛、单打、铓锣、铜鼓、三角铁、木鱼、广东版、木琴、铝板琴，等等。

2. 互击体鸣乐器：棒棒、铜镜、竹梆、竹杠、钹、布哉、乳钹、头钹、二钹、小钹、铙、大铙、钗、司涅、镲、小镲、碰盅、碰铃、腰铃、阔朔克、板凳、它石、骨板子，等等。

3. 落击体鸣乐器：乐杵、竹捣筒、竹筒、瑶族竹筒、阿嘎，等等。

4. 摇击体鸣乐器：连厢棍、萨巴依、热巴铃、盘铃、金刚铃、瑶铃、萨满铃、晃铃、串铃、铜铃、八宝铜铃、师刀，等等。

5.综合奏体鸣乐器：竹簧、蹈到、铁簧、锡伯族铁簧，等等。

（二）膜鸣乐器

1.棰击膜鸣乐器：大鼓、排鼓、壮族的种劳、瑶族大鼓、水族大鼓、塞吐、略斗、光拢、赠疆、瑶族猴鼓、苗族猴鼓、腰鼓、板鼓、猪嘴鼓、姜鼓、战鼓、扁鼓、八音鼓、书鼓、火者、如咚、小鼓、太平鼓、日木、环鼓、抬鼓、达玛、纳格拉、达玛如、建鼓、神鼓、那额、达布尔、竹鼓，等等。

2.拍击膜鸣乐器：夏尔巴鼓、八角鼓、铃鼓、达卜、黄泥鼓、长鼓、光亚、光吞，等等。

3.混合击膜鸣乐器：手鼓（俗称蛇皮鼓）、圆鼓、边鼓、双面鼓、杖鼓、蜂鼓、汪都，等等。

（三）气鸣乐器

1.唇振气鸣乐器：牛角、铜角、刚洞、海螺、鹿笛、长号、筒钦、铓筒、布巴，等等。

2.嗓振气鸣乐器：斯布斯额、合欢箫，等等。

3.边棱气鸣乐器：胡笳、壮笛、乃依、横笛、竖笛、排箫、短箫、筒箫、鼻箫、鹰笛、骨笛、吐任、直通箫、布利亚、巴葛丢冬、列都、笛朽篥、库洛、双管鼻笛、扎令、阿乌、笛老挪、泥哇呜、狍哨、口笛、埙，等等。

4.吹口气鸣乐器：夜箫、侗笛、塞箫、奖、瓦格洛、雄林、苏奈依、嘟噜、低音嘟噜、太平箫、嘎嗦、五月箫、筚箫、筚笋、勒绒、姊妹箫、双管侗笛、波晓呼、决箓杰，等等。

5.单簧气鸣乐器：巴乌、筚、筚相、苗笛、芒筒、竹叶笛、马布、筚鲁、寸笛、咚咚亏、笔管、大嘀珑、筚多喝、波芦、筚建、利列、利罗、笛列、筚尔、筚朗布浪、芒笛、美都、其箓、双管巴乌、双管筚朗叨、筚总、决列、双管竹叶笛、双管马布、菲察克、筚达、木叶，等等。

6.双簧气鸣乐器：巴拉曼、波伯、细筚篥、小闷笛、苏尔奈、长唢呐、嘉令、波列、苗族唢呐、白族唢呐、彝族唢呐、拜、勒尤·勒浪、洞巴、阔诗乃依、双筚篥、长积、双管闷笛、咪咪、双勒浪，等等。

7.自由簧气鸣乐器：芦笙、葫芦笙、排笙、高音笙、中音笙、低音笙等。

（四）弦鸣乐器

1.打击弦鸣乐器：扬琴、竹筒琴、竹琴、锵，等等。

2.弹拨弦鸣乐器：古筝、柳琴、阮（大阮、中阮、小阮）、古琴、蝶筝、玄琴、伽倻琴、雅托噶、五弦琴、独弦琴、五弦琵琶、纳西琵琶、火不思、忽雷、考姆兹、苏古笃、扎木年、弹布尔、赛依吐尔、碧约牛腿琴、独它尔、喀什热瓦普、多朗热瓦普、热瓦普、巴朗孜库木、库木日依、阿肯冬不拉、乐队冬不拉、月琴、贵州咸宁彝族布依族月琴、彝族四弦、苗族四弦、侗族大琵琶、侗族中琵琶、侗族小琵琶、其布厄、大三弦、龙头三弦、彝族小三弦、拉祜族小三弦、傈僳三弦、赛玎、壮族三弦、垤施三弦、彝族大三弦、彝族中三弦、苗族三弦、天琴、竖箜篌、凤首箜篌、双排弦箜篌、雁柱箜篌、转调箜篌、卡龙、弓琴、达比亚、傣玎、托甫秀尔、东布尔、菲特克呐、三线琴，等等。

3.弓拉弦鸣乐器：二胡、曲胡、中胡、老胡、高胡、京胡、板胡、马头琴、铮尼、牙筝、塔吉克艾捷克、胡琴、萨它尔、胡西它尔、椰胡、葫芦胡、土胡、根卡、多朗艾捷克、艾捷克、高音艾捷克、低音艾捷克、独弦胡琴、适争、玎黑、奚琴、改革奚琴·四弦奚琴、必汪、铁琴、藏京胡、马骨胡、竹筒胡、纳西胡琴、二黄、朗多依、西玎、多洛、扎尼、彝族三胡、四胡、蒙古族四胡、四弦胡、彝族四胡、布依四胡、马头琴、克亚克、呃吱、牛腿琴、库布孜、朝尔，等等。

第二节 西洋乐器介绍

西洋乐器主要是指18世纪以来，欧洲国家已经定型的管弦乐器、弹弦乐器和键盘乐器。常用的西洋乐器有木管乐器、铜管乐器、弦乐器、键盘乐器、打击乐器等。木管乐器起源很早，是乐器家族中音色最为丰富的一族，常被用来表现大自然和乡村生活的情景；铜管乐器的音色特点是雄壮、辉煌、热烈；弦乐器的共同特征是柔美、动听；键盘乐器的特点是其宽广的音域和可以同时发出多个乐音的能力；打击乐器主要用于渲染乐曲气氛。

一、弦乐器

弦乐器是乐器家族内的一个重要分支，在古典音乐乃至现代轻音乐中，几乎所有的抒情旋律都由弦乐声部来演奏。可见，柔美、动听是所有弦乐器的共同特征。弦乐器的音色统一，有多层次的表现力：合奏时澎湃激昂，独奏时温柔婉约；又因为丰富多变的弹法（颤、碎、拨、跳等）而具有灵动的色彩。弦乐器的发音方式是依靠机械力量使张紧的弦线振动发音，故发音音量受到一定限制。弦乐器通常用不同的弦演奏不同的音，有时则须运用手指按弦来改变弦长，从而达到改变音高的目的。弦乐器从其发音方式上来说，主要分为弓拉弦鸣乐器（如提琴类）和弹拨弦鸣乐器（如吉他）。

（一）弓拉弦鸣乐器

弓拉弦鸣乐器包括小提琴、中提琴、大提琴、低音提琴等。

1. 小提琴

小提琴，C调乐器，用高音谱表记谱。常用音域：小字组g－小字四组e。小提琴的琴身为木制，琴弦为金属丝，四根，从粗至细按照G、D、A、E纯五度音程排列。琴弓用马鬃做成。演奏者演奏时把琴放在肩膀上，用右手拿着琴弓拉，或者手指拨奏。它在弦乐器中一般演奏高音或次高音，它也是交响乐队中的重要乐器，常常用来独奏或者和中提琴、大提琴、低音提琴等一起组成弦乐四重奏。小提琴音色明亮，声音穿透力强，加弱音器时音色

柔和而朦胧。小提琴演奏技巧灵活,可演奏缓慢、宽广、抒情的旋律,也可演奏技巧很高的华彩段。

2. 中提琴

中提琴,C调乐器,通常用中音谱表记谱。常用音域:小字组的c－小字二组a弦乐器家族中的次高音乐器,比小提琴体积稍微大一点,音区低一个纯五度。它的四根弦按照纯五度排列的音分别为c(小字组)、g(小字组)、d(小字一组)、a(小字一组)。中提琴的琴身是木做的,四根琴弦横跨音箱的箱体,通过琴弦的振动和音箱的共鸣产生音响。演奏者用琴弓演奏,也可以用手指拨弦来演奏。中提琴的音色有些黯淡和柔和,中低音区尤其适合演奏抒情性的旋律。四百多年前,意大利克雷莫纳镇的小提琴制造家原是把它做成小提琴的伴奏乐器,到20世纪,中提琴才作为独奏乐器使用。现在,中提琴已经成为交响乐队中不可或缺的乐器,尤其是在弦乐四重奏中。

3. 大提琴

大提琴,C调乐器,一般用低音谱表记谱。常用音域:大字组的C－小字二组e。大提琴是弦乐器家族中的低音乐器,形状和体积都大约是小提琴的两倍。它的四根弦按照纯五度排列的音分别为C(大字组)、G(大字组)、d(小字组)、a(小字组)。大提琴形状较大,演奏时放需在地上,琴身靠着演奏者。由于琴弦较长,在演奏低音时,指距较宽,一个把位只包括三个音。在演奏高音时,演奏者可用大拇指按弦。大提琴的音色有点像人声,可演奏各种宽广、抒情的旋律,表现力丰富。大提琴的历史远远超过了小提琴和中提琴,它受到作曲家的喜爱已有几百年了。

4. 低音提琴

低音提琴，又叫倍大提琴，C调乐器，一般用低音谱表记谱（实际音高比记谱低一个八度）。常用音域（实际音高）：大字一组的E—小字一组a。低音提琴是弦乐器中体积最大、发音最低的乐器。它的四根弦按照纯四度排列的音分别为E（大字一组）、A（大字一组）、D（大字组）、G（大字组）。和其他弦乐器不同的是，它的琴颈在靠近演奏者肩膀的地方明显地向后弯曲。由于体型较大，它在演奏时必须放在地上，演奏者坐在它的后面演奏。低音提琴是管弦乐队中的主要低音乐器，琴弦粗而长，按琴的指距较宽，发音低沉、混浊。在乐队中一般不适合演奏较复杂和快速的音乐片段，也不能长时间连续地强奏。

（二）弹拨弦鸣乐器

弹拨弦鸣乐器包括竖琴、吉他、电吉他、贝司等等。

1. 竖琴

竖琴，降C调乐器，用大谱表记谱。常用音域：大字一组的B—小字三组g（这段音的音响效果最美）。竖琴的琴身使用木做的，它的琴弦有四十七根，每弦发一个音，以七声音阶排列。高音区琴弦为尼龙弦，中音区为肠衣弦，低音区为金属缠弦。竖琴音色优美、柔和。其中低音区音色低沉、厚实，余音较长；中音区声音圆润、响亮，有透明度；高音区稍微尖锐，余音较短，但在弱奏时音质较好。竖琴在演奏琶音音阶时好似行云流水一般，音量虽不算大，但给人一种朦胧神秘的自然美的感觉。

2. 吉他

吉他、电吉他、贝司，吉他弹的是主音或独奏。这里所指的吉他，是平常我们使用的木质练习琴，这种琴的琴柄较厚，品格较宽，通常有六条弦，形状与提琴相似。吉他在流行音乐、摇滚音乐、蓝调、民歌、费拉门戈中，常被视为主要乐器。而在古典音乐的领域里，吉他常以独奏或二重奏的型式演出；当然，在室内乐和管弦乐中，吉他亦扮演着相当程度的陪衬角色。

贝司，在某种归类上，就名称而言，电吉他和电贝司统称为吉他乐器。贝司是低音的意思，在管弦乐队中，大提琴也称为贝斯。通常情况下，贝斯起辅助作用，是电声乐队中不可缺少的乐器。贝司具有稳定和声的作用。有人说："贝司是鼓的旋律。"可见，它是连接旋律和节奏的一样乐器。

电吉他，则通过丰富的技巧来表现音乐，是电声乐队中不可缺少的乐器。

3. 尤克里里

尤克里里，因为简单易学，民间有一说法，这是一个适合大人及儿童，并且好听易学可爱，又能激发节奏潜能的乐器。只要它在手中，没有你不会弹得歌曲。近几年学习尤克里里成为一种新时尚，开始在各大城市流行起来，尤克里里又名"四弦琴"，在港台等地叫做乌克丽丽，是一种夏威夷的四弦拨弦乐器，发明于葡萄牙盛行于夏威夷，归属在吉他乐器一族。小巧轻便易学，音色优美，可以独奏，弹唱，被誉为又小又可爱的跳骚乐器，最容易学的弹唱乐器。

二、木管乐器

木管乐器起源很早，它是从民间的牧笛、芦笛等演变而来的。木管乐器是乐器家族中音色最为丰富的一族，常被用来表现大自然和乡村生活的情景。在交响乐队中，不论是作为伴奏还是用于独奏，都有其特殊的韵味，是交响乐队的重要组成部分。木管乐器大多通过空气振动来产生乐音，根据发声方式，大致可分为唇鸣类（如长笛等）和簧鸣类（如单簧管等）。木管乐器的材料并不限于木质，同样有选用金属、象牙或是动物骨头等材质的。它们的音色各异、特色鲜明。从优美亮丽到深沉阴郁，应有尽有。正因如此，在乐队中，木管乐器常善于塑造各种惟妙惟肖的音乐形象，大大丰富了管弦乐的效果。

1. 短笛

短笛，C调乐器，用高音谱表记谱。常用音域：小字二组c—小字五组c。短笛在外形上和长笛基本一样，只是它的长短刚好是长笛的一半，管比长笛稍细。它的音高比长笛高一个八度，音域有3个八度。短笛的低音区比较虚弱，一般在乐队中较少使用；中音区比较明亮，善于表现热烈快乐的情绪；高音区音色尖锐、穿透力强，在乐队中常用，但小字三组的b和小字四组的c不能弱奏，较少使用。

2. 长笛

长笛，C调乐器，用高音谱表记谱。音域：小字组的b—小字四组的降e，常用音域小字一组c—小字四组c。长笛在巴赫和亨德尔时期，意大利语叫"Flauto"，其含有牧童笛的意思。长笛是一个发音比较敏捷的吹管乐器，它的低音区发音混浊、厚重，中音区音色明亮、柔和，高音区响亮、尖锐。高音区很容易在交响乐队中突出来，特别是极高的音区，一般少用。

长笛是一件很古老的乐器，远在埃及文明的时候就在世界各个角落开始演奏。最早的长笛是用泥陶制成的。在中世纪、文艺复兴时期和巴洛克时期，它主要是作为一种独奏乐器演奏，或者用于军乐队。到了18世纪，长笛才成为室内乐和交响乐队里的正式成员。现代的长笛通常是由木或者是银做的，它的声学原理和指孔位置是由19世纪德国长笛演奏家勃姆（1794－1881年）完善的。

3. 单簧管

单簧管，又称黑管，降B调乐器，用高音谱表记谱。常用音域（实际音高）：小字组d—小字三组d。以单簧振动发音。它除了吹口和双簧管有明显区别以外，其他地方都非常的相似。单簧管音域宽广，表现力丰富。低音区低沉，给人一种紧张感；中音区音色明亮优美；高音区响亮、尖锐，很难弱奏。

单簧管的前身是一种无键的芦笛乐器,它的键在十八世纪初才开始被加上。自从莫扎特在他的作品中常常使用两支单簧管以后,单簧管那丰富而优美的音色就一直受到作曲家和观众的喜爱。

4. 英国管

英国管,F调乐器,用高音谱表记谱。常用音域(实际音高):小字组g—小字二组降f。木管组乐器。英国管实际上是中音双簧管,音高比双簧管低五度。它有两个簧片的吹口,由于体积比双簧管稍大,演奏起来指孔离演奏者太远,不太方便,所以它的吹口部分为弯曲的,前端像铃的形状。英国管低音区音色稍暗;中音区音色很美,给人一种凄凉、忧伤和忧郁的感觉;高音区发音纤弱,比较少用。

自从海顿(1732-1809年)在他的交响乐中开始使用英国管以后,它才开始流行和普及。到了1830年,它成为交响乐队中的正式成员。在罗西尼(1792-1868年)的歌剧《威廉泰尔》、梅耶贝尔的歌剧《恶魔罗勃》中的使用,更加促进了它在19世纪的发展。

5. 双簧管

双簧管,C调乐器,用高音谱表记谱。常用音域:小字一组d—小字三组降e。管子由木制成。乐器的吹口里面有两个簧片。一般可分为三个部分和六个指孔。乐器的低音区音色略带沙哑;中音区音色优美、柔和而明亮,是常用音区;高音区尖锐而发干,最高的几个音一般很少使用。

双簧管的前身是一种芦笛,起源于17世纪法国的一种高音双簧箫。在18世纪已成为交响乐队的主要木管乐器,而那时它仍然还是两到三个指孔。到了19世纪,双簧管经历了一系列的变化和改制,一直发展到现在这种形状。

6. 大管

大管,又称巴松,意思为两个绑在一起的木

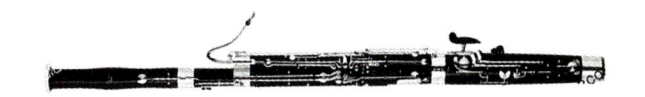

棒。C调乐器，一般用低音谱表记谱，偶尔也用次中音谱表或高音谱表记谱。常用音域：大字组E－小字一组a。巴松是木管乐器中最大的乐器，音区较低，发音有些迟钝，音色阴暗。低音区沙哑；中音区厚实、圆润；高音区明亮，音色优美。巴松有时非常善于表现幽默和诙谐的声音和音乐形象。

三、铜管乐器

铜管乐器以唇代簧，气流通过号嘴使管柱震动而发音。其管柱均为圆锥体。其音阶是由七个不同管长的管柱振动所产生的七组不同音高的泛音列而构成。铜管乐器（除大号外）均可以奏出三种不同的音色：常规音色、带弱音器音色和强奏时的金属音色。铜管乐器（除大号外），可以运用三种舌奏方法：单吐、双吐和三吐法。

1. 圆号

圆号，又称法国号F调乐器，记谱可用高音谱表，也可用低音谱表。常用音域（实际音高）：大字组的降B—小字二组c。圆号是铜管组的乐器，在现代的木管五重奏（加上长笛、bB单簧管、双簧管和大管）中，它也是其中成员之一。

圆号由圆锥形的管柱盘旋在一起，尾部有一个喇叭样的开口，吹口为漏斗形，演奏者吹出的气流通过吹口使管柱振动而发音。圆号有三个按键阀门来改变它的音高，实际的音高比记谱要低一个纯五度。

2. 小号

小号，降B调乐器，用高音谱表记谱。常用音域（实际音高）：小字组的a—小字二组降a。小号有三个可以单独按下也可以自由组合按下的阀门，从而产生不同的音高。小号在发展的过程中曾经有很多种变化，在整个中世纪，小号都只是用于军乐队或者礼仪场合，后来由于交响乐队中需要表现盛大和壮丽的场面或者有号角

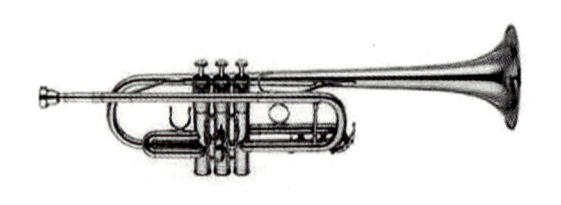

的吹奏声，作曲家才开始慢慢使用小号。德国是使用和制造小号的传统国家。作曲家巴赫常常在他的交响乐中安排给小号一个与众不同而精心设计的声部。

3. 长号

长号，降B调乐器，用低音谱表或次中音谱表记谱。

常用音域：大字组E－小字一组降b。长号是铜管乐器中的一员，由一个很长的U形管，加上一个喇叭口组成。长号是通过一个吹口吹气来发音，然后通过移动U形管，并通过它的七个把位，来改变管道的长度和里面空气的数量，改变音高。因此，长号不太善于演奏非常连贯的乐句。但它也正因为此，而擅长演奏滑音，故在爵士乐中频频出现。长号音色辉煌度仅次于小号，但是音色更加丰富，庄严壮丽而饱满，声音嘹亮而富有威力，弱奏时又温柔委婉。

4. 大号

大号，降B调乐器，用低音谱表记谱。常用音域：大字一组D－小字一组f。早期大号是罗马人制造的，当时是一个直直的长达4英尺长的用青铜制成的管子。经过无数次的变化，结合海利空低音大号（军乐队中可套在身上吹奏的大喇叭）的特点，大号发展成现在的样子。大号现在被广泛地应用于军乐队中。

大号是管弦乐队中最大的低音部铜管乐器，其音色浑厚低沉、威严庄重，与低音提琴同是管弦乐队和弦低音的基础。大号的发音管粗而长，发音比其他乐器迟钝，在演奏中不适合连续吹奏强烈的、长时间的音符。大号非常受作曲家的欢迎。如瓦格纳就频频地在他的歌剧中用到大号。布鲁克纳和理查德·施特劳斯对大号也情有独钟，常常用不同的大号来描写一些战争题材的作品。

四、键盘乐器

键盘乐器是有排列如钢琴键盘的琴键之乐器总称。这些乐器上每个琴键都有固定的音高，因此皆可以用以演奏任何符合其音域范围内的乐曲。琴键下常有共鸣管或其他可供共鸣之装置。演奏家在使用键盘乐器时不是直接打击乐器的弦来产生震荡，而是使用琴键，通过乐器内的机械机构或电子组件来产生音响。相对于其他乐器家族，键盘乐器有着不可比拟的优势，即其宽广的音域和可以同时发出多个乐音的能力。正因如此，键盘乐器即使是作为独奏乐器，也具有丰富的和声效果和管弦乐的色彩。所以，从古至今，键盘乐器倍受作曲家们和音乐爱好者们的关注和喜爱。

1. 钢琴

钢琴，被誉为"乐器之王"，用大谱表记谱。常用音域：大字二组的A—小字五组c。钢琴的琴板使用木做的，高、中音琴弦由钢丝制成，低音琴弦由钢丝加上紫铜缠丝制成，有88个键，每键发一个音，每相邻的键之间为半音。钢琴音域宽广，音色宏亮、清脆，富于变化，表现力强。独奏则可以演奏各种气势磅礴、宽广、抒情的音乐，也可以演奏欢快、灵巧、技巧性很高的华采乐段。钢琴在乐队中，也可发挥巨大的作用，它还常常作为伴奏乐器使用。现代钢琴因形状和体积的不同，主要分为立式钢琴和三角钢琴。钢琴的演奏技巧丰富，可以自如地弹奏各种音阶、半音阶，各种音程的跳动，各种双音、和弦以及各种复杂的织体。

2. 手风琴

手风琴，是一种既能够独奏又能伴奏的簧片乐器，不仅能够演奏单声部的优美旋律，还可以演奏多声部的乐曲，更可以如钢琴一样双手演奏丰富的和声。手风琴声音宏大，音色变化丰富，手指与风箱的巧妙结合，能够演奏出多种不同风格的乐曲，这是许多乐器无法比拟的。除了独立演奏外，也可参加重

奏、合奏。可以说，一架手风琴就是一个小型乐队。加之音高固定、易学易懂、体积小、携带方便，因此，手风琴很适合不同年龄的演奏者自娱自乐，也可以很方便地携带到学校、剧场参加演出。

3.电子琴

电子琴，也叫电子合成器。它采用大规模集成电路，大多配置声音记忆存储器（波表）。用于存放各类乐器的真实声音波形并在演奏的时候输出。电子琴发音音量可以自由调节。音域较宽，和声丰富，甚至可以演奏出一个管弦乐队的效果，表现力极其丰富。它还可模仿多种音色，甚至可以奏出常规乐器所无法发出的声音（如合唱声、风雨声、宇宙声等）。电子琴在独奏时，还可随意配上类似打击乐音响的节拍伴奏，适合于演奏节奏性较强的现代音乐。另外，电子琴还安装有效果器，如混响、回声、延音、震音轮和调制轮等多项功能装置，表达各种情绪时运用自如。电子琴是电声乐队的中坚力量，常用于独奏主旋律并伴以丰富的和声。还常作为独奏乐器出现，具有鲜明时代特色。

五、打击乐器

打击乐器是乐器家族中历史最为悠久一族了。其家族成员众多，特色各异，虽然它们的音色单纯，有些声音甚至不是乐音，但对于渲染乐曲气氛有着举足轻重的作用。通常打击乐器通过对乐器的敲击、摩擦、摇晃来发出声音。可不要认为打击乐器仅能起加强乐曲力度、提示音乐节奏的作用，事实上，有相当多的打击乐器能作为旋律乐器使用。现代管弦乐队里增加了很多非洲、亚洲音乐里的音色奇异的打击乐器，几乎无法完全罗列。打击乐器可分为固定音高和无固定音高两大类。前者用五线谱记谱，后者用一线记谱。

（一）固定音高打击乐器：

1. 定音鼓

定音鼓，属于有固定音高的打击乐器类，用低音谱表记谱。定音鼓为半球形，有调音踏板或用侧面的螺丝来调音。鼓面用兽皮或塑料皮蒙住。鼓手用两个鼓锤敲打鼓面发出不同的节奏或音乐。其滚奏的效果非常有气势和戏剧效果，在乐队中常用。定音鼓还可以用布蒙起来发出另外一种音色。其被用于交响乐队中是在17世纪，那时的隆重庆典活动或大型集会常常会用到它。定音鼓作为交响乐队的重要成员已经有200多年的历史了。在乐队中，打击乐手常常要一个人演奏好几种打击乐器，而定音鼓的鼓手则完全不用。可见其在交响乐中的地位。在交响乐中，定音鼓常常成对地出现，小一点的鼓被调成乐曲的主音，而大一点的则调成它的五度音（低音）。

2. 木琴

木琴，常用音域：小字一组c—小字三组g。木琴用红木条制成，用两个槌子演奏，属于打击乐器组。木琴可以用于交响乐队、打击乐队、室内乐，也可用于独奏。木琴发音短促而清脆，多用来演奏轻快、活泼的乐曲，表达一种欢乐的气氛。木琴还可以奏出美妙的滑音和动人的震音，具有很强的表现力和感染力。木琴能很轻易演奏音阶、半音阶、音程的跳动以及分解和弦。演奏持续长音，必须运用滚奏以获得连续的效果。

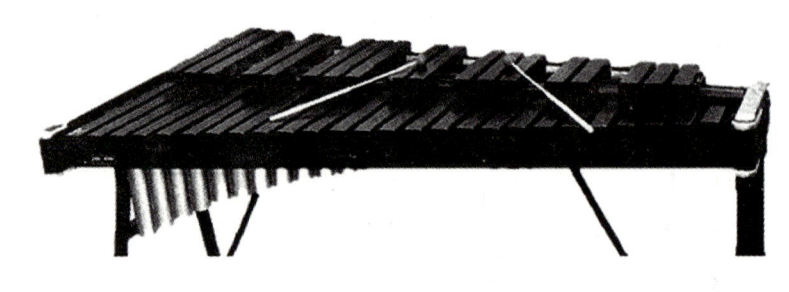

（二）无固定音高打击乐器：

1. 小军鼓

小军鼓，无固定音高打击乐器，用一线谱记谱。小军鼓有金属和木制两种，两面都蒙上兽皮，其中有一（底）面装上一组弹簧，从而可以增大声音的回响。小军鼓虽然没有固定音高，但是它被公认为很有独特音色的打击乐器。它用两个鼓槌演奏，演奏方式分为单奏、双奏和滚奏三种。小军鼓音色清晰、明快，并伴有沙沙的声音。其中滚奏时双槌快速地交替敲击鼓面，发出颗粒清晰的音响，再通过各种轻、重、缓、急的处理，可以表达出不同的音乐情绪。作为效果乐器时能表现出枪声、炮声的音色来。另外还可以在小军鼓的表面蒙上一层棉织物，从而产生朦胧而带沙沙的哑音效果。我们常常可以在军乐队或游行队伍中看到小军鼓的身影。

2. 大鼓

大鼓，无固定音高打击乐器，用一线谱记谱。大鼓有金属和木制两种，两面都蒙上兽皮。作为一种节奏乐器，一般用单槌击奏。偶尔也可将大鼓斜放来进行双槌滚奏。大鼓音色低沉响亮，雄壮有力，善于用来模仿雷声和炮声。在贝多芬《第九（合唱）交响曲》的最后乐章就有大鼓演奏的很好范例。大鼓不适合在乐曲中连续使用，否则产生的低沉的声音会使整个乐队的音响变得混浊不堪。

3. 钹

钹，无固定音高打击乐器，用一线谱记谱。钹是一种很古老的铜制乐器，两个为一套，形状就像一对底部粘上了绳子的碟子。演奏方法有几种：一种是演奏者双手各持一个钹，互相撞击发出音响；另一种是演奏者一只手把钹提起来，另一只手用鼓槌敲击发音；还有一种就是把一片钹吊起来，双手持一对鼓槌进行滚奏。作为一种打击乐器，钹的音响洪亮而强烈，余音回荡，可以传得很远。用于强奏时，极富气势，通常表现一种激情；用于弱奏时，其作用和大鼓差不多。我国的民族乐队中也有钹，不过它和西洋乐队中的钹在外形上就稍微有点区别，演奏和音色也不完全相同。

4. 木鱼

木鱼，多用桑木或椿木制作，体高约5至15厘米，中空。演奏时用小木槌敲击发声。乐器特色：属于体鸣乐器族。发音清脆、响亮，节奏感强。木鱼为历史较为久远的中国传统打击乐器，源于佛教，最早用于佛教"梵呗"（一种佛教歌曲）的伴奏。后来传入民间。为中国民族乐队中必备的打击乐器，通常成套使用（现行的成套木鱼为大小不等、音高不同的一组木鱼）。

5. 三角铁

三角铁，无固定音高打击乐器，用一线谱记谱。三角铁是由一个首尾不相连的三角形钢条和一根金属棒组成。演奏者一只手提着三角铁上的小绳子，另一只手用小金属棒敲击三角铁发音。三角铁可以奏出各种节奏型，但速度不能太快。它可以滚奏但音量不容易控制。三角铁的发音响亮、清脆、穿透力强，即使在乐队强奏时也可听见。所以，在乐队中要注意使用，如果使用恰当能使乐队增辉。如在李斯特的《降E大调钢琴协奏曲》中，它就曾被作为一种独奏乐器使用。

6. 锣

锣，无固定音高打击乐器，用一线谱记谱。结构组成：锣身为一圆型弧面，多用铜制结构，其四周以本身边框固定；锣槌为一木槌。锣身大小有多种规格，小型锣在演奏时用左手提锣身，

右手拿槌击锣；大型锣则须悬挂于锣架上演奏。乐器特色：属于金属体鸣乐器，无固定音高。其音响低沉、宏亮而强烈，余音悠长持久。通常，锣声用于表现一种紧张的气氛和不祥的预兆，具有十分独特的艺术效果。

7. 架子鼓

架子鼓，是爵士乐队中十分重要的一种打击乐器，它通常由一个脚踏的低音大鼓，又称"底鼓"、一个军鼓、二个以上嗵嗵鼓、一个或两个吊镲、一个节奏镲和一个带踏板的踩镲等部分组成。当然有时因演奏需要会增设一些如牛铃、木鱼、沙锤、三角铁、吊钟，不管增设多少器件，都是由一人演奏。鼓手用鼓槌击打各部件使其发声。爵士乐中常用的鼓槌有木制的鼓棒，由钢丝制成的鼓刷，由一捆细木条捆成的束棒。在乐队中鼓手掌握着乐曲的速度和节奏等重要环节，尤其是在爵士乐中，鼓手特别需要与其他乐手保持良好的合作状态，比如"切奏"时鼓手的干净利落就在其中起着很大的决定作用。另外在爵士乐中，鼓音色的控制、力度的控制以及速度的控制，都是体现鼓手技巧的重要因素。

第三节 民乐团的基本常识

民乐团，是中国近代发展出的一种以中国民族乐器为基础，再学习西方交响乐团的编制而成立的乐队类型。民国初年，因民国政府提倡，亦称国乐团。在中国内地，又称为民乐团或民族乐团。在香港称为民乐团，在新加坡又称为华乐团。亦有人认为更准确的名称是现代中华管弦乐团，以显示和中国传统合奏的区别。

一、民乐团的发展简史

1920年代的上海，由郑觐文等人成立了大同乐会，致力于传统乐器改造和创新，并组成了一个乐队，分为吹、弹、拉、打四组，但当时乐团编制较少，仅为30人左右。大同乐会还根据中国传统音乐改编了一批适合于这种新型乐队演奏的合奏作品，其中最为著名的是由郑觐文、柳尧章根据琵琶曲《浔阳夜月》改编而成的合奏曲《春江花月夜》。其后至1935年，中国最早的正式国乐团——中央广播电台国乐团成立于南京，后来在对日抗战期间迁往重庆，但一直努力于乐团编制的改进以及乐器的改革，包括音准的强化、音域的增加以及低中低音胡琴的改革等。1952年，中国成立了最早的大型民族乐团——上海民族乐团。随后，1953年中国广播民族乐团也在北京成立，在彭修文等人的努力下，在乐团声部编制、乐曲创作以及乐器的改进上都有很大的成绩。

二、民乐音乐的特点

汉族是中国乃至世界人口最多的民族，该民族创造的文化艺术也可以称得上是世界之最。展示深厚的文化底蕴和地域风情，以大众熟悉的曲调为基础，通过深度创作，用丰富的音乐语言、充满时代元素展现自然和人文景观。作为中国传统特色之一的民族音乐，向来为人们迷醉和喜爱。尤其是经由各种乐器交织合奏后，衍生出或悠扬或哀伤或轻快或悲凉的旋律。没有歌词的衬托，遐想空间更加宽广，韵律也变得更加细腻生动而富有意境。

（一）音乐形式特征上显示了独特的民族性

无论是苏南吹打、浙东吹打、山东鼓吹，由吹、拉、弹、打四类乐器结合的江南丝竹、广东音乐、福建南音、福州十番音乐、编钟编磬、宫悬乐、丝竹乐、吹打乐、民族管弦乐等，都是人民群众身边的音乐，很有亲和力，也是地方音乐的常用曲调，使人一听就有归属感。

（二）音乐意境委婉含蓄

旋律富有歌唱性。产生在民间，流传在民间，曲调易于上口，轻松活泼、婉转流畅、不仅悦耳动听，而且歌唱性强。同时具有含蓄的美。含蓄的美，是民乐在美感特征上的要求。无论是在民乐的创作和表演中，还是在对民乐作品的聆听和欣赏中，都贯穿着一个韵字，中国人对韵味的追求胜过对声音本身的追求，犹如中国的写意画，不求工细，但求神似。欧洲艺术注重立体感，它的音乐也不例外。而中国艺术，正如美学理论家宗白华所说，无论绘画、书法、音乐，都形成了独树一帜的"线的艺术"。

中国的历史源远流长，中国的优秀文化博大精深，中国的音乐神韵独特。我们应该更多地欣赏、更广泛地了解、更深刻地思考，重新认识自己民族音乐文化的价值。民乐最突出的特点是写意性，也就是烘托一种精神氛围、一种心灵感受。比如《高山》《流水》，并非直接对景色进行细致的描写，而是写情，以情见景。正如子期所说——"巍巍乎志在高山"、"荡荡乎志在流水"，是"志在"，而非景在也。在这里，也许有人会认为是否将写意（和写实相对）和写情混为一谈了。但实际上，写意描绘了客观事物经过心灵投影之后的影像，在很大程度上经过了人的感情的加工，并进一步抽象化为音乐形式表露出来，落在纸上而为谱，发于声则为乐。

（三）中国民族曲式

中国民族曲式是中国民族音乐在长期历史发展中形成的、具有典型意义的各种结构类型，体现中华民族的音乐审美观念和音乐思维逻辑。在同一乐曲中，包含两种或两种以上结构原则的综合性结构。

中国民族曲式的结构类型，主要有以下7种：

1. 一段体：一段体也称乐段或段式，通常由乐句、乐节组成，是音乐陈述的最小、最基本的完整段落。它可以独立运用，也可作为大型曲式的一部分。如河北民歌《小白菜》。

2. 二段体：二段体的一种为并列式，由两个不同的一段体组成。另一种为合尾式，由两个结束部分（或一句，或结束进行）相同，而前面部分不同的两个一段体组成；常呈明显的"起、承、转、合"关系。合尾式结构原则除可用于二段体外，还可以广泛地应用于多段体、变奏体等多种曲式。其中，多段体由3个或3个以上的音乐段落组成。可分以下两种：（1）单多段式：多段体的每个段落均为一段体者。（2）复多段式：多段体中有一个段落或几个段落的结构规模超过一段体者。

3. 变奏体：由主题及其若干变奏组成，是中国民族曲式中的重要类型之一。根据变奏手法的不同，变奏曲可分为单一板式变奏式、多种板式变奏式、调式和调性变奏式、叠奏式、自由变奏式。

4. 回旋体：是同段落与不同段落交替出现两次以上所构成的回旋性结构。回旋体可在一般的器乐中单独运用；也可以不同的器乐曲牌为主体，用相同的锣鼓段镶嵌和串连起来。

5. 联曲体：是按内容需要或按一定的传统格式，将两首或两首以上的民歌或曲牌联缀而成，是民族曲式的重要类型之一。

6. 板腔体：是根据曲调的模式特点（原板上下句）在相同或不同的板式、调式、调性上发展、演变成的完整结构，广泛运用于戏曲音乐，有些曲艺音乐也具有板腔体的因素。板腔体结构具体运用时，可只用同一板式的重复或变化重复，也可用各种板式的不同组合构成联套。

7. 综合体：在同一乐曲中包含两种或两种以上结构原则的综合性结构。如琵琶曲《十面埋伏》，以多段结构为主，局部综合了变奏原则；如古琴曲《梅花三弄》，在双循环结构的基础上，综合了合尾原则。

二、民乐团的编制

民族管弦乐队是20世纪20年代，在中西文化交流下产生的，它综合了传统丝竹乐队和吹打乐队，在部分程度上模仿了西方交响乐队的编制。民乐团一般分为吹、拉、弹、打四组，除了以拉弦的胡琴对应交响乐团的小提琴、中提琴，并引进了西方的大提琴及低音大提琴来加强低音声部，此外，以唢呐和改进过的扩音笙来代替铜管及木管乐，在打击乐器方面也运用了如定音鼓、军鼓等西洋乐器。相较于西方交响乐团而言，最大的特色在于弹拨乐器的大量使用，以及大量中国特色的打击乐器的使用。

民族管弦乐队又有大型乐队和中小型乐队之分。

大型民族管弦乐队由吹管乐组、弹拨乐组、打击乐组及拉弦乐组4个部分组成，专门演奏大型民族管弦乐曲的组织称为大型民族管弦乐队，演奏大型合奏曲（又称作民族管弦乐曲）及大型协奏曲为主。

1. 大型民族管弦乐队的编制

一般专业乐团的人数大约60～80人左右。其中，指挥1人；

拉弦乐器：高胡约3～7人、二胡约10～20人、中胡约3～5人、大提琴或用革胡，约6～10人、低音大提琴或用倍革胡，2～3人；

弹拨乐器：柳琴约1～4人、琵琶约4～6人、中阮约4～6人、大阮约4～6人、三弦1人，少数曲目使用，通常由阮弦演奏员兼任、筝一人，部分曲目使用、扬琴1～2人，扬琴虽然在原理上是击弦乐器，但在声部的作用上与弹拨乐器相同；

吹管乐器：梆笛1～2人、曲笛2～3人、新笛2～3人、高音笙2～3人、中音笙1人、低音笙1人，部分曲目使用、高音唢呐2～3人、中音唢呐1～2人、次中音唢呐1～2人，低音唢呐1人，唢呐在部分曲目中不使用，其中低音唢呐在少数曲目中使用、低音管1～2人，部分曲目使用；

打击乐器：共约3～10人，1人通常负责多项乐器，常用的乐器包括排鼓、中国大鼓、板鼓、堂鼓、定音鼓、小军鼓、大军鼓、小钹、大钹、西洋军钹、吊钹、小锣、大锣、风锣、泰来锣、云锣、木鱼、磬、梆子、铃鼓、三角铁、弹簧盒、风铃、沙球、木琴、钢片琴、管钟等。

2. 中小型民族管弦乐队编制

总人数约20-40人左右。其中管乐器组：竹笛、笙、唢呐各2～4人，另可加管子等其他管乐器；

弹弦乐器组：扬琴1～2人、琵琶2～4人、中阮2～4人、大阮2～4人、筝1人，另可加柳琴、三弦等弹乐器；

打击乐器组：视需要而定； 拉弦乐器组高胡2～4人、二胡4～6人、中胡2～3人、革胡1～2人、低音革胡1人。革胡、低音革胡可用大提琴、低音提琴代替，还可加板胡等其他拉弦乐器。另外，在我国不同的地域，还有一些地方色彩较浓的乐队组合形式，如江南丝竹以弦乐器与竹管乐器为主、西安鼓乐以打击乐器与吹管乐器为主、广东音乐高胡主奏等。

三、民乐著名乐曲

（一）大合奏曲

彭修文：《瑶族舞曲》、《流水操》、《秦兵马俑幻想曲》、《月儿高》、《丰收锣鼓》。

刘文金：《太行印象》、《难忘的泼水节》。

卢亮辉：《春》、《夏》、《秋》、《冬》、《酒歌》、《童年的回忆》。

关乃忠：《丰年祭》、《拉萨行》、《祈雨》。

苏文庆：《台湾追想曲》。

谭盾：《西北组曲》。

刘湲：《沙迪尔传奇》。

顾冠仁、马圣龙：《东海渔歌》。

徐景新、陈大伟：《飞天》。

刘文金、赵咏山：《十面埋伏》（交响诗）。

（二）大型协奏曲：

何占豪：《莫愁女幻想曲》（二胡协奏曲）。

刘文金：《长城随想》（二胡协奏曲）。

顾冠仁：《花木兰》（琵琶协奏曲）。

李焕之：《汨罗江幻想曲》（筝协奏，原为交响乐团伴奏，后改编为国乐团伴奏））。

苏文庆：《雨后庭院》（柳琴协奏曲）、《燕子》（二胡协奏曲）。

刘星：《云南回忆》（中阮协奏曲）。

刘锡津：《北方民族生活素描》（月琴协奏曲）。

张晓峰、朱晓谷：《新婚别》（二胡协奏曲）。

俞逊发、瞿春泉：《汇流》（笛子协奏曲）。

四、民族乐队的基本排列

现在的民族管弦乐队编制各有不同，坐法也有所不同。但大多数标准民乐队编制如下从观众方位从前排到后排、从左边到右边的顺序：

弦乐一：（一至四排左边）高胡、二胡、中胡。
弹拔一：（前排中间）扬琴、古筝。
弹拔二：（第一，二排右边）琵琶、中阮、大阮、三弦。
弹拔三：（第三，四排右边）柳琴。
低音一：（第三，四排柳琴右边）大提琴。
低音二：（一至四排最右边）贝司。
管乐一：（第五排）梆笛、曲笛、新笛、箫、高音笙、中音笙、低音笙。
管乐二：（（第六排）高音唢呐，中、次中、低音唢呐，管子，加键管子。
打击乐：（最后排）排鼓、定音鼓、大鼓、小堂鼓、钹、锣、云锣、面锣、钢片琴、马林巴等。

有时候也需要用一些特色乐器，如京胡、板胡、擂琴、古琴、大广弦、南音琵琶、箜篌、口笛、巴乌、埙、葫芦丝、排箫、树叶、板鼓、象脚鼓、编钟、磬等。这些乐器一般来说，坐在所属的声部位置。

关于各声部的坐法各有千秋，例如有的乐队将弹拔放在弦乐之后、管乐之前，把二胡和中胡放在前排的右边，这样有利于音色和音区的集中，还可使中胡琴筒向外，对着观众以增大音量。

第四节 交响乐团的基本常识

交响乐又称交响曲，是一种大型的管弦乐队。交响乐队大约定型于19世纪二十年代，并开始在欧洲及全世界流行。交响乐队一般包括四组乐器，即弦乐组、木管组、铜管组和打击乐组，是采用大型管弦乐队演奏的鸣奏曲（奏鸣—交响套曲）。交响音乐主要是指交响曲、协奏曲、乐队组曲、序曲和交响诗五种体裁。但其范畴也时常扩展到一些各具特色的管弦乐曲，如交响乐队演奏的幻想曲、随想曲、狂想曲、叙事曲、进行曲、变奏曲和舞曲等。此外，交响音乐还包括标题管弦乐曲。

交响乐和交响曲是两个不同的概念，交响乐是由多件乐器所演奏的具有交响性的音乐，而交响曲是一种大型的管弦乐套曲。

一、交响乐的特点

交响音乐是音响逻辑形式的组合、发展，如旋律形态（主题、动机）的重复、变化等等，并且根据其内容的需要形成了不同的体裁。交响音乐不是专指一种特定的体裁名称，而是一类器乐体裁的总称。这类体裁的共同特征：一是由大型的管弦乐队演奏；二是音乐内涵深刻，具有戏剧性、史诗性、悲剧性、英雄性，或者音乐格调庄重，具有叙事性、描写性、抒情性、风俗性等；三是有较严谨的结构和丰富的表现手段；四是表现手法，顿挫分明，能将听众带入音乐意境和想象空间。

二、交响乐的起源和发展

交响音乐的起源可以追溯到十分遥远的历史过程中。它的名称源于古希腊，16世纪末，在戏剧（包括歌剧和神剧）作品中插入的任何乐器不合奏段落，都叫做交响乐。到了古罗马时期，它就逐渐演变成为泛指一切声乐和器乐合奏（唱）曲和重奏（唱）曲的代称。

文艺复兴时期的含义和现在也完全不一样，当时的交响乐泛指的是一切多声部的音乐，其中包括了声乐和器乐。在中世纪"新艺术"的基础上，更加追求人性的解放与对人的内心情感的抒发与表达。这时的音乐家在人文主义思潮的推动下，对复调音乐进行了发展和变革，声乐与器乐逐渐分离而独立发展。

到了巴洛克音乐的初期，它又主要指歌剧、神剧和清唱剧等作品中的序曲及间奏曲。而到了16至17世纪，交响乐用来称呼歌剧和清唱剧中的序曲和间奏曲，这时的声乐部分基本上已经排除在了交响乐的概念以外，"交响乐"从此成为了纯粹的器乐曲。

18世纪初期，音乐艺术在欧洲得到了迅猛的发展。随着欧洲产业革命的进程，音乐艺术也开始逐步地走向平民化和社会化。在这个时期中，交响乐作为一种独立的艺术形式，其规模和形式都慢慢有了明确的含义：序曲和间奏曲并脱离歌剧并在音乐会上单独演奏。这对交响乐的发展起了重要的作用。当时的意大利歌剧序曲奠定了以它特有的"快板－慢板－快板（舞曲风格）"的三段体式，给后来的交响乐的乐章格式建立了最基本的格式，而这三个段落也成为古典交响乐的基本雏形。

1740年，奥地利作曲家蒙恩第一次在慢板乐章和快板乐章之间，加进了小步舞曲（注：法国一种三拍子的舞曲）乐章（第三乐章），这种四个乐章的套曲形式，渐渐演变成了古典交响曲的固定形式。

四个乐章是这样布局的：

第一乐章——奏鸣曲式。它包括三个部分：第一部分（呈示部）：有两个主题——正主题（第一主题）、副主题（第二主题），这两个主题往往形成强烈的对比。比如，正主题是冲突性的、戏剧性的，副主题可以是抒情性的、歌唱性的。第二部分（展开部）：就是把呈示部的主题进行不断地分裂、在配器、节奏、力度和调性各个方面进行对比和展开。第三部分（再现部）：再现呈示部的两个主题，调性上有严格的关系。奏鸣曲式通常开始有一个引子或者序奏，结束有尾声。这样的曲式常常表现宏大的构思，反映深刻的哲理。

第二乐章——行板或慢板。抒情的、以歌唱性音乐见长。

第三乐章——小步舞曲。现代多用谐谑曲。它们是轻快、幽默、典雅和风趣的。

第四乐章——终曲。它通常是快板，经常采用回旋曲式（A+B+A+C+A）或者回旋奏鸣曲式。（注：所谓的回旋奏鸣曲式和奏鸣曲式不同的地方，就在于呈示部中主题出现两次，也就是主题-副题-主题，然后是展开部、再现部。）

我们刚刚讲的这种固定的形式，只是在古典交响乐时期，它是相对固定的。维也纳古典乐派（18世纪中后期）的兴起及一些天才作曲家的伟大创作，使得交响乐这一艺术形式发展到了全面成熟的阶段。有三位音乐大师把古典交响乐发展到了最成熟的阶段，他们是海顿、莫扎特和贝多芬。这三位大师把维也纳乐派和古典主义发展到了颠峰的状态，也使得交响乐进入了自己的黄金时期。贝多芬更是把交响乐的内涵和思想性发展到了一个新的境界，现代意义上的交响乐概念就在这个时期形成了。

  在这里,我们首先提到的就是奥地利作曲家海顿。他一生共创作了120多部交响乐。他在交响乐艺术上的贡献是——完整而严谨地确立了交响乐的形式和规模,因此,他曾被人们誉为"交响乐之父"。他的艺术成就直接影响到了他之后的两位作曲家——莫扎特和贝多芬。而交响乐的形式、规模、内涵等等,都是在这后两位作曲家的创作中得到真正的成熟和完善的。莫扎特一生创作了41部交响乐,他的交响乐较之海顿的交响乐,在形式的完整、内涵的丰富和思想的深刻等方面,都有着大幅度的提高。他以其天才的神来之笔,为交响乐这一独立的器乐形式,注入了一种全新的活力。贝多芬,这位被后人尊称为"乐圣"的天才人物,在其短短几十年的创作中,将交响乐的创作成果提高到了前所未有的高度。在世界交响音乐艺术史上,他的创作被认为是一个极其重要的里程碑。而他的作品则是跨越古典主义和浪漫主义之间的、承上启下的杰出典范。

  贝多芬的交响乐较之海顿和莫扎特的交响乐,形式更加严谨、内容更加丰富、技法更加娴熟。而尤为使人关注的是,他的交响乐思想性深刻、哲理性复杂,他第一次使交响乐具有了社会启示性和斗争性的深刻内涵。在他的《第九交响曲》中,合唱队演唱的《欢乐颂》揭示了一种无比崇高的精神境界。而这种巧妙的构思和大胆的实践,则充分地说明了贝多芬作为一代交响乐宗师所表现出的非凡魄力和杰出天才。

  另外,贝多芬完善和扩大了乐队编制。在他的交响曲当中,我们发现他运用了海顿和莫扎特时期不曾运用的乐器,比如说短笛、低音大管、长号和一些打击乐器(如三角铁、大镲、大鼓等等)。更重要的是,在他的《第九交响曲》中引用了人声。我们面对他的交响曲,让我们感受最强烈的是已经耳聋的贝多芬不向命运屈服的精神。

  18世纪晚期到19世纪早期,浪漫主义艺术思潮开始渗透到音乐领域当中。舒伯特带有艺术歌曲交响化性质的《b小调(未完成)交响曲》,标题交响曲——法国作曲家柏辽兹的《幻想交响曲》和李斯特的标题交响乐《幻想交响曲》《但丁交响曲》,舒曼充满诗意的《春天交响曲》,勃拉姆斯的四部充满传统精神但却有浪漫主义内涵的交响曲,柴科夫斯基和德沃夏克带有浓郁民族性的一系列交响曲,此外,圣桑、穆索尔斯基、里姆斯基等作曲家们的各种交响乐作品,都是19世纪浪漫主义交响音乐创作的珍品。19世纪晚期,奥地利作曲家马勒谱写了十部交响曲。在这些交响曲中，他为了表现自己内心复杂的精神世界，而将交响乐的表现形式发展到了极限。如他的《第八交响曲》，被人们称为"千人交响曲"。除马勒之外，在19世纪晚期，各国民族乐派的作曲家中，也有许多人应该被称为交响乐大师。如芬兰的西贝柳斯、捷克的雅那契克、俄罗斯的格拉祖诺夫和拉赫玛尼诺夫等人的创作，都在某种程度上，为世界交响音乐艺术做出了杰出的贡献。

在这之后，欧洲的浪漫主义作曲家们在继承了古典主义的精华的基础上，将交响乐的内容、形式、乐队编制乃至于标题，都进行了不同程度的创新。在这个时期，交响乐的形式更为自由、色彩更加丰富、表现手法也更多种多样。

19世纪和20世纪相交之际，特别是进入20世纪后，交响乐仍然在不停地发展着，越来越多的新元素添加到交响乐中。气势恢弘、感情细腻、表现力无限丰富的交响乐，仍然拥有大量的爱好者。许多象征着新时代艺术风格的思潮，开始越来越多地涌现出来。从德彪西（法）的印象主义、理查·施特劳斯（德）的后期浪漫主义和勋伯格（奥）的早期无调性技法，都渗透到交响乐的创作中，为20世纪"百花齐放"的交响音乐创作奠定了基础。在20世纪众多的作曲家中，为交响乐及其他体裁的创作做出杰出贡献的人物数不胜数。其中影响最大的有俄国作曲家普罗柯菲耶夫、哈恰图良、肖斯塔科维奇，英国作曲家布里顿，匈牙利作曲家巴托克，美国作曲家斯特拉文斯基、格什温等等。他们所创作的交响曲、协奏曲、交响诗、狂想曲、随想曲等许多作品，极大地丰富了世界交响音乐宝库，并由此构成了20世纪交响音乐创作的宏伟篇章。

三、交响乐队的编制

（一）编制成员

交响乐团按照编制不同，人数自然也不同，分小型乐团（单管编制），人数在30到40人；最常见的是中型乐团（双管编制），人数在60人到79人；大型乐团（三管编制及以上），人数至少有90人，上不封顶。

1. 第一成员

每个乐器组有一个首席演奏家或独奏家，他在组内有独奏和领导组内其他音乐家的任务。

2. 第二成员

小提琴分两组：第一小提琴和第二小提琴，因此小提琴有两个首席演奏家。第一小提琴的首席演奏家也被称为首席，他不但是弓弦乐器的首席，而且是整个乐队的首席，地位只在指挥之下。

长号的首席演奏家是低音的首席演奏家，而小号的首席演奏家则是整个铜管乐器的首席演奏家。单簧管（有时是长笛）的首席演奏家是整个木管乐器的首席演奏家。

法国号技术上属铜管乐器，但往往同时有铜管和木管乐器的作用。大多数乐器组还有一个副首席。假如首席缺席的话他们代理首席。

3. 第三成员

现代管弦乐团演奏时一般需要一个指挥家指挥，过去的乐团没有指挥家，首席或羽管键琴家起指挥家的作用。今天，尤其一些小的室内乐团或专门演奏巴洛克音乐的乐团也不用指挥家。

管弦乐团一般演奏古典音乐或歌剧，有时也会演奏流行音乐。有些乐团也会为电影配乐或担任音乐专辑的演奏。

（二）编制数量

为了保证乐队各声部之间音色、力度和音响的平衡，各声部乐器的配置都有一定的比例。以标准乐队编制为例：

1. 弦乐部分（约占百分之六十）

包括第一小提琴声部、第二小提琴声部、中提琴声部、大提琴声部、低音提琴声部。

2. 木管声部（约占百分之十五）

包括短笛、长笛、单簧管、双簧管、英国管、大管、低音大管。

3. 铜管声部（约占百分之十五）

包括圆号、长号、大号、小号。

4. 打击乐器声部（约占百分之十）

包括定音鼓、大鼓、小鼓、铃鼓、响板、木琴、三角琴、钹、锣、钟琴、钢片琴。

5. 其他

包括竖琴、钢琴、风气、萨克斯等。

乐队在舞台上各声部的位置编制，依合奏技术、音响效果、乐队或指挥习惯以及作品要求等多方面因素决定。

（三）编制站位

指挥是乐队的灵魂。所以，曲目的强弱、表情等都得由指挥拿捏。其中，提琴家族占的分量可谓相当之重，小提琴更是必不可少的。而小提琴手坐在指挥左边，原因：一是小提琴的演奏往往是大部分交响乐曲的主体，指挥必须随时掌握到他们的演奏，以便能随时改变效果。二是第一小提琴的首席往往就是乐团的首席。首席是乐队中专业业务能力最好的演奏员，他与指挥的距离必须是最近的，这样乐队中最能直接体会意图的就是他了，并且他能以自己的琴声帮助指挥实现意图，解决现场演奏中出现的问题。所以也有人说，只要指挥给出一个眼神，首席就会知道接下来要怎么做了。

而大提琴为什么要在右边？仔细观察一下就会发现，虽然大提琴也在指挥的身边，就表明它们的重要性。但是离指挥的距离往往就会比小提琴的要远一些，这就是主次问题了吧。

管乐在指挥正前方，只是因为一般编制的顺序和想要达到对好声效罢了。试想一想，管乐的人数并不算多，但它们的音量也可以与提琴家族并行；一旦把它们放在最前面，指挥不但不能首先把意思传给主角提琴们，还很有可能被管乐的声音覆盖了。

巴洛克时期，古钢琴在舞台前面的正中间，第一、二提琴组分列舞台左右两侧，中提琴组、大提琴组在小提琴组后靠中间的位置左右排列，最后一排从左到右依次是双簧管、大管、定音鼓、旧式小号、低音提琴。这时期的乐器较少。

古典时期，舞台前面正中间已不放乐器；一、二提琴与巴洛克时期地摆放一样，中提琴组在一提后面，旁边（也就是舞台的正中间）是大提琴组，再往右是低音提琴组；大提琴的后面是单簧管和长笛，低音提琴的后面是双簧管和大管；最后一排从左到右是圆号、定音鼓、旧式小号。

浪漫派，大约19世纪：木管组、提琴组与古典时期一致，但在第一提琴和中提的中间（靠舞台的左侧）加入了竖琴；这时候的铜管组已颇具规模，舞台最后一排从左到右有圆号、定音鼓、小号、长号、大号。

现代20世纪以来，第一小提位置不变，第二小提到了19世纪中提琴的位置，大提琴和低音提琴是在19世纪第二提琴的位置，中提琴则在舞台的正中间；竖琴的位置不变；木管组的位置因为乐器的增加而占了比以前较大的地方，总体排在中提琴的后面，分有两排，第一排从左到右为短笛、长笛、双簧管、英国管，第二排为低音单簧管、单簧管、大管、倍低音大管；木管组的后面是铜管组，从左到右依次是圆号、小号、长号、大号；最后则是打击乐组。另外，由于20世纪以来音响学的知识的丰富，有很多指挥家也会有自己的排列方法。至于钢琴协奏曲，就是把钢琴加入管弦乐队里（舞台上会放在中间位置）就行了。

交响乐是人类音乐文化的高级形式，所以交响乐队在演奏交响音乐时就非常需要一个质量较高的音响，然而交响乐团中包括了数十种不同类别的乐器，并且它们都有着各自不同的特色和个性，这样在写交响音乐作品时，不但需要作曲家对它们的编制（即音色）进行合理的调配，另外在排练和演出时，对它们的席位排列也需要考虑外表的美观，以及它们在演奏音乐时的配合与色彩协调。为此，世界上有好多的指挥家与乐器演奏家，经过将近100多年的努力探索、实验，基本上找到了一个合理的席位排列原则。比如，弦乐组是整个交响乐队的基础，它的音色给人以亲切感，所以一般席位排在舞台的前面，最靠近观众。木管组乐器种类较多，音色突出，所以需要分门别类地将其排列在弦乐组之后、乐队的中间部位。铜管乐器和打击乐器，音量宏大，并富有刺激性，所以它们排列在乐队的最后面或后侧面。竖琴和其他弹拨乐器经常排在乐队的左右侧。但有时候因作品的要求，比如一些近、现代派作曲家的作品演奏，另外也由于指挥家的个人偏好，乐队席位排列也有某种特殊安排。

第六章 合唱艺术

第一节 合唱艺术发展史

合唱作为音乐的一个种类，同其他音乐艺术表现形式一样，是随着人类社会生活的发展而产生和发展的。远古时期，人类在空暇时聚在一起歌唱来表达不同情绪。有一些相同或相似的人声，也自发地结合起来，并逐渐地在歌唱中形成了另外的旋律和声部，这就是合唱的雏形。在人类文明的历史长河中，合唱艺术一直是音乐文化宝库中一颗璀璨的明珠，到处可以看到它留下的印记。在西方，无论是原始部落的狩猎，还是后来的农业、军事、祭祀等活动中，都出现过具有合唱特征的群众歌唱形式。中世纪以后，在器乐音乐还没有完全成熟的情况下，人们已经用合唱来演唱多声部的复调音乐了。所以，无论是在教堂里作为宗教的工具，还是在宫廷里作为贵族的附庸，以及在后来的歌剧、交响乐中作为表演的重要手段，合唱这种表演形式都放射出它独有的奇光异彩。古往今来的作曲家，无不热衷于合唱的创作

并留下了大量的合唱精品。追溯合唱的发展历史，大致经过了以下这样的发展。

一、西洋合唱艺术的发展

（一）古希腊时期的赞美诗

这是大约在公元前6世纪开始出现的集体性齐唱的歌唱形式，也可以说是合唱的雏形。当时在古希腊人所举办的大型宗教节日中就已经有大规模的音乐作品比赛，但内容必须是宗教性题材。合唱表演其实也只是一种齐唱性质的集体歌

唱，内容基本上是献给古希腊神话传说中的勇士或酒神的祭祀性作品。同时也出现了由业余歌手组成的民间合唱团，他们除演唱宗教性作品外，还经常演唱一些新雅典戏剧中的作品。

（二）早期《圣经》时代的圣学团

这是以《圣经》经义为内容、伴随着基督教许多宗教仪式进行歌唱的集体性歌唱团体，也可以说这是人类最古老的合唱形式之一。典型的基督教仪式音乐是由赞美歌、祈祷经与圣诗构成。其中赞美歌是一种固定式曲调加以变化而成的，祈祷经通常是在一个群体固定的短小曲调外加上独唱歌手的自由发挥，而圣诗则多数是一些固定的曲调。宗教音乐的突破性始于中世纪之后半宗教音乐及民歌的大量出现，这为合唱向民间发展开辟了新的渠道。从基督教诞生，欧洲进入中世纪的宗教统治时期，歌唱开始被教会垄断。公元4世纪，罗马教皇西尔维斯特在罗马建立了世界上第一所歌唱学校。大约9世纪出现了最早的两声部的合唱，称"奥尔加农"。12世纪出现了"第斯康特"。

（三）天主教堂的弥撒曲

作为一种宗教式的音乐、文化，弥撒曲是天主教会最庄严仪式中的主要音乐，也是合唱艺术表演形式的重要来源之一。

13世纪起，欧洲开始盛行复调音乐，单声部旋律向多声部发展，多声部的合唱成为复调的主要形式，开始主要用于教会合唱团，为合唱的形成和系统地发展奠定了基础。最早的弥撒曲也属于单声音乐，到格利高里圣咏时期出现了领唱与合唱式表演的雏形，在经历了复调音乐漫长的四五百年后，14世纪在法国和意大利出现了世俗性的复调合唱，其代表是法国的"新艺术"流派和意大利的"牧歌"。尼德兰乐派的创始人是杜费，他改革了以前的三部合唱为四部合唱的基本法则。普雷把尼德兰音乐移植到意大利。尼德兰乐派十分注意合唱曲中每个声部旋律的流畅性，在演唱上也提高了对各声部的要求。演唱风格上有过去唱圣咏的庄严，生活气息由古朴变为华丽。

17世纪的弥撒曲表演形式已经发生了巨大的变化，从内容到形式都更趋于世俗化，作曲技法也从复调音乐风格逐渐转向主调音乐的创作领域。弥撒曲开始从刻板的圣咏曲调中慢慢摆脱出来而有了自由创作的空间。除教堂外，弥撒曲也出现在音乐会的舞台上，为现代的合唱艺术打下了良好的思想性与物质性基础。同时，17世纪中叶，康塔塔广为流传，从而取代了意大利的牧歌，成为社会生活中备受喜爱的音乐体裁之一；同时也被法、德、英国作曲家所采用。

（四）宗教仪式上的唱诗班

据史料记载，最早的合唱曲谱出现在1430年前后的《唱诗班歌本》，从中不但可以看出最早的合唱团是宗教仪式上的唱诗班，还可以看出当时的合唱性活动已经是经常性的演出形式了。但此时唱诗班的规模一般不是很大，有十人左右的两声部对唱式合唱，有20人左右的独唱与合唱或两个合唱团的交替演唱。到1520年前后则出现了两个合唱团同时运用的情况，并且在音乐创作上已经有了明显的主调音乐特征。这时的唱诗班规模也相当大，为康塔塔及清唱剧等大型声乐体裁的诞生做好了准备。16世纪的宗教改革促使教会重整旗鼓，加强了内部的组织以及对外的统治。宗教音乐尤其是声乐作品，在这个时期中有着重大的发展。中世纪的经文歌和弥撒，在巴洛克时期仍然被沿用，除此之外又出现了新的音乐体裁。

（五）歌剧舞台上的合唱队

17世纪初，一种新的音乐与戏剧相结合的形式——歌剧出现了，而合唱在歌剧表演中占有很重要的位置。随着歌剧艺术的迅猛发展，歌剧中合唱的地位更加提高，涉足的题材更加广泛，编制与规模更加扩大，歌唱的技巧更加完善，合唱艺术具备了独立表演的基本条件。到19世纪，合唱表演形式得到了空前的丰富和发展，使合唱艺术完全独立于歌剧舞台的契机已经形成，随之，专业性的合唱团开始出现了。18世纪中至19世纪，从宗教转向世俗，18世纪中至19世纪为古典与浪漫时期，世俗音乐占据着上风，在亨德尔之后，合唱队编制得到明显扩充。18世纪末的合唱音乐走向世俗化。由于浪漫主义时期民族情绪的高涨，对民歌的兴趣增强，十九世纪初法国大革命运动推动了合唱的创作。19世纪许多动人的合唱出自歌剧，戏剧意义得到很好彰显，这些合唱气势雄浑、旋律流畅、节奏明快。

（六）20世纪之后的发展

20世纪，合唱存在方式更为多样，传统形式仍被沿用，而新颖的样式层出不穷。于是，出现了一些关注二战、关注社会的合唱作品。不少敢于探索的作曲家在尝试创作新的宗教合唱音乐。

二、我国合唱艺术的发展

西方音乐文化的输入、西方宗教的传播、学堂乐歌的流行，是我国合唱音乐发展的必要条件，西洋音乐文化传入中国，曾有一段相当久远的历史过程。

最早大致可推至唐代"景教"的圣咏诵唱，而后经元代、明代，天主教传教士来中国传教，并向朝廷进贡大键琴（当时称为"西琴"）等西方乐器，至清初传教士汤若望帮助制作大风琴等，西洋音乐逐渐留下一定的影响。耶稣会教士南怀仁、徐日升为清康熙皇帝所重用并被任命为宫廷的音乐教师。在康熙敕撰的乐书巨编《律吕正义》的续编《协韵度曲》中，详细记载了由徐日升、德礼格传入中国本土的有关欧洲乐谱、乐理的基本知识。这些都可以说是西方音乐文化在中国撒下的种子。

鸦片战争之后，中国的大门在西方列强的控制下被迫打开，加上广大知识阶层对参照西欧体制实现改革求新的要求日益增长，为西方音乐文化的加速传入提供了新的条件。鸦片战争以后，我国各地建立的学校、教堂中，西方音乐的影响大大加强。比如，组织演唱许多著名的宗教音乐作品，并且普遍开设了传授西洋音乐知识的课程，有的还设置了专修音乐的"琴科"（学习钢琴，风琴等西洋乐器）。通过教会的一系列活动，传播了一些西洋音乐知识，也造就出一些掌握西洋音乐知识和技能的人才，对我国近代初期音乐的形成起到了一定的积极作用。

西方音乐文化传入中国，产生全国性的影响的主要途径仍应以新制学堂的建立和乐歌课的开设为重要的标志。由国外引进的群众合唱"学堂乐歌"形式，开始了现代中国合唱艺术的发展历史。当人类历史跨入大工业生产时期，合唱的表现形式也得到了迅速的普及和迅猛的发展。到了20世纪，合唱已经成为专业和大众化文化生活中其他艺术表现形式所无法替代的重要组成部分。群众性的歌咏活动、各种典型的合唱比赛，接连不断、层出不穷。这一时期的合唱以大型表演为特征，参与者包括社会各阶层，人数可达数百、成千甚至上万。

黄自先生于1933年写的清唱剧《长恨歌》是最早的大型合唱作品之一。作曲家冼星海的《黄河大合唱》在延安首演后很快传遍了全中国。这部作品无论是从中国合唱发展角度来看，或是从中国音乐史角度来看，都不愧为是一座拔地而起的高峰、一座令人倾慕和敬仰的里程碑。《黄河大合唱》在我国就创下了空前的壮举——1939年4月在延安陕北公学礼堂由"演剧队"几十人参加首演；同年5月在延安鲁迅艺术学院中央大礼堂就发展为百人合唱，至今耳熟能详、余音缭绕。其中《生产大合唱》《九·一八大合唱》和《牺盟大合唱》都是各具特色的合唱作品。

我国著名的合唱艺术家陆续诞生，李叔同，"五四运动"后的肖友梅、赵元任、黄自、马思聪、冼星海、新中国成立前后的贺绿汀、江定仙、瞿希贤、张文刚、王震亚、郑律成、李焕之、晨耕、刘炽、施光南、孟卫东等人，我国合唱艺术取得了辉煌成就。20世纪60年代初《长征组歌》至今已五十多年了。这部反映中国工农红军长征的音乐史诗，以其恢宏的气势、浓郁的诗意、真挚的情感、独特的风格，生动地再现了红军长征的历史，热情地讴歌了红军的崇高理想、钢铁意志、超人胆略和不屈精神。这部合唱作品在体现革命化、民族化、群众化的同时，以现实主义和浪漫主义、史诗性与抒情性相结合的创作技法及演唱风格，成为一部脍炙人口的合唱经典。

新中国成立以后，合唱事业蓬勃发展，建立了许多专业性的合唱团体，业余合唱也十分活跃。1958年由上海音乐学院肖白、王久芳、王强、张英民等创作的《幸福河大合唱》，荣获第七届世界青年联欢节音乐比赛一等奖，20世纪60年代初期问世的《长征组歌》主题鲜明、形式新颖，受到广大群众的欢迎。瞿希贤等作曲家们改编的民歌《半个月亮爬上来》《牧歌》《阿拉木汗》《乌苏里船歌》《远方的客人请你留下来》等等，都成为我国合唱经典之品，深受人们喜爱。同时还有大量创作合唱歌曲和套曲，使我们的合唱舞台繁花似锦、美不胜收。

三、合唱艺术发展现状

中国合唱艺术近二十年来的发展很快，合唱艺术日益被人们重视，群众基础越来越稳固，文化氛围越来越宽松，合唱艺术活动开展得越来越普及，专业水准也在不断提高。应该说，这是中国合唱艺术诞生一个世纪以来发展最好的时期，合唱始终以其群体性配合的独特魅力、多声部音响的色彩和声，吸引着无数音乐工作者以及音乐爱好者投入其中。而在当代的中国，合唱（专业性或群众性）早已进入我们生活的方方面面，无论是专业团体的阳春白雪，还是社区合唱团的自娱自乐，都是一派火树银花、热火朝天之景象。

特别是近年来，合唱艺术在艺术领域上取得了飞跃的发展，合唱事业出现了日益繁荣、蓬勃发展的可喜局面。各种合唱在展演比赛、合唱创作与理论研讨、基层培训、文化交流、协会建设等各方面都取得了长足的发展与进步。2015年，纪念中国人民抗日战争和世界反法西斯战争胜利70周年的合唱歌声响彻云外，歌唱和平、赞美富民强国的"中国梦"，描绘着人们文化生活的多彩画卷。"永远的辉煌"——第十七届中国老年合唱节在黑龙江省齐齐哈尔市成功举办。第十三届中国合唱节在成都举办，首开在西南部地区主办全国性合唱活动的先河。第六届海峡两岸合唱节在台湾新竹举行。第六届中国少年儿童合唱节、首届中国"和之声"合唱节和中山城市合唱节、国际合唱联盟亚太合唱博览会、中国南方（海口）国际合唱周、中国（三门峡）合唱艺术节、第二十一届京华之声合唱音乐会及云南第五届全国老年合唱邀请赛等多项全国性、大规模、多形式合唱活动，展现出当今中国合唱的骄人风貌。

在世界各种合唱大赛和交流活动中，"世界合唱比赛"是世界上规模最大的合唱比赛，被誉为合唱界的"奥林匹克"，总部设在德国的国际文化交流基金会，这一音乐盛会已经成为世界合唱音乐运动中最崭新、最有生命力、最有影响力的亮点。这一比，让来自不同种群、不同民族和不同国家的人们，用歌声把他们联系在一起，在一个自由的氛围里同台竞技；让汇聚在一起的人们在艺术上有一个激动人心和五彩缤纷的时刻，也让他们在竞技中不断追求更高的艺术目标。从1998年以来，共举办了八届的"世界合唱比赛"中，其中2006年第四届世界合唱比赛在福建厦门举行、2010年第六届世界合唱比赛在浙江绍兴举行。在2012年美国辛辛那提第七届世界合唱比赛公开赛17个组别的比赛中，中国参赛团队荣获金奖第一（与美国并列），同时还荣获金奖9个、银奖19个、铜奖3个的好成绩。在拉脱维亚首都里加举行的第八届世界合唱比赛上，来自中国香港的拔萃男书院合唱团夺得青年男声合唱组冠军，中国南开大学学生合唱团以一曲《霸王别姬》夺得情景民歌组冠军等等。近年来，国际性的合唱交流活动举不胜举，说明中国合唱艺术的水平已经悄悄地走向世界。中国合唱艺术以国际水平的风范，引领广大合唱团向着统一、和谐的合唱艺术方向迈进。

在音乐作品体裁的划分中，通常把用人声作为主要表现手段的音乐形式称为声乐作品。在声乐作品的表现形式中，又有很多细致的划分，如由一个人独立完成的演唱形式被称为独唱、由多人共同完成同一旋律的演唱形式被称为齐唱、由几个人同时完成几个不同旋律的演唱形式被称为重唱（有几个人、几个声部就是几重唱）。而当由两组以上的歌唱者共同完成两个声部以上的声乐作品时，则被称为合唱。"福州激情广场大家唱"主要的表现形式就是合唱。中国著名音乐家徐沛东曾经在中国福州海峡两岸首届合唱节闭幕音乐会暨颁奖晚会上的讲话中说："福州具有良好的群众文化基础，特别是以群众合唱形式为主的'激情广场大家唱'活动，近年来进行得如火如荼，在全国及海峡两岸有着广泛的影响。福州优越的地理位置和独特的人文景观，使合唱艺术的传播在这里有着更强的辐射力。基于这一共识，近年来，中国音乐家协会与福州市委、市政府共同推动了合唱艺术的进一步普及与发展，引起了社会的广泛关注。中国福州海峡两岸首届合唱节就是立足于福州拥有着丰厚的群众合唱文化基础，在当前海峡两岸文化交流进一步活跃发展的大好形势下共同主办的音乐盛事，其目的就在于全面展示中国内地、台湾以及香港合唱艺术的发展水平，促进合唱团队间的交流，推动合唱事业的繁荣发展，构建和谐热烈、健康向上的文化氛围！""福州激情广场大家唱"，每天都有数万名歌友在美丽的夜色中，从老歌唱到当代新曲，每一首歌都让人不禁热血沸腾，就连路过的听众也常常被歌声中洋溢的热情所打动，纷纷加入到歌唱的队伍中来。随着十多年的发展，有关部门常年对平台骨干进行专业培训，福州市委、市政府搭建平台，每年一度的福州市合唱音乐节、两岸合唱节、各种社会力量举办的合唱赛事、福建省音乐舞蹈节、激情广场合唱大赛等等一系列的合唱赛事的参与，使得激情广场平台的合唱水平有了很大的提高，合唱在激情广场平台中得到了普及，人们对合唱一词的理解和认同也越来越宽泛了。所以也可以广义地说：合唱是包含着同声的与混声的齐唱、轮唱、领唱、对唱、重唱，以及和声的、支声的、复调的、有伴奏的或无伴奏的一种集体演唱形式。从这个意义上讲，合唱既可以是一种非常普遍的群众性歌唱活动，又可以是一种要求较严格、技巧较丰富的高级声乐艺术。它能够培养人们的音乐听觉和素养、提高声乐演唱技巧、严格节奏与和声观念，更是加强集体协作能力的极为重要的手段。古人云："丝不如竹，竹不如肉。"《尚书》亦载："诗言志，歌咏言，声依咏，律和声。"可见，"歌唱"自古以来就是我们表达喜怒哀乐的最佳载体。在当前，以"合唱艺术"的推广来增进人们之间的团结协作、集体配合，达到声音的和谐共鸣，无疑是实现"中国梦"的有力"催化剂"。

第二节 合唱艺术的基本常识

一、合唱的种类

合唱艺术，在其漫长的历史形成过程中积累了极为丰富的表现形式，因而划分种类的依据也有很多种。

按音色的性质，可分为：同声合唱——包括男声合唱、女声合唱、童声合唱；混声合唱——包括男声加女声、男声加童声、女声加童声、男女声加童声。

按声部的数量，可分为：轮唱——二部轮唱、三部轮唱、四部轮唱以及更多声部的轮唱；合唱——二部合唱、三部合唱、四部合唱以及更多声部的合唱。

按人数的多少，可分为：小型合唱——小合唱（16人以下）、室内合唱（30人以下）；中型合唱——较多见的合唱队（30人至60人之间）；大型合唱——不多见的合唱队（60人至100人之间）；特大型合唱——一般多是临时组成的（100人以上）。

按表演的形式，可分为：有伴奏合唱——可用钢琴或其他任意一种以上有音律的乐器伴奏；无伴奏合唱——可用纯人声演唱，也可加进没有音律的打击乐器伴奏；有表演合唱——需要加进歌舞表演的合唱；交响合唱——由交响乐队伴奏的大型组歌或清唱剧。

按音乐的风格，可分为：宗教合唱——包括教会合唱，无伴奏教会合唱；民谣合唱——包括无伴奏民谣合唱、有伴奏民谣合唱以及有表演民谣合唱；爵士合唱——包括歌唱爵士乐和无伴奏歌唱爵士乐；现代合唱——包括二十世纪至今所有的合唱作品。除此之外，还有黑人福音灵歌、大众音乐合唱等多种。

二、合唱的声部划分

合唱最基本的组织单位是声部。每一声部是由相同或相似的音量、音色和音域的人声组合而成，声部在合唱中从事着部分的集体活动，使整个合唱音响在不同声部的共同合作下，进行着合唱作品尽善尽美的艺术再现。合唱组织中的各声部在音区、音域及音色上都有它们相互不同的个性，正是由于这些不同个性的结合，才为合唱作品在表现上提供了极其丰富而广阔的伸缩性和可能性。一般典型的混声合唱都由四个声部组成，通常称之为混声四部合唱。按记谱顺序分别为：

（一）女高音声部（Soprano缩写形式为S）

1. 音色特点

明朗、轻盈、抒情、秀丽，有较强的表现力；在高音区时可产生较强的穿透性音响。

2. 音域范围

从小字一组的c1到小字三组的c3，常用音域从小字一组的f1到小字二组的a2。

3. 主要任务

因为它是合唱的最高声部，所以常担任主旋律的演唱，通常称之为上外声部。

4. 注意事项

这是合唱中最重要的声部，由于音区较高，容易出现声音尖锐和歌唱位置低的现象。训练时要特别强调气息的支持、状态的打开和头腔共鸣的高位置。

（二）女低音声部（Alto缩写形式为A）

1. 音色特点

圆润、浓厚、温和、充沛，在保持高位置的头腔共鸣基础上，可适当加入胸腔共鸣成分，它给合唱带来温暖、充实之感。

2. 音域范围

从小字组的g到小字二组的g2，常用音域从小字组的b到小字二组的d2。

3. 主要任务

在混声合唱中女低音主要是对女高音起伴随和烘托使用的，在传统合唱的唱法中，常处于合唱的中间声部（通常称之为内声部），与男高音声部互相起取长补短、彼此衔接的作用。

4. 注意事项

这是一个较难演唱的声部，通常变化音很多，影响着和声的色彩变化，所以对演唱者的素质要求较高。

（三）男高音声部（Tenor缩写形式为T）

1. 音色特点

明亮、刚健、尖锐、清晰，但它同时又具备"轻声高位"的弱唱功能，使旋律有一种飘逸、柔和之感。

2. 音域范围

从小字一组的c1到小字三组的c3，常用音域从小字一组的f1到小字二组的g2（有时记谱比实际音高一个八度）。

3. 主要任务

在混声合唱中男高音主要是充实合唱的和声效果，同时也常单独地或与女高音相距八度担任主旋律的演唱，成为主旋律声部。

4. 注意事项

它虽有极为悦耳的特殊效果，但不能长时间使用，否则会削弱和声色彩。在男声合唱中常担任主旋律。

（四）男低音声部（Bass缩写形式为B）

1. 音色特点

低沉、浑厚、坚实、有力，胸腔共鸣稍多一些，越是偏低的音区音色越浓。

2. 音域范围

从大字组的C到小字一组的e1，常用音域从大字组的G到小字一组的c1。

3. 主要任务

这一声部就是合唱的最低声部，不论在男声合唱还是混声合唱中，主要担任和声的基础音演唱（通常称为下外声部）。

4. 注意事项

这也是个关键的声部，由于它的自然发声位置较低，音色容易突出，如不加以限制，就会破坏合唱整体音响的协调和美感。所以要加强训练其发声及共鸣的高位置和严格的音准，并习惯于敏捷的起声，使其自然地融于合唱整体音响的要求之中。在无伴奏合唱作品中更为重要。

三、合唱的队形排列

为了在合唱过程中，各成员及声部互相之间易于取得合作，指挥易统一，合理的合唱队形也是必不可少的主要条件之一。合唱的队形需要遵循一个重要的原则，即一切队形为了音响服务！指挥需要根据合唱作品的需要来调整演唱的队形，主要从声部的衔接、人员的比例、场地的设置等方面考虑合唱的音响，其次再去考虑队形的美观、动作的设计等。

合唱的队形一般分为两种：

一是比较传统的队形。传统队形是我们日常生活中较为多见的队形，高声部一般都在指挥的左侧，低声部在指挥的右侧，这样的音响比例比较平和，属于一般队形。二是有变化的队形。也有些合唱团采用弧形的队形，这样合唱队员比较容易听到其他队员的声音，同时整个合唱团的声音也比较聚拢。同时，根据演唱作品的内容需要，以现场意境为主要目的形成的错综形效果也别具一格。

（一）同声合唱的队形

1. 同声二部

    合唱队形1

高音声部	低音声部

指 挥

    合唱队形2

低音声部
高音声部

指 挥

2. 同声三部

    合唱队形1

中音声部	
高音声部	低音声部

指 挥

    合唱队形2

高音声部	中音声部	低音声部
高音声部		低音声部

指 挥

2. 同声四部

    合唱队形1

第二	第一	第二	第一
高音声部	高音声部	低音声部	低音声部

指 挥

合唱队形2

第二高音声部	第一低音声部
第一高音声部	第二低音声部

指 挥

（二）混声合唱队形

合唱队形1

第二 男高音声部	第一 男高音声部	第二 男低音声部	第一 男低音声部
第二 女高音声部	第一 女高音声部	第二 女低音声部	第一 女低音声部

指 挥

合唱队形2

第二 男高音声部	第一 男高音声部	第二 男低音声部	第一 男低音声部
第二 女低音声部	第一 女低音声部	第二 女高音声部	第一 女高音声部

指 挥

合唱队形3

第二 女低音声部	第一 女低音声部	第二 男高音声部	第一 男高音声部
第一 女高音声部	第二 女高音声部	第一 男低音声部	第二 男低音声部

指 挥

四、合唱的队员训练的基本要求

一个合唱队,首要的是每一个成员的音乐素质和歌唱基础,坚持从实际出发,以合理的标准来选择合唱队员,才能给合唱队的发展与进步奠定基础,从而不断地提高合唱队的艺术素质和总体水准。因此,合唱队员应有明确的思想认识,热爱集体、遵守制度,明确参加合唱队唱歌是集体活动,为追求集体的合唱的艺术而来,大家在一起共同创新合唱队的共性,不能突出个性。此外,还应根据不同合唱队的定位,确定选择队员的标准,既不能脱离实际而要求过高,也不要过多地偏离既有的水平。

(一)选择内容,主要是歌曲基础和音乐素质

1. 歌曲基础

在无伴奏的情况下演唱指定歌曲,考查音域、拍子节奏、音色和音乐表现的准确程度;用简单、必要的练声曲考查发声方法、音域扩展、吐字咬字等方面,为确定声部做准备,并了解存在问题和今后的发展。

2. 音乐素质

(1)模唱钢琴上所弹出的音高,了解音高感和听辨能力;(2)模唱(奏)所给的节奏组合,了解节奏感和模仿能力;(3)视唱指定歌曲,了解音乐感和视谱能力。

(二)训练达到的标准

1. 对歌唱要求的标准

(1)音色

根据听觉的经验,测定属于何种音色,如有的人具备高音音色,但是唱不高,再进一步了解是否属于发声方法或存在的其他问题。如果是方法问题,可以先唱第二高音声部(或放在低音声部,待有了进步达到高音水平后,再归到应在

的声部）；如果属于生理病变，则应考虑是否适合合唱队的需要。

（2）音域

这是最常用的考核标准。听一个人的高音和低音各唱到什么音，就决定他（她）所属的声部往往是片面的，因为一个人的演唱音域会受到心理因素和发声方法的限制，影响正常发挥，甚至使用不正常的方法以达到自己盲目追求的高音或低音，造成错误印象。应考虑是否能够通过训练和学习正确的方法，使音域有所发展，得到科学的认定所属声部。

（3）换声点的运用

换声点也叫"提位"，是指以自然状态由低到高演唱音阶时，都会在某几个音唱不上去的感觉，这里很自然地要增加气息的支持，加强呼吸部位肌肉的对抗和发声器官肌肉的控制，提高和更换共鸣位置，向上一个声区自然地过渡，否则就会导致挤压发声器官，喉结上升，以低位置唱高音，发出喊唱的声音，甚至声音破裂。这个界限的所在叫做换声点，是发声器官运动时的客观状态。每个人的换声点虽有不同，但总的来说相对统一，以相似接近的换声点来决定声部的划分是比较科学的。换声点高的人可能编入高音声部，反之则应属于中、低音声部。鉴别每个人的换声点，要求具有一定专业知识和经验的人才能胜任。

（4）声带结构

每个人声带结构因生理条件不同而长、短、厚、薄各异，有经验的医生通过器械可以看到，一般人难以认定，专业院校在录取学生时采用这种方法作为参考，专业合唱队因为无此条件，仅供大家参考。

（5）个性突出或错误的声音不易纠正不能吸收到合唱队中

①白、沙、摇、抖的声音，不能自我调整融合在合唱整体的影响之中，将会破坏合唱声音的统一，而且这种声音形成的原因是多方面的，不易克服，不适合合唱队。

②个性突出的声音在合唱队中也会影响声音的统一。所谓突出，是指发声虽没有毛病，可以唱独唱或演唱风格鲜明的民歌，甚至在合唱中可以领唱，但不能融合在合唱统一的声音之中。

③因生理或其他条件影响的声音，如鼻音、喉音、吐字及咬字不清、方言语言过重等，影响声音的融合。

2. 乐感。

对于音乐的感受和表现能力强弱的考核，是选择合唱队员的重要内容之一。有的人声音可以，但唱起来毫无感情，没有力度、速度和音色的变化；反之，有的人声音稍差一些，但歌声动听，富有情感。从某种意义来说，后者的条件可能还强于前者。

3. 视谱能力和乐理

能够看谱即唱谱或唱词，音高、节奏准确，有表现力，尤其对临时升、降、还原记号能够分辨并唱准。但作为业余合唱队，从不同的实际情况出发，过高的要求将会把许多具备歌唱条件但视谱能力较差的合唱爱好者拒之门外，视谱和简单的乐理知识可以在合唱队中得到提高，因此不要对这一内容要求过高。

第三节 合唱的技巧训练

有了对合唱的整体认识，有了合唱所需的声部，有了足够数量的人，了解了合唱的审美原则，并且在组织上也安排了合理的结构，这是否就能获得合唱所需的音响了呢？是否就能完整地表现合唱作品了呢？其实这只是有了一个起码的条件。要尽善尽美地达到艺术再现的目的，要获得绝妙的人声音响，还必须经过一系列的合唱技巧训练。当然，对合唱的热爱和对作品的理解也是完美演唱的重要条件，但它不能取代那些为阐明作品艺术构思而必不可缺的技巧上的素养。任何一个合唱集体、任何一个合唱队员，都必须正规地进行基本功训练，发展和提高合唱技巧。

一、呼吸的技巧

正确的呼吸是合唱（及声乐）技巧的基础。人们常说，不会呼吸就不会歌唱。古人亦云："善歌者，必先调其气。"这些都是强调呼吸在歌唱中的重要性，在合唱中更验证了这一点——因为不掌握呼吸的技巧，合唱团就不可能尽其所长。那么如何才能做到正确地呼吸呢？

（一）歌唱的姿势

首先应该要求歌唱的姿势。坐时，身体要直，不能靠椅背，不能坐得太实，双脚着地，要有随时起立离开座位的感觉。站立时，身体重心要保持平稳，两腿不能弯曲，更不能摇晃。不能过分紧张，但也不能过于松懈，身体各器官都要进入积极、热情的歌唱状态，面部表情自然、兴奋、向上。只有情绪高昂、没有杂念，才能造成合唱（歌唱）音响所要求的"乐器"形状，从而得到高的声音位置。

（二）呼吸的过程

呼吸的过程实际上包括吸气、保持、呼出三个部分。

1. 吸气

吸气时，横膈模下降，使胸腔底部向下伸展，两肋也有明显的向外扩张感觉。同时打开口腔和鼻腔，让气息深吸到扩大了的胸腔底部，控制在横隔模（腰部）周围等待呼出。

2. 保持

吸入的气息控制在胸腔底部的横膈模周围，在等待与小腹肌向里向上的收缩力相对抗的瞬间有一个屏住呼吸的动作，我们将这个动作称之为保持。保持的瞬间根据速度的快慢而有长、有短。

3. 呼出

呼出是依靠胸腔本身的弹性作用和胸腔呼吸肌肉向下的拉力，与另一方的小腹肌肉群有控制地向里向上收缩力的相互运动的结果。呼气时应注意，上胸不要给向下压或向里缩的力量，要尽量保持吸气时的扩张感觉，努力做到呼气缓慢、均匀、节约。我们把这种呼吸方法称为胸腹式联合呼吸法。

（三）呼吸的训练

呼吸训练，主要是要解决气息量、控制机能、气与声的结合等问题。它的训练可以通过多种途径。

1. 没音高的呼吸训练

这是一种单纯的呼吸训练，是呼吸训练的基础。歌唱的吸气量并非越多越好，而是应该在自然吸气状态下稍微增多、加大些。因此，不要把自然呼吸与歌唱呼吸对立起来。在吸气方面，歌唱与说话是比较接近的，差别的关键在于"呼出"。歌唱时的呼气比说话时要慢得多，并且要有良好的控制，力求做到"匀、慢、稳"。为了在集体训练时清楚地辨别队员吐气是否均匀，可在呼气时发"S"音进行。在合唱的训练中，应学会在各种状态下熟练而准确地使用。这一起声方法的基本要求是：起声积极敏锐，有气就有声，发声前要有瞬间的"保持"状态，声音要有弹性，字头要突出。

2. 舒起

柔和的、微微察觉到的开始称为舒起，也称"软起"。这是合唱中较有特色的一种起声方法，同样要求合唱队员熟练而准确地把握。舒起的基本要求是：保持激起时的气息状态，但在发声前给予适当的控制，让声音徐缓而出（有先出气后出声的感觉）。字头不要突出，发声不要有重音。舒起一般应用于非重音或以清辅音开始的音节，但更重要的还是要根据歌曲表现的内容和意境。

二、唱法的训练

有了合理而准确的起声，还要掌握不同的演唱方法，科学地运用发声器官，充分发挥其功能，才能对不同的作品有不同的情感色彩表达，从而丰富合唱的艺术表现力。

（一）连音唱法（legato）

连音唱法多用于抒情优美的作品之中，要求唱得非常连贯。同时，还须注意速度的平稳和节奏的鲜明，音量要均匀，旋律线的起伏要清楚，要保证声音和气息的流畅性。

（二）跳音唱法（Staccato）

训练跳音技巧时，要求发音短促而有弹性。跳音唱法可以采用各种母音来变换练习，但速度一般要稍快些，才能唱出"颗粒状"的感觉。

（三）强而有弹性的唱法（Martcato）

强而有弹性的唱法，是跳音唱法的进一步发展，可用于附点节奏及强音练习，也可用于保持音的练习。而它们的区别在于：唱强音时只强调音头，后面放松；弹得动作快，唱保持音时也强调音头，但后面保持；弹得动作慢，音与音之间要断开，不能连唱。这种唱法有一种内在的力量，适宜表现悲壮或压抑的情绪以及不屈的品格，也常应用于铿锵有力的进行曲之中。

（四）不连不跳的唱法（Non Legato）

不连不跳的唱法也是合唱表现中应用较普遍、较多的一种唱法，演唱要求是既不连、也不跳，速度一般是既不快也不慢，常用于叙事性较强的作品或段落中。

三、字正与腔圆的技巧

许多人在谈起合唱（包括声乐）训练时，总是把声音的圆润与咬字、吐字的准确作为两种技巧分别论述，而实际上在歌唱的过程中，咬字和发声是同时存在的。虽然它们不能等同，但也不能分割。分开训练很容易顾此失彼，造成"重声轻字"或"重字轻声"的观念错误，以致影响歌唱的效果。在此，我们试把它们结合在一种技巧里同时要求，或许能在相辅相成的训练中，迅速掌握这一关键性的技巧。

可以明确地指出，训练高位置的目的，就是要使合唱队形成一个相近似，相统一、没有强烈个性、含蓄而具有圆润声音技巧的歌唱整体。而要做到声音的圆润，歌唱者的口形起着很大的作用：开得过大，可能使声音发"散"，不集中，不但形象不美观，也不容易得到高的声音位置；开得过小，又可能咬不清字，声音被包住，影响共鸣效果。

（一）歌唱字正的概念

我们知道，口型是根据咬字而定的，声音的圆润也必须是在正确的咬字基础上而获得的，"字正"才能"腔圆"。那么怎样才是歌唱的字正呢？

我国声乐界有句俗话：以"齐"为本。就是说以咬"齐"字时的口形为基本原则，嘴角上翘，面部呈自然微笑状，口腔内要求软腭上提，保持"打哈欠"的状态。法国声乐家玛努埃尔·加尔西亚指出："清楚的发音动作是咬字清晰的最重要的因素。要使得咬字清晰易懂，朗诵时辅音要比说话时发得强些，唱歌时更要强些。"由此可以看出，说话与朗诵、说话与歌唱发音特点是不一样的，那么对字正与腔圆的理解和要求也就要有所区别。

说话时的字正，主要靠嘴唇、舌尖和牙齿的力量形成，它虽有亲切、清晰、自然等特点，但都是和卡住喉头、逼紧声带的力量连在一起的；说话时的腔圆，也主要是靠口腔和胸腔的力量而形成的，它虽然也有圆润、悦耳的声音效果，但位置较低，属自然发声法。又因为每个人的生理特点有别，若都以"自然"为依据，合唱队就不可能得到较好的、统一的声音。而且，说话的节奏一般比较平稳，字头、字腹、字尾都是按正常比例分配的，因此，它不能胜任歌唱，尤其是合唱的需要。

（二）歌唱咬字的特点

从生理上讲，歌唱咬字头时的喉头比较松、比较低，其着力点比较靠后，声音比较暗，但求于圆。与说话时的字头相比，有点夸张，而迅速进行到字腹。字腹的咬法，是在口腔圆的基础上，将声音着力点移到咽腔，变为咽腔的圆，它的力量是从前向后的，即"吸气唱"的感觉。字尾的咬法应该注意，它没有明显的收声动作，而是把字腹和字尾合在一起唱，直到下一个字开始前，随下一个字的韵母口形而略微调整，所以字尾只占很短的时间。

说话的咬字，是经过单字的声母形成（咬字）到韵母的送出（吐字），两个过程来进行的。而歌唱的咬字特点恰恰相反，它是先造成韵母的形态，然后在韵母的形态上喷发出声母，随即在原来的形态上唱出韵母。歌唱的过程就是行腔吐字的过程，也就是要求唱韵母时应达到的"声音圆润"。

在合唱的咬字、吐字训练时，应在上述理论指导下把握好字头、字腹、字尾的进行动作和时间比例，即头短、腹长、尾快，切不要有意识收声，以免造成声音的不连贯和中断感，影响歌唱的完整性和统一性。正如人们常比喻的那样：歌唱像一条流淌的河水，字头、字尾只不过是两边的树木和房屋，一闪即过，只有字腹延续不断。例如唱"前"（qián）字，字头q应在ián的口形状态上喷出去，然后口形不变唱"ián"（字腹），一直保持到该字音符时值终了。在发下一个字之前的瞬间，口形一定会有个动作，随着这个动作，字尾n就带出来了。

（三）基本母音的训练

歌唱训练的基本母音包括六个单韵母：a、e、i、o、u、ü。每个母音都有其不同的发音部位：

a（啊）：属于开口母音，着力于喉；

e（埃）：属于开口母音，着力于喉；

i（依）：属于闭口母音，着力于齿；

o（奥）：属于开口母音，着力于喉；

u（乌）：属于闭口母音，着力于满口；

ü（吁）：属于闭口母音，着力于唇。

由于发音部位的不同，便形成了不同的母音色彩。按照不同母音的色彩特征，我们又可以将它们排序为u-o-a-e-i-ü发声部位从里到外，色彩逐渐明亮；或ü-i-e-a-o-u，发声部位从外到里，色彩逐渐变暗。

在掌握了不同母音的正确唱法并获得了不同母音的色彩特征之后，另一重要环节便是练习不同母音之间的转换。可以先采用相邻母音过渡的办法，逐渐调整舌位和口形，但要尽量保持内口腔的打开状态不变或微变。

如：u　o　a　e　i　ü

（u+o—o+a—a+e—e+i—i+ü）

在正确、自如地唱好以上各母音之后，就可以调整母音顺序并与子音进行灵活的结合运用。

四、共鸣的技巧

发声离不开呼吸，同样，发声也离不开对共鸣器官的运用。

歌唱的共鸣，简单地说，就是气息摩擦声门（两片声带之间的部分）发出的声音，通过气流在各腔体里的共振而产生的现象。共鸣的好坏，与共鸣腔的大小和形状有着直接的关系。而共鸣的调整，主要取决于可变共鸣腔体的变化。有人说，共鸣是声音、吐字和情感表达的窗户，这话很有道理。因为良好的共鸣不仅能控制音高、音量和音色，而且对咬字、吐字、音准及声区统一等都有着积极的调节作用。

（一）共鸣区与声区的关系

歌唱共鸣器官基本分为三个部分，即头腔、口咽腔、胸腔。头腔是指软口盖以上的不变共鸣腔体部分（包括鼻腔、蝶窦、额窦），主要用于高音区的共鸣；口咽腔是指软口盖与喉头之间可变共鸣腔体部分（包括口腔、咽腔、喉腔），主要用于中音区的共鸣；胸腔是指喉头以下只能适当调整的部分（包括整个胸腔），主要用于低音区的共鸣。但歌唱时要求上下贯通，要有声音的整体观念，所以，要采用三个共鸣腔体的联合共鸣方法，使不同声区统一起来，强调声区之间在音色上的自然过渡，而不可以在某一声区里独立使用一种共鸣。

（二）共鸣的目的

研究共鸣的目的，是为了获得高位置的头腔共鸣，获得美好而圆润的声音。训练时，首先要强调掌握中声区的混合共鸣，可用"弱声唱法"和"哼鸣"训练巩固好中声区。从中声区向上发展时，应逐步调节口腔，使软口盖上提，保持"打哈欠"的状态，以便获得良好的头腔共鸣，形成声音的高位置。喉头在歌唱的运动中，应始终处于低而自如的相对稳定位置和喉头壁打开的状态。歌唱时，气息的上行力不会永远不变，音区越高气息的上行力越大，那么喉头的向下控制力就要等量的相对增大，喉头的相对稳定和打开，是声音上下贯通的基础。而打开鼻咽腔是获得头腔共鸣的关键。

实际上，打开喉头和打开鼻咽腔是用一个动作完成的，即"打哈欠"似的吸气动作。用这个动作不但能得到歌唱时正确的喉位和状态，还会感觉到喉头以上的共鸣腔体随咽腔的扩充，同时形成了向三个方向的扩张运动：一个是使下额、舌根、喉头一起随着横隔膜往下走，找到吸气的喉头位置；一个方向是将软腭、鼻凹、面笑肌三者呈微笑状向头部的前上方抬起，打开口腔；再一个方向是整个咽腔后壁在口腔上下打开的同时向后扩张。歌唱时，无论长音、短音，一个乐句或一个字，都要有共鸣的支持，而且要尽量统一在一个共鸣音响之中。由于人的自然音域或音色很有限，要达到艺术地歌唱，就必须扩大音域、美化音色，而共鸣腔体的调节和改变，是声区转换、扩大音域及美化声音的最佳方法。

（三）共鸣的训练

上述共鸣原理和共鸣训练，对每一个歌者都是必不可少的。而我们要讲的关于合唱的共鸣，是在此基础上的群体性共鸣。也就是说：合唱的共鸣训练必须建立在多声部的和声上，而和声性的训练又是建立在和声听觉上的。所以，合唱的训练从一开始就要注意培养听觉意识，发挥听觉作用，即人们常说的"用耳朵听着唱"。

1. 哼鸣练习

合唱中的哼鸣，既是造成合唱色彩变化的艺术手段，同时也是重要的基础技术手段。

首先，哼鸣是解决气与声统一的显著而有效的方法。正确的哼鸣能保持声带和气息对抗的平衡与协调，使"气"与"声"成正比，需要多大音量就用多少气，这是体会最明显的。同时哼鸣能锻炼发声的生理机能，然后在这个基础上再扩大，练哼鸣时在气息上要永远保持抬重东西的感觉，越是抬重东西越要憋一下劲，这种感觉就是对抗，即吸气后的"保持"状态。另外，哼鸣练习容易获得比较高的声音位置。

哼鸣练习的正确方法是：上下牙不能咬紧，双唇轻轻闭合，舌根平放，舌尖轻抵下齿龈；音量不要过强，有控制的气息支持，声音不要穿鼻而过，歌唱时鼻腔有轻微的震动感，好像声音从鼻腔上端的眉心处发出来的。这是歌唱发声的基础，其他母音都是在此基础之上慢慢张开唇部，即ma、me、mi、mo、mu来进行变化的。练习时要将所有母音向哼鸣状态靠拢。

2. 弱声练习

首先要让大家弄清楚，弱声绝不是虚声，它需要有良好的气息支持；弱声声音虽小，但声带却是拉紧的，同时一定要把其他所有的歌唱器官都打开（尤其是口腔），使气息向下的力与喉头向上的力产生相互对抗。弱声唱法可以避免由于气息过多地冲击声带而带来的损伤，可以克服听觉的主观性，可以培养内在的听觉能力，可以克服低音区容易垮下来等毛病。弱声唱法的最大好处在于：容易使歌唱者在自然状态下调整共鸣器官和声带的适度张力，从而获得"集中"、"平直"而"有焦点"的声音，形成歌唱的高位置。

用弱声唱法寻找高位置的头腔共鸣，应先从中声区开始，待中声区得到巩固之后再向两边扩展。要知道，好的高音是建立在良好的中音区基础上的，强而有力的声音是建立在良好的弱声基础上的。

弱声练习的具体方法是：用u母音找到声道通畅声音圆润竖起的头腔共鸣感觉，再以调整舌位的办法在u母音的基础上使声音靠前发出yu母音，坚持采用中弱、弱或很弱的力度进行，但声音不能虚，一定要有良好的气息支持。当u、ü母音得到巩固后，就可以加入其他母音的转换练习，但同样保持住声音的高位置和弱唱的原则。同时，在唱i母音时要想u母音的感觉和状态，唱a母音时要想o母音的感觉和状态。这些感觉与母音转换练习时的要求是一致的。虽然"弱声演唱"不是训练的最终目的，但对于合唱艺术来说，首先应要求具有良好的音质而不是音量。音量的大小只是一个相对的概念，只有获得良好音质的前提下才能要求音量的变化，而弱声唱法则是获得良好音质的重要一环。只有练好弱声唱法，才能真正掌握"有控制的歌唱"。

五、完整的合唱技巧的实际应用

合唱中介绍的发声技巧和发声方法，概括起来，就是气沉、高位、直声、轻声、靠前。

（一）气沉

气沉是吸气要沉到下腹也就是所说的丹田，不用胸部吸气，然后借横隔膜的控制小腹上压，两侧腰部向内压，向上顶着出气推动声带发声。气息的下沉可令发声饱满有力并有助于提高音高。

实际应用找感觉的方法是：两拳抵住腰部两侧，快速深吸气，感觉腰部向外扩张，将两拳撑开了；吐气时，发丝音不出声，顶住出气气流，感觉记住后，再做发声练习。

咳嗽时的吸气也是往下腹走的，找到这个感觉，可用咳嗽的方法发"贺"音，逐渐延长，这也是找横隔膜控制和胸腔共鸣感觉的有效方法。

（二）高位

高位是找打哈欠的感觉，吸进气后保持打哈欠的状态出气出声，也就是老师说的要"吸牢唱"。打哈欠是因为大脑缺氧了，这时的肺部需要大量进气，所以自然会吸气很深，本能地，软腭也就是小舌头向上提起，整个声音通道被松驰张开形成管状共鸣腔，这时感觉进气非常通畅。

（三）直声

直声是反对任何声音的波动，包括颤音、抖音和滑音。要令声音保持平稳唱出来。滑音也称作装饰音，如果在乐谱上没有标，就不能自说自话地发出这种声音。颤音、抖音和滑音都是一种习惯，同也也与气息不稳有关，对它们的克服性练习不是找感觉，而是改习惯。我们以前平时都是玩的独唱，独唱可以自由发挥，合唱不可以。

（四）轻声

轻声是用前三种方法唱出很轻的声音，轻声不是不用力唱，相反，是用力唱轻声，这是功夫了，没有正规的训练和长期的养成练习，很难做到。现在五六十岁的人，那个年代的经历，习惯于高歌唱响，以音高、声大为美。有些人爱唱卡拉OK，而唱卡拉OK最不好的就是把伴奏音量开得很大，要听到自己的声音就得大声唱，这不仅会唱坏声带，也养成了不适应于合唱的歌唱习惯。因此，以中老年为主要成分的业余合唱团最难控制的就是音量。合唱有所谓轻声出层次，弱声也高潮之说。

（五）靠前

靠前是声音往前送，让很远的人都能听见，这是个意念的感觉，唱的时候感觉声音是眉心上部的朝前上方送出去的。

如果你时常接触相当集中的发声训练，那么你就知道"正确地歌唱"的很多意义和方法——正确的呼吸、身体的紧张、喉咙的正确掌控、声音的位置、各个不同的共鸣等等。

总之，所有的方法都是为了同一个目的：健康地歌唱。每一个人都是不同的，所以每一个声音也都是不同的。作为歌者，你应该知道如何寻找和发现适合你和你声音的正确的技巧。另外，这也和你喜欢的音乐风格有关系，比如是流行唱法或是古典唱法。简单来说就是你必须保证你在歌唱的时候和之后并不感受到疼痛，轻松和快乐地歌唱。

第四节 合唱指挥的基本常识

合唱中的指挥是一个合唱团的核心和灵魂人物，是合唱团的支柱。合唱指挥接触的对象是一个群体，所以要求指挥必须具有团结精神和较强的组织协调能力。指挥不仅是合唱团的组织者、领导者，而且是合唱队声音艺术表现的再创造者，同时他又是一个表演者，所以作为一个合唱指挥，首先自身要具备较高的艺术修养、文学造诣及较高的艺术审美鉴赏力，方能使合唱队的训练达到科学性、思想性及艺术性内在与外在的完美协和统一。台上指挥的一招一式，看似挥洒自如、轻松浪漫，却凝聚着指挥内涵和对作品的理解能力，指挥的艺术造诣将直接影响合唱团的演唱技艺。指挥的工作几乎决定着团队的全局。总体来讲，指挥的任务就是声音的塑造和对作品进行二度创作。声音的塑造已经成为当今世界合唱风格塑造的重要手段，一部作品如何活生生地演绎出来并且给人美的享受，这就必须经过指挥寻找层次、发现特点、把握风格、推进高潮，同时做好铺垫。在指挥的手掌中引导出刚与柔、连与跳、强与弱、明与暗、快与慢等效果。并且在处理不同作品时要有不同的驾驭手段，首先就是引导团员演绎音乐作品，根据作品的原意引导合唱团团员对作曲家的创作思想、创作意图进行演唱，通过这个过程，充分展示音乐作品的思想内涵、音响构思和所造的音乐形象等等，把作品的思想、情感、精神、意境等完整地表现出来，传达给听众。同时更应具备敏锐的音乐形象捕捉能力和丰富的阅历（包括多种风格作品、民族音乐的掌握、人生感悟能力、较强的思考能力和设计能力）。其次是对作品进行二度创作。二度创造是指挥工作任务的又一组成部分。不同的指挥者，由于年龄、阅历、知识、审美标准、审美角度、思想方法、分析方法等多方面的不同，在整个艺术创造活动中，表现在对音乐作品的理解、解释和处理方法上会有显著不同。各自独有的音乐思想和性格特征，都会深深地渗透到音乐作品的表现与音响塑造当中。这种在尊重原作并充分表现原作音乐思想、音乐音响基础上巧妙、自然地融入指挥家个人音乐思想和新的创造，并更有利于深刻表现原作创作意图，扩展音乐表现力和实际演唱效果的艺术活动和艺术成果，就是指挥的二度创造。现代合唱的发展趋于多样化，有越来越多的合唱作品在原有的基础上进行二度创作，其表现出来的艺术形象让人耳目一新。《雨后彩虹》《长城谣》《满江红》等作品都是经过指挥的二度处理，才更有了"百听百形象"。著名指挥家陈国权教授指挥并进行改编了的《在太行山上》，他激情四溢、神采飞扬，每做一个手势，或快或慢，或上或落，或大或小，将旋律中的抒情性和进行曲风格表现得淋漓尽致，旋律中配以回响式的二声部，仿佛歌声在山谷中回荡，营造出此起彼伏、一呼百应的气氛。后段转入平行大调，豪迈的气势中又融入深情温柔的诉说，表现了军民鱼水之情……让现实的战斗性与革命浪漫主义有机而巧妙地结合起来。

那么，合唱指挥应具备哪些基本常识呢？

一、合唱指挥的击拍方法

指挥的动作要经过一定的手势，也就是指挥的"语言"，来引导合唱团员们对音乐的表现。指挥的动作要省，即根据作品的内涵、语气速度、力度的对比准确而精炼地去设计每一个动作，做到动作大小适度。"点"到情绪到，不去浪费任何一个设计的动作。准，即准确地把握作品的各种起拍、收拍、呼吸点、换气点以及你的预示和眼神、情感。美，即指挥的动作要协调、富于舞蹈性，动作要美观大方并有可欣赏性，将你内心的感情融会在你的动作之中，这样就会给观众留下美的享受。因此，指挥的动作姿态要端庄大方、雍容可亲、情感真挚，通过指挥的表演激发演员的情感，同时通过演员的演唱使观众得到最有价值的艺术享受。指挥的击拍方法有以下几点：

一是身体挺拔端正、两脚站稳、肩放松、腿稍分开，给人一种稳定感，达到一种外形和谐的美。

二是指挥的动作要适度，不要过分地夸张，尽量减少多余的动作，做到准确而精炼。通常是右手掌握节拍，左手提示各种表情，既有分工，又有合作。

三是根据作品的内容，指挥在处理作品强弱、动作上要有一种"重力向下、离心向外"，即重拍和强拍手势向下、弱拍和轻拍向外的动势规律。手臂不要抬得过高，基本上是在胸前，尽量减少大臂挥手，要以小臂带动手腕，肘关节作为上下运动的枢纽，手腕、手指的关节要灵活，并富有弹性，做到柔中有刚、刚中有柔。要掌握动作的中心部分是手腕。一般指挥快速的动作，主要靠手腕去表现，速度越快，动作越小。大臂主要用于速度慢、力度大、较辉煌、声势浩大的作品。小臂则根据作品强弱快慢的变化起到一个枢纽带动作用。

四是指挥的动作线条要有一定的技巧，富有音乐性。而不能太平铺直叙，太常规化、简单化。在学会图式的基础上必须掌握一定的指挥技能，动作要做到和你内心世界是相辅的，感受和动作是统一的，这叫做手中有拍，心里有内容。

五是指挥要善于调动每个合唱队员的积极性和挖掘出演员们最大的潜力，在作品的处理和表现上要有独到之处，从而体现音乐表现的最高意境。

六是指挥的拍子有明拍、暗拍。明拍是眼能看得见的拍子，而暗拍则是"隐伏"在心里的拍子，这种"隐伏"拍是靠你的感觉和心里节奏，使"点"到位，使合唱队员不但理解明拍意图，也能意会你暗拍中的拍点、节奏及情绪。

七是指挥要有案头工作。对作品要有分析能力，如曲式结构，调式、调性、段落之间的变化、对比。作品的内涵节奏、速度、力度、强弱、快、慢等，都要做到心中有数。千万不要"遍遍过、句句抠"，使演员对作品再也引不起新鲜感，这就是你排练的失败。

八是指挥要掌握好击拍子。简单地说，指挥的艺术就是起拍和预备拍的艺术，因为预备拍就给演员提示了速度、力度及情感。清晰的击拍点是指挥的灵魂，是音乐时值准确的体现。指挥的拍子、图形是永远不能改变的。但指挥的主观能动性和他巨大的潜能是取之不完、用之不尽的。无论快慢及各种复杂的拍子的交替，只要指挥能掌握好击拍点，合唱队就能达到统一整齐。

九是左右手的配合。一般是左手掌握感情，右手掌握拍子。要学会节省每只手的作用，如指挥单声部时，能够用单手完成的任务尽量不去用双手。右手准确地给予拍节，左手协助右手做起拍、止拍和加强音乐表情的作用，可协助某一声部延长而不影响右手的击拍，可协助指示各声部进入等。总之，指挥的双手配合应是均衡的协调、统一的完美。但要切记，虽然左手很重要，但右手准确的击拍仍占主要位置，两手的配合主功能仍属右手。

十是指挥的力度与速度。

1. 力度

一般地说，较强的音乐，指挥动作的力度较强，幅度较大，部位较高。相反，较弱的音乐，指挥动作的力度较弱，幅度较小，部位也较低。

2. 速度

音乐的快、慢可以表现不同的感情。因此，指挥动作必须有显著差别。

（1）较快速度

指挥时，在保持原有图式的基础上，将动作幅度缩小，拍点以手腕为支点，靠手掌来完成。如《保卫黄河》。

（2）较慢速度

指挥时，在保持原有图式的基础上，将动作幅度适当扩大，但拍点仍需由腕关节为支点，靠下臂与手掌一起完成。反射动作要柔和自如。如《我的祖国》的第一段的指挥。

（3）合拍指挥

有的歌曲速度很快，如按通常的指挥方法，虽可幅度缩小，但仍显得忙乱不安。这种情况，可改用合拍，即简化的指挥方法，可将二拍改成一拍，四拍改成二拍，六拍也可以改成二大拍。如《欢乐颂》《渴望春天》。

（4）分拍指挥

有的歌曲速度很慢，如果按照通常的指挥方法将幅度放大，指挥时仍会出现"等"拍子的动作间歇。这种情况，可改用分拍指挥的方法，将指挥动作进行详细分解。可将一拍打成二个半拍动作、二拍打成四个半拍动作。如《大路歌》。

二、合唱指挥最基础的指挥手势

（一）拍点

拍点是每一拍开始起唱的一瞬间，即指挥动作往下打的最低点。拍点一般是由手掌、手腕的弹性动作来表现的。拍点是用小圆点来标记的。

（二）反射

拍点富有弹性，拍点之后的动作称反射动作。前拍的反射动作，又为后拍做了准备。

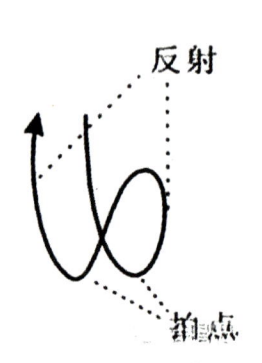

（三）常用拍子与指挥图示

1. 二拍子

在二拍子的乐曲中，强弱规律是一强一弱交替地出现。二拍子的特点就是单一、对称和方整。我们在演奏、演唱二拍子的音乐时，要准确地把握住它的基本强弱规律，要突出它的第一拍强拍，并要注意第二拍的弱拍，让这两拍有明显的对比。

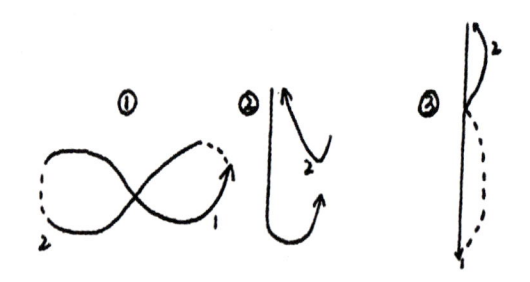

上图①②适用于较慢速度的抒情歌曲，③适用于较快速度的跳性歌曲。

2. 三拍子

在三拍子的乐曲中，其强弱规律是一强二弱，三拍子的乐曲显现出圆舞曲的风格特征，而慢速的三拍子乐曲又能表现出音乐的优雅与抒情性的特点。

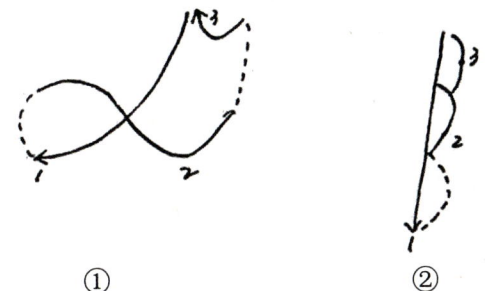

①　　　　　　　　　②

上图①适用于较慢速度的抒情歌曲，②适用于较快速度的活泼的歌曲。

3. 四拍子

四拍子的强弱的层次更加丰富和细腻，当速度较快、力度较大时有很明显的二拍子特点，而演奏舒缓的乐曲时又显露出它的抒情性特征。

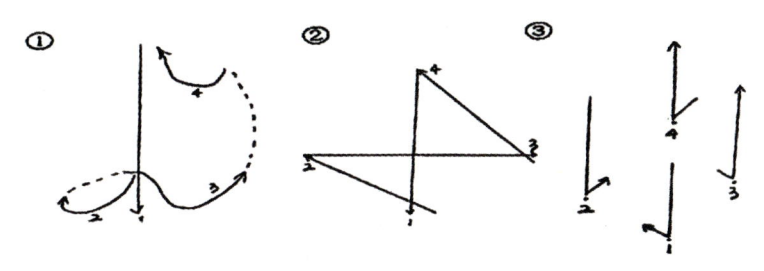

①　　　　　　②　　　　　　③

上图①适用于较慢速度的、庄严的或抒情性的歌曲，②适用于雄壮有力的歌曲，③适用于活泼、轻快的歌曲。

4. 六拍子

在六拍子的乐曲中，其强弱规律是强、弱、弱、次强、弱、弱。但同时它又是两个三拍子的相加，于是六拍子的律动又具备了三拍子的特点，当六拍子乐曲速度较快时，就更富有圆舞曲的特点。

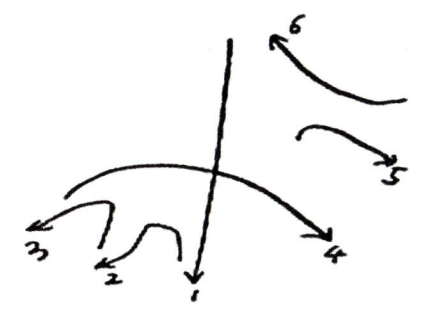

上图一般适合较慢性的抒情性歌曲。

（四）指挥的起拍与收拍

1. 起拍

为了使演唱者一开始就能准确地表达歌曲的力度、速度和感情，指挥者就要准确无误地打出起拍动作。起拍动作可以解剖为以下三个步骤：

（1）预备

双手平稳地放在胸前，手掌往下。

（2）起拍

也称预备拍，就是起唱的前一拍，提示演唱者吸气的时候，但这一拍的动作要体现出歌曲的速度、力度和感情。

（3）起唱

预备拍的后一拍就是起唱。常见的歌曲有强起、弱起和后半拍起三种。

①强起：预备拍点打在前一小节的弱拍上，如《故乡的亲人》。

②弱起：预备拍点打在前一拍的强拍或次强拍上，如《国际歌》。

③后半拍起：有两种情况，一是弱拍后半拍起，如《国歌》；二是强拍后半拍起，如《让我们荡起双桨》。

2. 收拍

全曲结束有个准确一致的收拍，这对整首歌曲的思想感情是否完满地表现，起到十分重要的作用。

（1）收拍的时值

为了唱足结束音，一般应收在后一拍的拍点上。如四拍结束的歌曲，要收在第五拍的拍点上。

（2）收拍的动作

要明确果断地将双手往下打出拍点，并往上反射成小圈。收拍动作在实际指挥中，还应根据歌曲的思想感情作线条设计。常用收拍动作有以下几种：

①经常采用左手停顿在终止长音第一拍的拍点上，右手继续按指挥图式挥拍，然后在后一拍的拍点上打出收拍动作。

②有时根据歌曲感情的需要，收拍小圈动作，可以提高至头部上前方。

③收拍动作也可不用左手，只用右手打出有力果断的拍点，显得干净利落。

④渐强的收拍法是将双手停顿在终止音的第一个拍点上，然后由下而上成倒梯形扩大，最后收拍。

⑤当歌曲的终止音只有一拍或半拍时，收拍小圈更要干净利落，不能收在后一拍上，而只能收在终止音上，即收拍动作和终止音一起结束。

三、合唱指挥应注意的几个方面能力

（一）具有良好音乐综合素质

具备良好的听觉能力和音乐感悟能力以及丰富的音乐基础理论知识和娴熟的视谱能力，并能掌握一些乐器演奏技巧（最好能演奏键盘乐器）。有了这些，才能训练出高水准的合唱队伍。

（二）具有良好的教学能力

合唱指挥的任务就是要指挥和引导合唱队员用人声来演唱出谐和、纯真、动听的声音。因此，作为指挥，除了自己能演唱出圆润、明亮、松弛的声音作为示范以外，还要及时纠正合唱队员不正确的声音，教会队员使用正确的发声方法，引导队员建立起科学而正确的歌唱状态，逐步帮助他们清除多余的力量和错误的方法，使整个合唱队的声音既有外声部的控制能力又有内声部复合音色的协调能力，从而真正体现出人声演唱的无穷艺术魅力。

（三）具有良好的经验和灵活应变能力

指挥要有广博的音乐历史知识、丰富的艺术实践经验和生活阅历，广阔的音乐视野，以及在舞台上遇到问题的临时应变能力。

（四）具有丰富的音乐表现能力

身为指挥，就应该要有广阔的情感世界、丰富的想象能力和较强的创造思维能力,以及沉着、机智、坚毅、果断的反应能力去引导团员演绎作品。掌握了解各时期音乐作品的风格特点,并像教师一样将自己的感受传授给歌唱者,从而进行作品艺术的完美再现。

(五)具有选曲的能力

曲目的选择和安排与演出的效果有着密切的关系,是合唱演出准备工作的一个重要的组成部分。专业合唱队或各方面条件较好的业余合唱队曲目选择余地较大,无论是交响合唱还是无伴奏合唱均能担负。但对于一般水平的合唱队来说,因受其条件的限制,曲目选择的余地就会受限制。一般来说,在选择曲目时,要考虑到这样几个基本问题:一是队伍所能达到的音域;二是声部的自然均衡条件;三是队伍的素质及演唱水平。对于一些主题音乐会、庆典音乐会,除了考虑上述几方面的要求,还要增加对内容主题、情绪和形式的考虑;若为某一纪念活动而演出或举行某某作品音乐会等,除了要考虑全部安排该作曲家的作品外,重点要考虑作品选择的代表性;举行合唱音乐会或专业性汇报演出,还要重点考虑选择艺术性强、技巧性强、作品风格、年代跨度和覆盖面宽、能够通过演唱较好反映合唱团演唱水平的作品;若是为参加比赛选择作品,除了注意以上问题,还要考虑新作品的比重,有条件时,尽量演唱新创作的作品;作品的长度也是要考虑的因素,所选作品的总时间长度应符合比赛规程的要求,避免比赛演出超出规定时间而影响成绩;为学生、工人、农民、解放军、社会群众等对象的演出,因其场合不同、对象不同,则应选择反映不同社会生活侧面、不同情感侧面、不同情趣、不同风格、不同欣赏层次的曲目,以满足不同人群的需要。这样的演出曲目易于被听众所接受,易于与听众产生共鸣,从而收到较好的演出效果。

人们常说:"没有不好的合唱团,只有不称职的指挥。"这意味着指挥的重要性。当前,面临着一个普遍的问题是:如何在广泛普及的基础上提高各合唱团(队)的艺术质量和表现力。在这之中,最重要的措施就是培训指挥。实践证明,一个具备较高音乐修养、较强表现能力和丰富经验的指挥能带领合唱队不断地提高和进步,这也是指挥工作者的共同奋斗目标。学习指挥,除了必须掌握视唱练耳、基本乐理、键盘和声、应用作曲技术理论、和声知识、合唱学、乐器法以外,还要向社会学习,要以作品反映的生活为依据,从思想和艺术两方面正确地理解和分析作品。指挥的一切形象思维必须来源于生活，抓准作品的风格特点，从内容出发，学会分辨各个不同时代人们的心理状态、生活情趣、风俗习惯、愿望和理想，通过艺术手段将它们统一完整地表现出来。

我国指挥事业的发展来自两方面，一是先实践后理论，一是先理论后实践。学指挥从理论到理论很难学会，从实践到实践很难提高，必须使理论与实践相结合，即图式与动作相结合、歌曲处理与排练演出相结合。因为只有在不断地学习与艺术实践中，才能提高自己的指挥水平。

第五节 谈合唱艺术中的"和谐"

合唱是一门多声部的声乐艺术，是声乐演唱的最高境界，它以其特有的协调、和谐和统一产生的极美的艺术效果和表现力，在声乐表演形式中力踞"群雄之首"。合唱对声音的要求很高，讲究整体声音的和谐、统一。当今世界合唱教学的风格成多元化，有的运用直声，有的运用美声，还有的是运用民族唱法等等。但无论是哪种演唱风格，均离不开音色的统一。要想达到理想的效果，就需要合唱团体长期规范训练，消除个性，强调共性。这不仅需要合作默契及有优秀的指挥等这些表层的因素，更需要"心神合一""音声合一""音质合一"的美学层面的因素支撑。合唱艺术以其独特美质和撼人心魄的力量观照着人们的生活。它以人的声音作为表现工具，并以此最大限度地呈现生活的万象风采。就心理层面而言，当人与人、人与自然处于双重和谐的境地，彼此同乐相谐时，人类必然获得情感上的愉悦。

一、合唱中声音的和谐

合唱中声音的和谐，主要指各声部在音准、节奏、音质、音色和声音强弱方面的相互关系，是乐音之间的融合度。这里所说的声音和谐，是指演唱的整体声音效果问题，而不是指和谐乐音科学构成的方法问题。

先说"和声"。音乐术语当中,"和声"的意思是音与音之间的抽象关系,以及它们给人们带来的听觉差异。想表达欢快的情绪需要用到什么样的和弦?想表达紧张的情绪呢?还是浪漫、温馨、恐惧……这是都是和声需要研究的内容。

再说"合唱"。音乐术语里的"合唱",指的是集体演唱多声部声乐作品的一种音乐总显。合唱最重要的特质就是"多声部",而不是单纯指"多人"。比如Boy'sIIMen的纯人声合唱作品,每人一个声部,那个也是合唱。一个体育场N万人一起唱国歌,那个不是合唱,那叫齐唱或者齐声,因为只有一个声部。

最后,为什么要唱多声部?因为2个音的音程虽然有协和倾向,但却是不稳定的。只有3个音才能稳定构成和弦,然后才能确定调性。然后音乐的基础才能建立起来,才能再去谈表现、谈内容。西方和声的基本结构是四部和声,就是确保一个声部作为旋律行进时,其他三个声部可以构建和弦对旋律进行搭配以及支撑,当然还有更复杂的复调对位等等。所以说,多声部是音乐表现的基础,是进行创意的空间。

合唱是一门群体艺术,它追求的是一种异口同声的艺术效果,它启发团结、和谐的集体意识和同心同德的团队精神。其次,合唱艺术是集歌词、音乐、演唱为一体的综合艺术,讲究音色整齐、声部统一、情绪一致、表演默契。这种特点决定了合唱艺术又是一种相互配合、相互协作的集体艺术。因此,在合唱训练时,无论从提高合唱者的音乐修养、丰富其想象力、扩大视野以及演唱能力和表演能力的提高,加强他们的协作精神和集体荣誉感,都是大有裨益的。

(一)音响的融合性

合唱艺术的重点就是一个"合"字,即对声部音准、音色和音量上的严格要求。

1.音准的融合性

培养视唱练耳的能力,由浅入深,有计划、有步骤地进行基础训练。从视唱练耳入手,学通乐理,弄清三种音阶、大小增减分解三和弦和各种音程的度数概念以及和声、转调等基本知识,培养扎实的歌唱素质。

2.音色和音量

用统一的发声方法进行训练,力求声音上的统一和谐。另外还要强调其共性,指导学会控制自己独特的音色,学会声音的融合,学会声部的协调。经过一阶段的训练磨合，不但逐渐乐于寻求自己的和谐声音，还善于倾听其他声部的歌唱，在音乐的流动过程中相互靠拢，默契配合，使每一个声部和谐得如同一个人，同时几个声部又浑然为一体，进而追求一种共同发出的美妙的音响。

（二）整体的协调性

合唱讲究整齐划一、完整流畅。对各声部节奏、速度和力度上，要严格掌握以下能力。

1. 节奏

节奏是音乐的重要组成部分，是体现音乐情绪、刻画音乐形象极为重要的因素。合唱不同于独唱，独唱注重个体、张扬个性，而合唱重在整体、追求共性。衡量一个合唱队基本的音乐素质就是看它在节奏上是否做到步调一致、和谐统一。培养合唱队员的准确、独立的节拍感和节奏感，平时的训练是关键。节奏学起来较易，其能力是可以通过学习、训练而有明显提高的。

2. 速度

速度在合唱里占有重要位置，同时又与节奏紧密相连，对于音乐情绪的变化、音乐形象的塑造有至关重要的作用。速度的训练和节奏的训练须同步进行。首先对音乐作品进行分析，分清快速乐曲与慢速乐曲在情绪上的处理，速度快的乐曲显得轻快活泼、热烈紧张，速度慢的乐曲郑重庄严、抒情宽广、伤感哀怨等等，甚至具体到不同段落之间的音乐变化该如何处理。解决了这些问题，才能把握艺术分寸，恰如其分地发挥自己的作用。节奏和速度掌握好了，对音乐的表现力就会游刃有余。

3. 力度

对于音乐的表现力，力度就意味着情感的起伏。前面提到合唱艺术是综合艺术，它是声乐艺术中最有表现力、内涵最丰富的一种演唱形式。因为它的旋律是多层次的，声部通常有2～4个，具有很强的立体感。它的音域宽，演唱形式也极为丰富。它的对比度可从较弱到特强。因此，力度掌握的好坏，会大大影响音乐作品的表现力。不同声部在力度上有不同要求。训练中要指导队员学会分工协作，学会与他人配合，树立整体观念，增强集体意识。

二、在演唱实践中，合唱声音和谐的具体表现

（一）音准、节奏准确

作曲家在创作中一般已经考虑到了乐音织体和谐的问题。因此，在演唱中，只有音准、节奏准确，才能达到声音匹配得当、协调融和，这既是声音和谐的前提保障，也是声音和谐的首要标准，更是整个作品声音和谐的重要体现，是合唱声音和谐的第一要求。

（二）个人之间（声部内）的声音和谐

和声是由每一个人的声音集合而成的，因此，和声的和谐取决于个人之间声音的和谐。要求个体声音松弛，共融性强，有共同的指向性，并且根据作品随机变化，做到如杨鸿年老师提出的"高而不挤，低而不压，强而不炸，弱而不虚"，个人与声部内绝大多数人同声，没有单声的突显，甚至一个声部近似一个声音，这既是整体声音和谐的重要保证，也是声部内声音和谐的最高表现。

（三）声部之间的声音和谐

整体声音的和谐取决于声部间的声音和谐。声部间的声音和谐，其一表现在进收声时机的精准度高，声部之间配合、穿插、烘托、映衬非常得当；其二是声音强弱的关系处理得当，在突出主旋律的同时，能鲜明地体现辅旋律的作用，最佳的尺度是能分辨出每一个声部的声音，不使任何声部的声音被其他声部淹没。

（四）音色、音质和谐

声音和谐要通过整体音色、音质的和谐体现出来，演唱者的音色、音质越近似于同一，则整体声音越和谐。

（五）气息和谐

气息是声音的动力与载体，气息和谐是声音和谐的重要保证，大家的气息和谐，才能保证音色统一、音量和谐。

（六）共鸣和谐

共鸣是美化声音的重要手段，共鸣音在位置、强度上协调、相似，才能在音色上接近，对声音的和谐有重要影响。

（七）发声位置和谐

大家发声位置的高度统一，从而保证声音的统一，而声音统一又是声音和谐最重要的基础。

（八）整体共振的和谐

是指在大家良好的气息、共鸣协同中，通过调整气息量及其冲击的部位，调整共鸣的位置和强度，达到同步同声进行，从而创造出如风，如潮，如管风琴般的谐振嗡声，这是合唱音效的至高境界。

（九）声音与作品意境和谐

即声音与作品所要表达的意境、情绪、情感达到最佳的结合，从而使歌词、旋律所承载的意境、情绪、情感得到充分、恰到好处地展示，产生令人感动、振奋、共鸣的效果，这是合唱追求的最高目标。

三、在合唱实践中做到声音和谐的条件

（一）人际和谐

人际和谐是声音和谐的内在动力。包括大家有共同的理想追求，意志统一，合作、奉献精神强，相互关系融洽。还有各个声部人数配备合理（有时需要根据作品表达的需要调整）。人际和谐才能更加默契地合作，从而为声音和谐奠定基础。

（二）保证出勤率

出勤稳定是声音和谐的重要保障。出勤稳定才能声音稳定，而声音稳定是声音和谐的前提。否则，声音和谐会经常被打破。

（三）践行共同理念

共同理念是声音和谐的心理导向。声音和谐需要有共同理念指导。相关理念如：只有我们没有我的理念，互相靠拢、集体创造最美和声的理念，规避个性、张扬共性的理念，技术上高位、直声、轻声的理念，标准上追求统一、平衡、和谐的理念，等等。人们在这些理念的指导下，才能主动按照这些要求调整自己的声音，从而达到声音和谐。

（四）高水平的指挥

指挥的音效标准和调控声音的水平是声音和谐的关键因素。合唱团的声音在很大程度上靠指挥的指引、整合、校正、掌控。指挥对和谐声音的理解与掌控水平直接决定着大家声音的和谐度。

（五）确立形象的声音和谐标准

形象的声音标准是声音和谐的直观的参照目标。要想达到声音和谐，必须有形象的参照音，这就是经典作品所展示出来的最佳声音。在合唱排练中有了这样

的参照样板，大家才能更加明确地知道应该怎样调整自己的声音，进而逐步达到理想水平。

（六）高度协同

歌者高度协同是声音和谐的关键一环。走向声音和谐的过程，就是大家的声音向统一的标准靠拢的过程，也是大家的声音互相靠拢的过程。所以，在排练中，大家要善于互相倾听，善于规避个性，逐步向标准的、指挥要求的、大多数人的声音靠拢。这是声音和谐"百米冲刺"的过程，非常重要。

（七）千锤百炼

千锤百炼是声音和谐的必由之路。和谐的声音难以获得，需要千锤百炼，不断磨合。所以，大家要不厌其烦地反复磨练，不能急于求成，不能没有耐心。谁下的功夫大，谁有锲而不舍的精神，谁就能更快地达到声音和谐。

（八）努力做到声音的统一、平衡

统一、平衡是声音和谐的根本保证和首要因素，也是声音和谐的突出表现。声音的统一、平衡，包括音准、节奏、音量、音质、音色、气息、共鸣、发音位置、情感的全面统一、平衡。这需要经过反复磨练获得。排练的主要任务就是解决声音统一、平衡问题。

（九）正确理解作品

正确理解作品是声音和谐的重要条件。声音和谐需要把演绎技术与作品特色、意图、旋律要求高度吻合。而正确、深入地理解作品是正确表现作品的前提，只有深入理解了作品的特色、意图及旋律要求，并恰当地投入情感，才能正确、出色地演绎作品，实现全方位的声音和谐。

四、合唱中体现的全面和谐与默契

博鳌亚洲论坛2015年年会上，中国国家主席习近平作主旨演讲。"'一带一路'建设秉持的是共商、共建、共享原则，不是封闭的，而是开放包容的；不是中国一家的独奏，而是沿线国家的合唱。"习近平主席用合唱来形象地比喻"一带一路"合作共赢的新理念。比喻"共"的观念，合作共赢、互利共赢、共同发展、同舟共济、共克时艰、共襄盛举等等；比喻亚洲安全上的"共建、共享、共赢"之路，和"一带一路"建设中的"共商、共建、共享"原则，这种比喻无形中是对合唱中和谐因素最有力的肯定，非常贴切。合唱艺术，原本就是默契配合、相辅相成、同心同德、群策群力，让所有人相互配合、相互呼应。习近平主席在博鳌亚洲论坛上提出"一带一路"不是独奏而是合唱，证明合唱不仅已经关系个人情怀，更是群体的大家概念。合唱队里没有"我"，只有"我们"，需要大家像织网一样团队协作、共同打造。这与"一带一路"建设秉持的共商、共建、共享原则多么的契合！这是我们以国家名义号召的一场全球的合唱！

先从人的本性说起。人是社会性的，人需要一个集体、一个群，特别是现在的社会，也许很多人患有不同程度的"个人存在缺失症"，需要在与人的交往中证明自己的存在。而合唱，却是一个特殊的群体，它建立在共同美好的爱好之上，没有利益之争，没有尘世之俗，让你的身心沐浴艺术的洗涤。这就是一种人们需要崇尚的方式——因为合唱可以给人带来社会功能，合唱艺术在训练和演出过程中，能让人深切地感受到艺术之美、和谐之美、生活之美、人性之美，感悟到个人对集体、社会、人生的责任和价值；合唱艺术不仅让人学会了欣赏美、感受美、创造美，更使人体验到了做人的真谛，让每一个参与其中的人终生受益。

（一）合唱能陶冶人的情操，增强人们的审美能力

合唱艺术可以对人们进行审美教育，能够陶冶人的情操，并使人的心灵得到净化。人们能通过在合唱作品中的训练和表演过程中，直接感受作品所要表现的内涵，促进自我情感的抒发，有效地陶冶情操、激昂斗志、净化心灵，达到增强审美能力的作用。

相比其他声乐艺术形式，合唱艺术有着音域更宽、力度更大、气息可以无限长、音色更加丰富多彩的特点。由于其多声部的原因，使其更富于旋律美、节奏美、复调美、和声美，每一部合唱艺术作品都有着极其丰富的艺术表现力，以及很高的艺术价值和审美价值。人们在合唱演唱时，无时无刻不被其表现的内容和情感所感染，心灵被"唤起"着共鸣，思想得到了阵阵升华。合唱艺术以其独特的艺术表现力和近乎完美的协调、统一、和谐的"天籁之音"，陶冶着和净化着人类的灵魂。

（二）合唱艺术能够培养人们和谐共处的意识和精神

合唱艺术是众多合唱队员之间相互配合、相互协作的一种集体活动；也是利用每一个合唱队员及合唱队各声部彼此之间的相互依存、协和统一，来创造整体音响、塑造音乐形象、表达思想情感的艺术形式。合唱中的高度协调、谐和统一，能够使人们增进和谐、培养团队精神，有助于培养集体主义观，激发爱国主义热情，有利于和谐社会的构建。

合唱艺术是建立在每一个个体的基础上的，只有处理好个体与整体之间的关系，使整个合唱队的声音平衡、统一、协和，才能达到合唱艺术的审美特征、状态。这需要，也能够培养，每一个合唱参与者具有明确的独立意识和集体意识，以及很强的协调精神和能力。在合唱艺术审美表现中，这种既能明白自己在做什么的独立意识和能力，又能随时根据整个合唱艺术状态的需求进行协调配合的精神和能力，无疑对建立自我和谐人生、构建人类和谐社会有着巨大的、不可估量的价值和意义。而这正是合唱艺术最独特的无穷魅力！

五、合唱的"歌唱对象"

我国现代合唱艺术已有百余年的发展路程，其过程有兴有衰、有勃兴有眠期。时至今日，"忽如一夜春风来，千朵万朵压枝低"，我国已一跃成为世界合唱大国。中国合唱协会副理事长李小祥曾说，我国的合唱队伍构成有社区的、街道的、企业的、高等院校的、中小学的、各级党政机关的，有专业级别的，有群众歌咏式的，人员有流动，层别有交叉"合唱的独特魅力讲求群众性配合，个人的演唱水准再好，也要融入到其他人的声音里，讲求和声的通透、纯美。而这种对多声部的完美配合很符合当今我国政府提倡的和谐，加上音乐的力量，让合唱这门艺术充满正能量。"时下，欧美发达国家很是流行合唱，甚至连无伴奏合唱的形式都成了非常流行的形式。几乎每所大学都有专业的合唱团，几乎每所中小学都有成建制的半专业合唱团，甚至很多社区都有固定的、演出水平很高的业余社区合唱团。他们为不同的"对象"而歌唱，唱出了满满的"正能量"

（一）为团队精神的塑造而合唱

合唱的关键是合。即便整个团队人人个性特别、音色优美，但最后都得合，还必须合成和谐、优美、动听的整体声音。为了这个整体声音或整个团队的声音，无论哪个人或哪个组的声音多么动听，都得顾及整个团队声音的需要，否则各唱各的，整个团队发出的就是刺耳的吵闹声。这个时候，我们就必须和只能顾及团队，忽略个性。但忽略个性并不等于抛弃个性。为了整个团队的发展，还得请个性的个体发出自身优美的、和谐的、团队发展需要的声音，以达到团队整体的、美好的目标。在这个过程中，团队利益每时每刻都是最高利益，而团队精神也一次次因为艺术效果的需要而得到强化。

（二）为优秀人格的塑造而合唱

在当下的中国，由于独生子女现象突出，很多人不健康地追求个性自由和解放，很多成年人和未成年人都或重或轻地染上了"自我为中心"的心理疾病。这种自我为中心的无意识心理表现出：容不下自己情绪感觉器官里排斥的东西（哪怕是根本就无对错的东西），人们更多地把"感觉"和"反感"等词挂在嘴上，以自己的情绪体验取代科学的是非观，甚至不愿为自己的情绪感觉留一点甄别的时间空间。这是一种严重的人格缺陷。而合唱恰是医治这种人格缺陷的良方。在日本著名的NHK合唱团的排练室里，每个参观者都会见到这样的标语："合唱团里没有'我'，只有'我们'。"这条标语给世界上所有去参观的各国专家留下了深刻的印象。

（三）为培养合作意识而合唱

合唱是一个不需要说教的群体教育，这个群体教育里有广泛的合作意识的培养功能。合唱里通常都有几个声部的分工，有领唱、烘托唱的分工，有群体演唱、伴奏、指挥的分工。这里不能顾及个性心理，只能强调艺术需要的合作。不愿合作，不能合作，在伴唱与领唱、高声部与低声部、指挥与演唱者、伴奏与指挥及演唱者等的诸多合作中的项目就无法完成。所以，合唱离不开精诚、愉悦的合作。当然，在现在、未来的诸多工作领域中，没有合作将一事无成。

（四）为拥有开阔的心胸而合唱

合唱排练里非常需要开阔的心胸。在合唱排练过程中，我们不得不一次次忍受：因为其他人没有达到指挥的要求而被迫多次中断自己美妙的歌声，多次重复自己早已合格的声音；这个过程中同伴带给自己的连带麻烦自己还得一次次忍受并继续愉悦歌唱。当自己终于听到整个团队发出和谐而优美的歌声时，过程中的不愉悦不再被人提及，大家一起沉醉、自我感动在团队美妙的歌声中，此时我们的心胸、情操得到一定程度的升华。

（五）为个性与共性的和谐发展而合唱

无论多么强调共性的钢铁般的团队里，都会有鲜明个性的光芒时时闪耀。而忽略甚至压制这些闪耀光芒的个性只会让团队走向必然的衰败。所以个性与共性是否和谐发展，历来是被专家、学者用来考量一个团队事业是否成败的关键。在合唱里，共性被得到最大化的呵护，大家必须为了整个团队的声音而修正自己的声音，大家首先必须发展共性。但同时，也得更加科学地尊重个性的声音；比如合唱中的高低声部、领唱等等个性化的声音，这个时候的个性如果没得到好的发展，那么团队的特色、竞争力将大打折扣。所以，个性与共性充分和谐的发展对整个项目的发展至关重要。

瑞士心理学家荣格曾经说过，"原型"或集体意识逐渐形成之时，都遵循着某种固定结构的仪式感，这种仪式感能够最大程度调动每个射出其中个体的感受敏锐度及情感共鸣幅度……平时欢脱的人，一上合唱就特别能端出一种范儿来，像我们今天说的合唱，大家都会在现场氛围的触动中，感官变得敏锐起来，情感也更容易激动，有助于迸发出积极、正面、向上的合力。所以，合唱活动之所以经久不衰，是因为它能催人奋进。负能量满档的人，不妨去组个局，让世界温柔相待和温柔相待世界，有时候就隔了一个合唱的距离。

第七章 艺术鉴赏

第一节 音乐与生活

随着城市化的不断发展和人们生活水平的不断提高，人们在满足一定程度的物质生活的同时，对精神生活有了很大的需求，欣赏音乐也是这种精神娱乐很重要的一种手段。

我们的生活中到处都充满音乐。无论在喧闹的街头还是在独居的小室、浪漫情怀的咖啡屋、休闲会所、大众的美食餐厅、公园、广场等，也无论是有声的音响还是心中不时出现的旋律……那些美妙的乐声，有时令人振奋，有时使人惆怅，音乐使人们体验到情绪的共鸣甚至是情感上的升华。音乐有时还会使我们陷入沉思，随着旋律的跌宕起伏，想起遥远的过去，想象看不见的未来。音乐好像有一种神奇的魔力，让疲倦的人们就像在沙漠中见到绿洲一般，忘却旅途的困顿，让清凉的音符遮住灼人的烈日，享受紧张生活中的小憩。在社会生活中，音乐还被赋予各种特定的功能，从民间的婚丧嫁娶到庄重的国事活动，音乐都是必不可少的部分，古往今来，无论在哪个国家，概莫能外。

一、音乐与思维

近年来，人们在用音乐促进大脑发育方面有了更深的研究，结论得出：人类大脑能欣赏音乐的构成，同时也是保证他们进行复杂运算、图画或建筑设计的脑组织。

音乐不仅是一种艺术和娱乐，还是一种渗透力极强的教育工具，经典音乐能激发96%还在沉睡中的大脑潜能，让智慧与感性的右脑得以发挥巨大的记忆力与想象力，辅助偏重知识与理性的左脑。如此将能激励右脑发放出比左脑高出100万倍的功能，把一般人只能开发约4%的大脑全面加强提升，从而达到左右脑均衡协调发展的目标。

巴洛克音乐的旋律富有表现力，追求的是宏大的规模，雄伟、庄重、辉煌的效果，主要表现形式为"通奏低音"。巴洛克音乐每分钟约60拍，与我们人类的脉搏与呼吸频率大致相同，使我们的脉搏和呼吸在这一节拍上趋于中和与稳定。巴洛克音乐的低振幅、低频率又可以诱发与增强我们大脑中的"α"波，促进脑内吗啡的分泌，使大脑进入最活跃的状态，让人进入一种超级脑能境界，能让学习、记忆和创造性思维获得充分地施展，从而大大提高大脑的效率。由著名的保加利亚心理学家、教育家乔治·罗扎诺夫创造的风靡世界的暗示学习法中，采用的就是巴洛克音乐，它可以帮助吸收、消化、记忆与运用知识，并获得了惊人的效率和成果。在巴洛克音乐的背景下学习，学生每天最多可以轻松地记住大约3000个单词，在3个月之后还能够记住大约80%。罗扎诺夫根据学习的不同需要，将乐曲分为主动音乐（主要用于学习）和被动音乐（主要用于记忆）。该音乐播放以约40分贝为宜。

总而言之，音乐与大脑的关系，主要体现在以下四个方面：一是开发左右脑，刺激神经元，激发大脑潜能，让大脑更加灵活；二是可以强化注意力、激发想象力，促进感知能力和增强记忆力；三是让我们产生美好、愉快的心情，排除杂念与干扰，让大脑放松，使创造性思维更加活跃；四是音乐能够让我们的心情平和、安静，对开发智力与学习有很大益处。

美国的几项研究证明：大脑中许多与学习相关的联系，可以在婴幼儿时期用古典音乐去激发。

古典音乐不仅仅是文化修养的问题。听莫扎特、贝多芬、舒伯特、韦瓦第等古典名家的曲子，能够激发人的创造性和理性思维能力。

大脑科学的研究表明：音乐的波动能以生物电的形式影响人的记忆神经元，像架设桥梁和网络一样，它可以使大脑神经元上的突触数增加、轴突变粗，从而改变大脑进行信息交换和加强思维能力的物质基础。

美好的音乐给大脑一个好的思维基础，使人的性情和智力得到优化；而躁动的音乐产生的作用正好相反。

音乐可激发人的心智。当你需要振奋精神时，音乐就是你的振奋剂，它能激发你的灵感，使你在学习遇阻时利用音乐帮助自己脱离困境，使自己从沉闷中转入心旷神怡的新世界。同时，还为学习者创新能力的培养奠定了基础。通过欣赏，发展了智力、形象思维能力，也启迪了演绎推理能力。

二、音乐与健康

西方有一位哲人认为：世界上有两件最奇妙的东西，那就是数学和音乐。数学用0~9这十个数字来表现逻辑的世界；音乐则用C~B这七个音符来表达感情的世界。音乐这种声音的艺术，从原始的歌唱到后来的器乐乃至今天的乐队，在不同的社会背景下都会激起人心的波澜。

音乐，能陶冶情操，培养高尚的品德，有助于身心发展。听音乐使人愉快、心旷神怡，得到美的感受。听音乐不仅是一种娱乐活动，更是一种有效的保健养生方法，具有生理作用、心理作用和社会适应等多方面的治疗效果。

在生理作用方面：音乐可以调整睡眠、缓解疼痛，协调神经生理功能，提高全身生理运动机能。

在心理作用方面：音乐可以释放负性情绪，引导身心放松，改善注意力、判断力和记忆力，振奋精神，寻找自我美好体验，纠正不良行为，完善健康人格。

在社会适应方面：音乐可以摆脱孤独，沟通情感，交流思想，增进社会交往能力，适应社会，获得满足，从而获得身心健康。

不同的音乐能激发不同的情绪。如雄壮豪放的进行曲能使人志增力勇、催人进取；旋律优美的轻音乐能使人心旷神怡、轻松愉快。经常听音乐，还能影响人对客观事物的态度和评价，有利于改善和协调人与周围环境的关系，锻炼人的注意力和记忆力，丰富和启发人的想象力和创造力。

有些心理学家推荐一些名曲，认为它们对调节生理和心理方面有一定功能，并且有一些辅助治疗疾病的作用。比如广东音乐《花好月圆》《欢乐舞曲》和外国名曲中穆索尔斯基的钢琴组曲《展览会中的图画》、泰勒曼的《餐桌音乐》、莫扎特的《嬉戏曲》等，具有增进食欲的作用。《假日的海滩》《矫健的步伐》《锦上花》，以及维尔第的大提琴协奏曲《四季》中的《春》、德彪西的弦乐组曲《大海》和海顿的组曲《水上音乐》等，具有消除疲乏的作用。巴赫的《幻想曲和赋曲》（G小调）、圣·桑的交响诗《死亡舞蹈》和斯特拉夫斯基的芭蕾舞组曲《火鸟》的第一乐章等，具有消除焦躁不安的作用。有人认为，对于高血压、冠心病和经常心慌的病人，下列乐曲具有镇静、舒心的作用：《平沙落雁》《春江花月夜》《雨打芭蕉》《姑苏行》《江南好》以及小提琴协奏曲《梁祝》中的《楼台会》《化蝶》等。对精神萎靡、情绪忧郁及沮丧者，可用情调欢乐、节奏明快、旋律流畅、音色优美的乐曲，来达到解除抑郁、振奋精神的目的。如广东音乐中的《喜洋洋》《步步高》《金蛇狂舞》《采茶扑蝶》《娱乐升平》及轻音乐《欢乐的天山》，国外名曲中莫扎特的《第四十交响乐》（B小调）、西贝柳斯的《忧郁圆舞曲》和格什文的《蓝色狂想曲》第二部分等。贝多芬的《第五钢琴协奏曲（皇帝）》（降E大调）、瓦格纳的歌剧《汤豪金》序曲等具有增强自信的作用。莫扎特的《催眠曲》、门德尔松的《仲夏夜之梦》和德彪西的钢琴奏鸣曲《梦》等，具有催眠作用。民乐名曲中的《二泉映月》《平湖秋月》《烛影摇红》《春思》等曲目，也有类似作用……

　　近年来有许多科学家通过科学研究证实，音乐对人的身心健康有着积极的作用，音乐还有很多奇妙的功能。

　　美国一位医学家曾统计了35名美国已故著名音乐指挥家的年龄，他们的平均寿命为73.4岁，高于美国男子的平均寿命5年。据德、意等国家的调查，经常听音乐的人比不听音乐的人寿命通常要长5～10年。

　　音乐治疗法已经在很多国家盛行，医学界通过临床实验认定，音乐对放松身心、振作精神、诱发睡眠等，都很有实效。在生理上，音乐能引起呼吸、血压、心脏跳动以及血液流量的变化。有一些类型的音乐还能刺激身体释放一种内啡呔天然鸦片制剂，可达到松弛身心和纾缓疼痛的效果。

　　1972年，波兰政府根据几位病理学家和音乐学家的建议，设立了第一个"音乐治疗研究所"，颇见奇效。不久，英、美、日等国有医院也随之采用了音乐治疗的方法。比如，每日饭后听3次音乐，能治疗神经性胃炎；给患高血压病者听抒情音乐，可降低血压；给受了惊吓的人听柔和轻松的乐曲，可以使病人安静以至恢复正常。

　　人体为什么会在特定的音乐环境中产生反应？医学界研究人士认为，这与人体细胞本身的节奏有密切的关系。当人体细胞的震动与外部节奏协调时，人就有舒畅的感觉。

　　西方人士认为听西方音乐，尤其是古典音乐效果最佳。有的专家指出，舒伯特的音乐能助失眠者入睡，巴赫的音乐可减轻消化不良，莫扎特的音乐能减轻风湿性关节炎的疼痛感。也有的说，莫扎特的音乐可以起到消除疲劳、重振精神的作用。

中国医学界对于音乐产生的养生疗效，也有广泛的研究。根据中医的学说，中国五音（宫、商、角、徵、羽）的特性，正好与五行（金、木、水、火、土）有不谋而合之处。如宫音雄伟、宽宏，具"土"之特性，可入五脏中的"脾"；商音清净、肃穆，具"金"之特性，可入"肺"；角音属"木"，可入"肝"；徵音属"火"，可入"心"；羽音属"水"，可入"肾"。五音和五脏这两个看似截然不同的概念，经由"五行"而彼此产生作用。

西方所谓的"恰当的音乐环境"，东方就是依据个人的体质去选取。如"火"型人宜选"水"乐来减少浮躁的情绪；"水"型人宜听"火"乐可增强肾的功能；"木"型人处事优柔寡断，可听"金"乐以激励自己。

然而，不是所有的音乐对人的身心健康都是有益的。国外有位心理学家曾对3个不同的交响乐队的208名队员进行了分析。结果发现，以演奏古典乐曲为主的乐队成员，心情大都平稳愉快；以演奏现代乐曲为主的成员，70%以上的人患有神经过敏症，60%以上的人急躁，22%以上的人情绪消沉，还有些人经常失眠、头痛、耳痛和腹泻。还有人对一些音乐爱好者做过调查，发现在经常欣赏古典音乐的家庭里，人与人的关系相处得和睦；经常欣赏浪漫派音乐的人，性格开朗、思想活跃；而热衷于嘈杂的现代派音乐的家庭里，成员之间经常争吵不休。据说是长期听这种音乐，会使神经系统受到强烈的刺激，甚至破坏心脏和血管系统的正常功能。

三、音乐与修养

音乐是一门艺术。而艺术并不是每个人都能掌握得了的，因为它需要天分。也即是说，并不是每一个人都能够成为音乐家、指挥家、作曲家、演奏家。但我们可以欣赏，欣赏贝多芬的交响乐，欣赏小泽征尔的指挥艺术，欣赏柴可夫斯基的《天鹅湖》，欣赏施特劳斯的圆舞曲等等。因为能欣赏，所以就能提高一个人的音乐素养。或者反过来说，因为有了一定的音乐素养，所以能够欣赏，欣赏那些经典之作、传世之作。

音乐艺术比其他门类的艺术（如文学艺术、建筑艺术、绘画艺术、舞蹈艺术等）似乎更能净化人的心灵。因为经典的艺术作品，都无例外的是灵魂的产物。音乐作品，如贝多芬的《命运》交响曲，施特劳斯的《蓝色的多瑙河》、我国小提琴协奏曲《梁山伯与祝英台》等，当你在欣赏这些作品时，你就会觉得整个心灵都变得十分纯净，一切的烦恼哀愁、一切的功名利禄，都在那一刻烟消云散了。这就是音乐的一个作用。

作为一个人来说，应该具备一定的修养。这是人的全面发展的需要，是人的自我完美的需要。如道德修养、文学修养、艺术修养、音乐修养等。修养的具备，离不开相关的基本知识。

音乐修养的具备，也同样如此，需建立在相关的知识基础之上才能更地欣赏作品。除了乐理知识，还应了解音乐作品的体裁。如什么是交响诗？什么是室内乐？了解协奏曲与奏鸣曲的不同，了解轻音乐与交响乐的区别。另外，还应了解各种乐器的性能及表现对象，以及在同一首（部）乐曲中对塑造音乐形象、突出音乐主题的不同的作用。如单簧管和双簧管同属于木管乐器，而双簧管善于表现田园风光。因此，在柴科夫斯基的《天鹅湖》的开场及第二幕中的第一分曲，就用双簧管的演奏来表现天鹅湖的风光和景色，同时也突出了天鹅主题。在四小天鹅舞中，第一遍也是以双簧管为主演奏，第二遍才以小提琴齐奏。如果把双簧管换成小号，天鹅湖的湖光山色就难以表现。因为小号的音色清亮、高远，能使人的情绪振奋、斗志激昂，所以通常是进行曲中的主要乐器。如我国国歌中的开头几个音节就是用小号演奏的。还有比才的歌剧《卡门》中的斗牛士之歌，也是以小号为主。如果换成小提琴或二胡来演奏国歌，效果难以想象。反过来说，如果用铜管乐器演奏《江河水》，演奏《二泉映月》，那种悲愤、哀怨、忧思是无法体现出来的。

再有，就是要对作品形成的历史背景、故事、事件、传说等有个简单的了解。如果缺少了解，也不能进一步理解作品，理解作曲家的思想、情感。维也纳每年举行的新年音乐会的最后一个返场曲《拉得斯基进行曲》就来源于一个小故事。在欧洲革命时期，拉得斯基是一个镇压革命运动的反动军官。有一次，维也纳的保守势力组织了一场聚会，欢迎这位有功之臣。并请老约翰·斯特劳施写一部热烈而不失庄重的进行曲。斯特劳施于是创作并亲自指挥乐队在宴会上演奏了这部作品。作品的来历早就被人们忘却了，但精彩异常的《拉得斯基进行曲》却成为一部经典之作。乐曲采用复三部曲式。开始是庄重热烈的主题A。它节奏鲜明，威武有力，仿佛军容整齐的队伍迎面而来。主题B热烈，趾高气扬，就像众人瞩目的统帅出现在人们面前。第二部轻快活泼，就像大家在交头接耳、轻声议论，有时又会突然爆发出热烈的喝彩（注意是在宴会这样一个特定环境）。第三部分再现第一部分，并在热烈的气氛中结束全曲。又如我们都十分熟悉的梁山伯与祝英台的爱情悲剧，仅是知道故事还不够，还应了解协奏曲这种音乐体裁。小提琴协奏曲《梁祝》分为相爱、抗婚、化蝶三个部分。长笛由于其音色清澈、亮丽，由此乐器吹出的华彩句，描写了风和日丽、鸟语花香的阳春景色（换上大管不行，音色太沉闷。换上萨克斯也不行，其音色令人怀旧）："芳草青青花盛开，彩蝶双双久徘徊。"接下来由双簧管和中提琴互相模仿着悠扬婉转的曲调，引出了小提琴的独奏和木管乐器的一唱一和的爱情主题："同窗共读整三载，促膝并肩两无猜。"代表残暴的封建势力，则用铜管乐器和低音弦乐器。总之，音乐修养和欣赏能力都离不开对乐理、乐器、作品体裁等知识的了解。

具有音乐修养不仅仅是对相关知识的累积，更是对情怀的一种拓展、对心灵的一种净化。它虽然不可能使人变得崇高，但却可以使人变得更加文明和高尚。

四、音乐与生活

李岚清说过这样一句话："音乐的魅力在于使生活更有情趣，使思想更有创意，工作更有效率，领导更有艺术，人生更加丰富。"好的音乐和其他优秀的艺术一样，不仅能培养人的高尚情操和良好品格，还会有助于提高学习和工作效率。

音乐离不开生活，生活同样离不开音乐。音乐给生活添加色彩。音乐来源于生活、融入生活，也成了生活的调味品。有人曾经说，如果生活是杯咖啡，那么音乐便是把勺子，把生活搅拌得有滋有味，令人回味无穷。

音乐每时每刻都伴随着我们。从音乐中，你能找到自己的喜怒哀乐，音乐元素成了我们生活中不可缺少的"柴米油盐"。在所有的艺术门类里，音乐与我们生活的关系是最密切的。我们可以很久不看一部戏剧、一场电影、一次画展，但是我们的生活中每天都不可能没有音乐；打开电脑有开机音乐；来电话了，还会有优美的铃声音乐；走到大街上，音像店里会传来流行的音乐等等，所以生活中充满着音乐。

音乐可以净化人们的心灵、陶冶人的情操。当你劳累了一天回到家中，坐下来听一听轻音乐有助于你放松紧张的神经，忘掉工作的压力减轻疲劳感。夜晚来到"激情广场大家唱"平台，既联络了感情，也可以通过歌唱，减轻生活中的压力，保持身体健康。在你休闲的时间里，可以到剧场或者音乐厅里听一场音乐会，既可以享受音乐给你带来的愉悦，又可以提高审美和生活的情趣。音乐是其他艺术形式的重要辅助手段——当我们看一部电影时，随着剧情的发展，那些不同类型的音乐配乐，带领大家去感受主人公的悲欢离合；当我们欣赏一段舞蹈时，音乐更是必不可少，没有音乐的舞蹈就好像一个不会说话的人一样，不能完整地表达情感；戏曲中的音乐更是必不可少的辅助工具，它既可以为演员的演唱伴奏，也可以为剧情的发展做过场音乐，音乐几乎贯穿全剧的始终。

总之，音乐为生活服务，音乐来自于生活两者互相依存、互相促进。生活为音乐提供了生长的土壤，音乐又尽情地表现生活，使我们的生活更加丰富多彩。

中央音乐学院副院长、教授周海宏说过："没有艺术的人生是不完整的人生，不能享受音乐的人生是遗憾的人生！"他认为"音乐对人情绪的影响非常大，通过影响情绪影响人的行为。"有的地方需要音乐但却没有，比如地下通道需要音乐、医院需要音乐、办公空间需要音乐……这些场所播放所需类型的音乐，会缓解人们紧张或低落的情绪。音乐是最佳的精神减压办法。"在繁杂和喧嚣的社会生活当中，人类需要一个独属于自己的精神空间。音乐正是这样一种艺术。世界上没有任何一种艺术能像音乐一样给人如此自由、如此广阔、如此自我的精神活动，我们现在的生活实在是太喧嚣、太烦躁了。""如果你现在还没去听音乐，不是你本身没有这样的需要，而是因为你还不知道音乐的力量，'音乐是人类灵魂的避难所'。"我不仅仅是一个音乐爱好者，我还是一个普及音乐的爱好者。"周海宏心存这样一个梦想：希望欣赏音乐的人能够像喝酒、看足球的人一样多，希望每一个中国人能把音乐作为一生不可或缺的精神活动的伴侣。

在这个瞬息万变的现代社会，音乐已成为一个必要的因素出现在我们的日常生活中。不论其是古典、民族还是通俗，音乐都以自身的纯净朴素，在纷繁复杂的生活里营造一个宁静淡远的世外桃源。它调节人们的时间、感情，治炼人们的道德情操，使人身体舒缓、心态缓和，让我们的生活更加理性有序、张弛有度。

第二节 音乐的不同体裁

一切文艺作品的思想内容都必须通过一定的体裁形式来表现，音乐自然也不例外。在音乐欣赏中，要想提高音乐欣赏能力，必须了解不同音乐体裁，识别不同音乐体裁的性格特征和音乐表现形式，才能对乐曲的内容和形式做全面的了解和掌握。

一、器乐体裁

（一）奏鸣曲

简单地讲，奏鸣曲就是由好几段音乐构成的乐曲。一般是由一件（或少数几件）乐器演奏，最常见的是小提琴奏鸣曲和钢琴奏鸣曲。奏鸣曲于十八世纪形成，有着一种严密的组织规则。它由四段组成：第一段用奏鸣曲式，快板；第二段用三段式，慢板；第三段为小步舞曲或诙谐曲；第四段用奏鸣曲式或回旋曲式，快板。其中的每一段又称作一个乐章，各乐章之间在速度、情绪、主题、调性等方面形成对比，用不同的方式发展音乐材料，使得作品的整体结构丰满而又富于变化。这种形式形成于维也纳古典乐派时期，因此被称作古典奏鸣曲。海顿、莫扎特、贝多芬的作品是古典奏鸣曲的典范，但他们的作品通常是分为三个乐章的。

自古典奏鸣曲形成以后，许多作曲家用这种体裁写作，并且产生了固定的概念。归纳起来，奏鸣曲的特点如下：一是由数个乐章组成；二是在各乐章之间尽可能地使用多种对比手段；三是一般由一件乐器独奏，但有时也用四五件乐器的小型室内乐队；四是通常是无标题的纯音乐；五是各乐章有惯用的特定曲式。

（二）交响曲

在了解奏鸣曲原则之后，再分析交响曲的结构就容易得多了。交响曲被称作乐队的奏鸣曲，因为它与古典奏鸣曲大体产生于同时期，即海顿和莫扎特的时代，其结构原则可以说是直接由奏鸣曲脱胎而来。它也是由四个乐章构成，各乐章的顺序亦为快——慢——舞曲——快，每个乐章所惯用的曲式亦与奏鸣曲相仿。

交响曲的原文词意是同时发音。这个词最初是泛指包含许多声部的乐曲（也包括人声）。后来，随着器乐曲的蓬勃发展，这个词逐渐与声乐分家，专指器乐合奏曲。海顿为近代交响曲铺平了道路，他因此而被尊为交响曲之父，这种体裁从此也就与维也纳古典乐派联系在一起了。自那以后，演奏交响曲的乐队逐渐形成固定的编制，被称作交响乐队。维也纳古典乐派的三位大师（海顿、莫扎特和贝多芬）的交响曲被视为经典之作，至今仍在演奏。

交响曲规模宏大、结构严谨、音响丰富，既能充分发挥乐队的能力、容纳深刻的思想内涵，又能表现多样化的戏剧性对比和冲突，可以说是集器乐表现手段之大成。

（三）交响诗和音诗、音画

交响诗是十九世纪浪漫乐派时期的重要体裁之一。匈牙利作曲家李斯特首先使用这个名称来命名他写的十三首单乐章的管弦乐曲。自他以后，用这种体裁写作的人很多，但大家对它的说法却并不一样。将这些说法中的共同点归纳一下，交响诗在形式上的特征如下：一是以交响性手法成，用交响乐队演奏；二是一般只有一个乐章；三是都为标题音乐；四是具有描写性，其情节背景和标题常常来自神话、民间传说、著名的文学作品或历史事件。李斯特认为，使用这种单乐章、多乐段、相对自由的结构，能够摆脱传统思维方式的束缚，使形式与内容更紧密地联系起来。同交响曲比较，交响诗在形式上的确要自由得多。作曲家们在创作时可以根据内容的需要来决定作品的结构。例如，斯美塔那的《我的祖国》，实际上是由六首交响诗构成的交响诗套曲；理查德·施特劳斯则不用"交响"一词，而是将他的作品称为"音诗"。还有的作曲家用类似于交响诗的形式刻画自然风光甚至一幅美术作品，他们称之为"音画"或"交响音画"。

（四）协奏曲

用最简单的话来讲，协奏曲就是由一件独奏乐器和一个乐队合作演奏的乐曲。最早的协奏曲据说出自叔侄二人，他们是意大利的安德列亚·加布里埃利和乔瓦尼·加布里埃利。当时的协奏曲是由好几个声部（其中有乐器，也有人声）同时演奏，像比赛一样争相显示自己的技巧和魅力，形成一种生机勃勃、饶有趣味的竞奏。自问世之日起，这种形式就为听众所喜爱。

我们今天所说的协奏曲，是指由莫扎特开创的形式。它是由一件独奏乐器同管弦乐队合作的、多乐章的套曲。根据独奏乐器的不同，分别称作小提琴协奏曲、钢琴协奏曲、单簧管协奏曲等等。通常是三个乐章：第一乐章用奏鸣曲式写成；第二乐章的曲式无一定之规，慢板；第三乐章多用快板的回旋曲式。第一乐章临近结束处的华彩段是协奏曲的精彩处之一，这时乐队一片沉默，让独奏家在自由的空间将高难的技巧和奔放的激情挥洒得淋漓尽致。

（五）套曲和组曲

套曲是个大概念，凡是由几个独立段落构成的音乐作品都叫做套曲。像交响曲、协奏曲就都属于套曲结构，组曲也是套曲中的一种。构成套曲的各段（或各乐章）有时只是一种很松散的联合，但有时也存在严格的整体结构，有的作品甚至各乐章采用同一个主题，以取得完整的效果。在器乐套曲中，最重要的当推奏鸣曲，上面已经介绍过了。声乐套曲则与其他声乐体裁一起放在下面讨论。在这一段里，我们主要了解一下组曲。

组曲是各种器乐套曲中最早出现的形式，现在分成古组曲和现代组曲两种类型。

古组曲是由舞曲发展出来的。早在十五世纪，欧洲的作曲家们就已经不满足那些短小的舞曲。他们将几首舞曲的调性统一起来，然后按照对比的原则，根据不同的风格和速度将它们有机地联缀在一起。由于它是由舞曲联缀而成，所以又称舞蹈组曲。

现代组曲在结构原则上与古组曲没有根本的区别，只是形式更加自由。在现代组曲中，舞曲已经不再是唯一的材料。十九世纪浪漫乐派的作曲家常常从芭蕾、戏剧、歌剧以至文学作品中取材，写成标题性的交响组曲。

（六）前奏曲和序曲

这两种体裁很容易混淆。它们在刚诞生的时候有相似之处，都是放在较大的乐曲前面作为引子，但是后来的发展方向却有很大的差异。

前奏曲在15世纪就开始使用了。当时它就像是一段自由写作的"过门"，篇幅很小，一般为十几个小节。至17世纪中叶，前奏曲的规模也扩大了，成为一些大型作品的开头部分。到了19世纪，肖邦写的二十四首《钢琴前奏曲》开创了前奏曲的新时代。在今天，当我们说到这种体裁的时候，指的就是由肖邦而来的形式。它的特征可以归纳为三点：一是它为独立的作品，而不是其他作品的前奏；二是其所用的乐器都是键盘乐器，后来几乎成了钢琴的专用体裁；三是与以前的"过门"比较起来，篇幅大多了，且常常具有一定的思想内涵和技术难度。由这三点可以看出，这种前奏曲与旧的形式之间的共同之处，只剩下了名称和自由的写作手法。自肖邦以后，斯克里亚宾、德彪西、拉赫玛尼诺夫等人写出大量的前奏曲佳作。可以这样说，只要是一个熟悉钢琴的作曲家，在他的作品表中就一定会看到这种体裁。

序曲的出现稍微晚一些，它是在17世纪随着歌剧、清唱剧的出现而产生的。所以，它从一出娘胎就是以大乐队作为表现手段。歌剧是1600年左右诞生的，半个世纪之后的1658年，法国作曲家吕利创立了由"慢—快—慢"三段构成的序曲，成为歌剧序曲的标准形式。这种结构被广泛接受，称之为法国序曲。1696年，意大利作曲家A·斯卡拉蒂首创另一种形式，由"快—慢—快三段构成，被称作意大利序曲，当时又称交响曲。18世纪初是两种序曲并存的时期，后来法国序曲逐渐少用。

（七）夜曲

夜曲是十八世纪在欧洲流行的一种小型器乐套曲。它本来是由一支室内乐队在夜幕之下露天演奏的，因此而得名。最有名的是肖邦的二十一首《夜曲》，为这种体裁树立了形式和风格的典范。夜曲的典型写作手法是以一个优美的旋律在上方浮动，左手用行云流水一般的分解和弦淡淡地衬托；安祥的情调中透出几分郁闷，在夜色中充满着浪漫的气息。

（八）幻想曲、随想曲和狂想曲

幻想曲是一种结构和写法都很自由的器乐体裁。自由的意思是不拘泥于习惯、没有固定的模式。因此，与其将它看作一种体裁，还不如将它看作一个名称。这个名称在16世纪开始出现，当时主要指由吉他、琉特琴之类的乐器演奏的小品。后来，一些作曲家喜欢将自己兴之所至、不拘一格的作品称作幻想曲，并且常常使用一些新鲜的或是高超的技法，巴赫的《半音阶幻想曲》就是一个很有名的例子。19世纪的作曲家们发现这个名称很适合自己的口味，就用它来命名各种即兴式的作品，经常带有梦幻或奇思异想的味道，有时还采用现成的音乐加以改编。例如李斯特的《忆唐璜》，就是作者看了莫扎特的歌剧《唐璜》之后根据印象写出来的。

随想曲兴起于19世纪，也是一种结构自由的体裁。它在形式上与幻想曲难以区分，其不同之处似乎更多在于风格和写作习惯，而不是特定的格式。法国思想家、哲学家卢梭在他编写的《音乐词典》中是这样描述随想曲的："一种自由的音乐。在这里，作曲家摆脱了一切主题的约束，让才思尽情地驰骋，使自己沉浸于音乐的激情之中。以"随想曲"命名的音乐作品有各种不同的形式—有独奏，也有乐队作品；有的采用较为严整的曲式，更多的是不拘一格。有的带有练习曲的性质，比如帕格尼尼的二十四首《小提琴随想曲》；也有的是用管弦乐的色彩描绘异域风情，类似于音画，例如柴科夫斯基的《意大利随想曲》。

狂想曲出现于19世纪初期，但是它成为尽人皆知的体裁名称却是在半个世纪后的1854年、李斯特写出著名的十五首《匈牙利狂想曲》之后。这种体裁可以看作是幻想曲的一个变形；它的特点是结构自由、热情洋溢，经常取材于民歌的曲调或是风格，具有浓郁的地方色彩和史诗的气质。狂想曲大多是乐队作品，但也有钢琴独奏。李斯特之后的著名作品有德沃夏克的《斯拉夫狂想曲》、埃内斯库的《罗马尼亚狂想曲》、格什温的《蓝色狂想曲》（有时译为《布鲁斯狂想曲》）等等。

布拉姆斯写过一首由女低音和男声合唱队演唱的《声乐狂想曲》，还写过几首名为《狂想曲》的钢琴作品，其中既没有使用民歌素材，也不容易找到大家已经习惯的那种激情，由此而开辟了另一条道路，亦有不少作曲家效仿。

（九）军乐进行曲

广而言之，一切与军队有关的特定音乐形式都应该纳入军乐的范畴。远在古埃及和古罗马的时代，乐器就已经介入了人类的战争。犹太人的军营中用号角唤醒沉睡中的战士，罗马的卫士用低沉的号声警告敌人的来临，苏格兰的风笛手用激扬的音乐鼓舞士气，中国的王侯曾亲自擂鼓指挥大军的进攻……时至近代，军乐队的规模更加庞大、功能愈加多样，在雄纠纠的迎宾仪仗中，在肃穆的阵前悼亡时，在庆典的欢乐场面上，军乐队都是不可或缺的角色。有个欧洲国家还别出心裁地组织了一支伞兵军乐队，音乐家们在空中组成队形，让雄壮的乐声从天而降。

进行曲本来是军乐中最重要的形式之一，不过自从十六世纪起，它就已经走出军营，成为一种很受欢迎的音乐体裁，在歌剧、交响曲等大型体裁中也经常出现。其内容有时仍然与军旅相关，例如舒伯特的《军队进行曲》，但也有许多与军队毫无关系，像《婚礼进行曲》（最著名的是瓦格纳的歌剧《罗恩格林》中的那一首）、《葬礼进行曲》（贝多芬的第三交响曲《英雄》中的第二乐章就是一例）等等。演奏也不再限于军乐队，更常见的是管弦乐队（如伯辽兹的《拉科奇进行曲》）、钢琴（如莫扎特的《土耳其进行曲》）、合唱（如郑律成的《中国人民解放军进行曲》）等。由于这种体裁篇幅不大、节奏有力、形象鲜明、富于鼓舞人心的力量，因而易于被人理解和记忆，一些著名的进行曲更可谓妇孺皆知。最有名的进行曲作曲家大概要算美国的苏萨，他一生写作了一百三十六首进行曲，加上改编的作品则近五百首，流传极广，被誉为"进行曲之王"。

器乐体裁还有许多，比如变奏曲（即一个主题加上它的多次变化出现）、改编曲、创意曲、叙事曲、谐谑曲、练习曲、托卡塔、各种重奏和独奏曲以及千姿百态的舞曲等。我们所介绍的只是最常见的几种。没有介绍的那些，有的是不必解释也能从字面上理解其含义（比如改编曲、练习曲），有的是现在已经很少使用（像托卡塔和创意曲）；另有一些则只是名称和写作风格的不同，很难从形式上加以区分，就不再一一列举了。

二、声乐体裁

（一）清唱剧

在欧洲的音乐体裁中，有很多是产生于教会及宗教生活的，其中最有代表性的是清唱剧和弥撒曲。

清唱剧大约在16世纪中叶起源于意大利，最繁荣的时期是17世纪。这是一种包含了独唱、重唱、合唱和乐队伴奏的大型声乐体裁。其内容大多出自《圣经》，所以过去曾译为"神剧"。同歌剧相似，清唱剧也有咏叹调、宣叙调等形式，但它是以音乐作为唯一的表现手段，而没有歌剧那样的人物、表演、布景和服装。通俗地形容，可以说清唱剧是用一个合唱队来讲故事。为了使故事连贯，清唱剧中常有一个讲述人来介绍情节，将音乐串联在一起。

（二）弥撒曲和安魂曲

弥撒是天主教的一种仪式，音乐在其中起很重要的作用。由于它在宗教生活中的地位，也由于它庞大的结构和长达一千五百多年的历史，弥撒音乐可说是欧洲宗教音乐中最重要的形式。为了与宗教仪式有所区别，下面我们将其音乐部分称为"弥撒曲"。弥撒曲分为"普通弥撒"和"特别弥撒"两种，通常所说的弥撒曲是指前者。普通弥撒的词和曲是固定地结合在一起的，共分为五段分别为：慈悲经、荣耀经、信经、圣哉经、羔羊经。五段中间还穿插着朗诵、内容各异的"特别弥撒"和其他宗教仪式。弥撒曲还分成不同的类型，比如参加仪式的神职人员很多、五段音乐写得完整而精致的，称为"大弥撒"，又叫做"庄严弥撒"，反之则称为"小弥撒"；如果没有朗诵和其他的宗教仪式，就叫做音乐会弥撒，巴赫的《B小调弥撒曲》和贝多芬的《庄严弥撒曲》都是音乐会弥撒中的精品。

安魂曲，又称作"追思曲"或"追思弥撒"。顾命思义，可以知道它是弥撒的一种变体，专用于悼亡的场合。我们现在听到的安魂曲一般都是由管弦乐队伴奏的合唱套曲，从这一点看，它的形式有些类似于清唱剧。早期的安魂曲都是宗教题材的，歌词一律用拉丁文。因而布拉姆斯在1860年前后用德文歌词写作安魂曲被看作创举，这部作品由此而被称为《德意志安魂曲》。现代作曲家也使用这种体裁表现庄严肃穆的悼念，当然，不再用拉丁文歌词，内容也可能与宗教毫无关系。

（三）合唱、齐唱与重唱

就词义而言，只要两个人以上同时唱歌就应该叫做"合唱"。可是作为一种体裁"合唱"有明确的特定概念。它的形式是由一个集体（一般为数十人）来演唱，分为若干个声部，每个声部所唱的曲调各不相同。所谓二部合唱、四部合唱，就是指合唱曲中包含的声部数目。如果只有一个声部，也就是说所有的人都唱同一个旋律，那就不是合唱，而应该称作"齐唱"了。合唱分为同声和混声两类，比如男声合唱、女声合唱都是同声合唱，同时有男声和女声参加就是混声合唱。最常见的形式是混声四部合唱，原因是它既富有表现力，又比较容易组织和排练。

合唱一般都是有伴奏的，无伴奏合唱是一种专门的形式，纯净、和谐的人声胜过世上的任何乐器，常常给人留下难以忘怀的印象。

重唱与合唱的不同之处，是每个声部只有一个人，而不是一个组。最常见的形式是二重唱、三重唱和四重唱，既有同声，也有混声。在一些歌剧中，我们还会听到六重唱、七重唱，甚至更多的声部交织在一起。

（四）声乐套曲和组歌

声乐套曲是欧洲浪漫派作曲家偏爱的一种声乐体裁，由若干首独唱歌曲组成。这些歌曲或是围绕同一内容，或是从不同的角度抒发作曲家的情怀，也有时它们之间看不出什么直接的联系，只是统一在某种风格之中。声乐套曲的写作手法同下面将要提到的艺术歌曲一样，很注意词曲的结合和精致的伴奏。舒伯特的《美丽的磨坊女》和《冬日旅行》是这种形式的名作，其中一些歌曲至今仍是音乐会上的保留曲目。

组歌同声乐套曲从名称看来相似，其实全无共同之处。组歌使用了规模较大的合唱队，以及独唱、重唱、合唱、乐队伴奏等多种手段。整个作品在内容上有紧密的联系，并且往往具有一定的戏剧性；有时还插入朗诵，以使前后连贯。这种体裁在形式上近似于欧洲的"康塔塔"（既大合唱），因此在我国常与"大合唱"不相区别；例如《长征组歌》和《黄河大合唱》，实际上属于同一种体裁。

（五）艺术歌曲和浪漫曲

艺术歌曲也是19世纪浪漫乐派的作曲家们偏爱的声乐体裁。它的概念是由受过专门训练的作曲者谱曲的、有精心编配的钢琴伴奏谱的独唱曲，通常对演唱者的技巧和表现能力有较高的要求。艺术歌曲虽然篇幅不大，但写得十分精致，富有艺术趣味，几乎在所有歌唱家的常备曲目中都能找到它们的名字。艺术歌曲的钢琴伴奏部分经常有相对独立的艺术形象，在舒伯特、舒曼、门德尔松等人的传世作品中，这一点不乏生动的例证。

浪漫曲和艺术歌曲的特征十分相似，以至可以说它不过是艺术歌曲的一个别名或分支。它们的区别只有以下几点：一是艺术歌曲是纯粹的声乐体裁，浪漫曲则有时也作为器乐曲的标题，比如莫扎特将他的《D小调钢琴协奏曲》的慢乐章叫做浪漫曲，沃恩·威廉斯将他的小提琴与乐队曲《云雀高飞》归入浪漫曲，等等；二是艺术歌曲起源于德国和奥地利，而浪漫曲一般认为源于西班牙的一种叙事体民歌；三是俄国作曲家，如格林卡、柴科夫斯基、穆索尔斯基等人，喜欢给他们的歌曲冠以"浪漫曲"的标题，其特征与艺术歌曲没有原则的区别。

（六）小夜曲

一提到"小夜曲"，人们自然会联想到夜色、月光和情侣，联想起如歌的画面和如画的歌声。对于这些联想，小夜曲当之无愧，它拨动的正是人们心中最美好的一条琴弦，而拨弦者又是最恰当的角色——音乐。

小夜曲起源于欧洲西南部。在西班牙、意大利的中世纪美术作品中可以看到它最初的容貌：月色融融夜，热恋中的小伙子怀抱吉他或是曼陀林站在心上人的窗下，对着阳台上模糊的倩影、窗纱上美丽的头像唱着动听的歌曲。有时候，歌手的身后还有一小群人，他们可能是歌手的朋友，也可能是职业乐师，大家手持不同的乐器，为这月光下的爱情伴奏。夜晚、情人、吉他，这样的画面可以说概括了小夜曲的基本特点。但它的另一个重要的特征却是画家无法诉诸笔墨的，那就是流畅动听的旋律。这样，场景、角色、内容、伴奏乐器以及旋律特征无一不备，生活中最浪漫的一幕找到了最相宜的音乐形式，小夜曲脱颖而出，迅速地流行起来。在流传和发展的过程中，职业乐师起了很大的作用——这是由于天下求爱者众而能歌者寡，使得这个"行业"兴旺发达。职业乐师不仅写词、谱曲、伴奏，还经常替人到窗下去演唱，真正地为他人做嫁衣裳。

今天的小夜曲在形式的细节上有了一些变化，但本质上没有什么不同——伴奏的方法可能用钢琴或较大的乐队，但其中往往还能听出弹拨乐器的遗响；歌词可能与夜色无关，但思恋和哀怨依然如故；歌手可能是一位女性，但在男女平等的今天，这也是不足为怪的事情。最大的区别可能是演唱的场合——相信你听到过无数次小夜曲，都是在音乐会上或是录音机里，难得听到从窗外的夜色中飘来的如泣如诉的歌声。

（七）摇篮曲和船歌

每个民族都有名称各异的音乐形式，但几乎所有的民族都有自己的摇篮曲。江河之畔都有船歌，但威尼斯船歌却以其独特的魅力传遍世界。这两种看似风马牛不相及的体裁，由于都在规则的轻轻晃动中诞生而产生一种饶有趣味的相似。

摇篮曲是母亲给孩子唱的歌，它的特点有二：一是以安详的口吻诉说，由此而形成平顺低回的曲调；二是使用奇数拍子（如3/4、3/8等）或规则的切分节奏，以与妈妈温柔的动作吻合（在生活中，相信大多数爸爸也曾对着摇篮低唱，但在舞台上却很少见）。

（八）宣叙调和咏叹调

形象地讲，宣叙调可以称"说唱"，它是将语言的音调和节奏加以音乐化的、夸张的处理而形成的一种歌唱形式，因此曾经译成"朗诵调"。17世纪初，歌剧、清唱剧、康塔塔这些戏剧性的音乐形式相继登上欧洲舞台，长于叙事的宣叙调随之进入了全盛时期。它或是剧中的对话或是独白，起到叙述情节、介绍人物的作用，很快就成了最重要的声乐体裁之一。实际上，早期的歌剧主要就是由宣叙调构成的。

咏叹调（aria）的词义就是曲调。它是在17世纪末，随着歌剧的迅速发展，人们不满足于宣叙调的平淡，希望有更富于感情色彩的表现形式而产生的。因此，它在各方面都与宣叙调形成对比。其特点是富于歌唱性（脱离了语言音调）、长于抒发感情（而不是叙述情节）、有讲究的伴奏（宣叙调则有时几乎没有伴奏，有时只有简单的陪衬和弦）和特定的曲式（多为三段式）；相比之下，宣叙调的结构就十分松散。此外，咏叹调的篇幅较大，形式完整，作曲家们英雄有用武之地，还经常给演员留出自由驰骋的空间，让他们有机会发挥高难度的演唱技巧。所以，几乎所有的著名歌剧作品，主角的咏叹调都是脍炙人口的佳作。

咏叹调的类型很多，比如曲调华丽而技术艰深的"炫技咏叹调"、向宣叙调靠拢的"说白式咏叹调"、篇幅较小而简易的"小咏叹调"、专为音乐会（而不是戏剧性作品）写作的"音乐会咏叹调"等等。

（九）歌剧

在所有的音乐表演形式中，歌剧是结构最复杂的一种。它结合了声乐、器乐、舞蹈、文学、戏剧表演和美术设计等多种艺术的表现手段，将它们在有限的时间里展现于有限的舞台空间。

作为多种艺术的综合体，歌剧的确是一种相当复杂的现象，难以在有限的篇幅中条分缕析地加以说明。这里便不再详细阐述。

关于具体的体裁就讲到这里。需要声明的是：我们只是介绍了那些在历史上产生并在今天继续存在的体裁中的一小部分，并且只是就它们的表面特征进行介绍，而没有将它们与特定的历史、地域、文化背景结合在一起来考察。实际上，每一种体裁都是在一定时期的一定文化中产生的，它们不是僵化的模式，而是符合人们审美心理的自然产物。所谓体裁，就是音乐表演的形式，毫无疑问，以后还会有许许多多新的形式出现，但只要我们掌握了上面这些基本的知识，就能够在面对未知的形式时有一个初步的判断，将它放在适当的位置。

三、舞曲

在日常生活中接触最多的音乐，除了歌曲之外，大概就是舞曲了。舞蹈大多产生于民间，它不仅是一种娱乐，也是地方习俗、社交礼仪的组成部分。所谓舞曲，当然是为舞蹈伴奏的，因此，舞曲的名称往往就是舞蹈的名称。舞曲的种类繁多、风格迥异，不过，可以归纳出这样几个共同特征：一是节拍始终如一；二是速度相对固定；三是节奏鲜明。这些特征都是与舞蹈的特点联系在一起的。此外，有的舞曲还有习惯使用的乐器或人声、特定的地方色彩或旋律风格，将这些因素综合起来，才能形成一首舞曲的不同于其他的特性，这也正是我们在听到一首舞曲时判断的依据。

（一）古典舞曲

1. 阿勒芒德舞曲

这个名称原意是"德国的"，因为这种舞曲起源于德国。但是，叫这个名称的舞曲有两种：一种是4/4拍子，常被作曲家用作组曲的第一乐章；另一种是德国和瑞士的农民舞蹈，4/3拍子，类似于圆舞曲。现在通常说的阿勒芒德舞曲是指第一种，它的风格庄重、速度较慢、旋律流畅，经常开始于第4拍的弱部，并且音符经常划分得很细（比如说连续的16分音符），曲式为二段式，也就是说篇幅差不多一样的两个部分。在巴赫、库普兰、亨德尔的作品中常见。

2. 库朗特舞曲

这是一种起源于法国的舞蹈，其名称的意思是"流动的、奔跑的"。这种舞曲在十七世纪流传非常广，传到意大利以后，产生了一些变化，所以现在库朗特舞曲分为法国式的和意大利式的。二者都是三拍子，速度较快，但是法国式的节奏要复杂一些，将单三拍子和复二拍子混合在一起，造成节奏变化的感觉。在组曲中，它的位置在阿勒芒德舞曲之后。例如巴赫的《法国组曲》的第二首是意大利式的库朗特舞曲，在他的《英国组曲》中则用了法国式的写法。此外，巴洛克时期的作曲家也用这种形式写作单独的键盘乐曲。

3. 萨拉班德舞曲

这种舞蹈起源于波斯，在16世纪传到西班牙，后来由西班牙传入法国，所以很多人将它看作是西班牙的舞蹈。在巴洛克时期，它曾风行整个欧洲。这是一种三拍子的舞曲，速度缓慢、风格庄重。

4. 吉格舞曲

一般认为吉格舞曲起源于16世纪的一种英格兰舞蹈，但也有人说它起源于意大利。这是一种三拍子的、快速的舞曲，其节拍通常用3/8、6/8、12/8。同库朗特舞曲一样，它也有"意大利式"和"法国式"两种类型。意大利式的吉格舞曲一般采用主调音乐的织体，用速度非常快的12/8拍子；法国式的吉格舞曲则采用赋格曲（复调音乐的一种写作方法）手法，并且经常在第二段中出现第一段的"倒影"。

5. 波洛奈兹舞曲

这是一种起源于波兰的三拍子舞曲，又称作波兰舞曲，中等速度。自十七世纪以来，作曲家们就用这样形式写作器乐曲，有时还用作组曲的一个乐章。贝多芬、莫扎特、舒伯特、李斯特都有波洛奈兹舞曲，但是现在最有名的是肖邦为钢琴写的波洛奈兹舞曲16首，其中的作品40号《军队》、作品53号《降A大调》更是脍炙人口，成为这种体裁的代表作。

6. 小步舞曲

小步舞曲源于法国民间，在17世纪后期传入宫廷，获得了迅速的发展，一度是欧洲上流社会舞会上的几种主要的舞蹈之一，后来又被作曲家采用为器乐曲的体裁。有时也将它用在组曲中，插在萨拉班德舞曲和吉格舞曲之间。它的音乐特点是三拍子，中等速度，结构整齐，通常每个乐句四小节，气质温文典雅。莫扎特用这种体裁写了许多精致、动听的乐曲，并且将它用作交响曲的第三乐章。

7. 加沃特舞曲

这种舞曲起源于法国的加普，那里的人叫做"加沃特人"，舞曲即由此而得名。17世纪在法国的宫廷中大受欢迎，以后成了一种著名的舞曲，有时也被作曲家用作组曲中的一个乐章，跟在萨拉班德舞曲的后面。它的特点是4/4或2/2拍子，节奏规则，中等速度，乐曲常由小节的第三拍开始。近代作曲家有时也采用这种形式，例如普罗科菲耶夫的《古典交响曲》、勋伯格的《弦乐队组曲》中都有加沃特舞曲。

8. 塔兰泰拉舞曲

这个舞曲的来源有一点传奇色彩。在意大利的南部有个地方叫塔兰托，那里有一种毒蜘蛛名叫"塔兰图拉"，据说，人如果被这种蜘蛛咬了就会手舞足蹈，跳个不停，而解毒的办法就是不停地跳，直到痊愈为止。其音乐特点是快速的6/8拍子，旋律多反复，似乎是周而复始地不停地进行。

（二）社交舞曲

1. 圆舞曲

圆舞曲曾经按照读音翻译成"华尔兹"，这是在连德勒舞曲的基础上发展起来的一种三拍子舞曲。18世纪后期，圆舞曲风靡欧洲，既在舞会上做伴舞之用，也是一种音乐会上受欢迎的体裁。到19世纪，形成维也纳圆舞曲和法国圆舞曲两种类型。维也纳圆舞的速度较快一些，所以又叫做快圆舞，舞蹈时身体随着节奏左右摇摆，每小节三步或是两步，大家顺着同一个方向旋转滑行。法国圆舞由3/8（或3/4）拍子的慢圆舞、6/8拍子的跳圆舞和快圆舞组成，每一段的速度依次加快，其动作特点是轻快地跳跃而不是拖在地上的滑步。在今天的舞会上使用的圆舞曲是维也纳圆舞的后裔。在这种形式的舞曲中，最有名的作曲家是约翰·施特劳斯和约瑟夫·兰纳，约翰·施特劳斯被誉为"圆舞曲之王"。因为他的父亲也叫约翰·施特劳斯，所以习惯上将儿子称为"小施特劳斯"。自19世纪末以来，许多作曲家用这种体裁写作，例如韦伯的《邀舞》、肖邦的《钢琴圆舞曲》、柏辽兹《幻想交响曲》的第二乐章、柴科夫斯基《第五交响曲》的第二乐章等，不过，它们已经不能为舞蹈伴奏，而只是纯粹的器乐曲了。

2. 狐步舞曲

这种舞曲于1912年左右源起于美国，很快就传遍了世界各地的舞厅，成为最流行的社交舞曲之一。最初的狐步舞曲是4/4拍子，其风格类似于雷格泰姆。其舞步长短交替、变换多端，后来又形成快狐步和慢狐步两种，亦有人称之为快四步和慢四步。查尔斯顿舞曲、希米舞曲等二拍子的舞曲是在狐步舞曲的基础上发展起来的。

3. 一步舞曲

起源于美国，快速的2/4拍子，在20世纪20年代曾流传世界各地，其风格较狐步舞曲刚健、热烈。这种舞曲后来被慢狐步舞曲所取代。

4. 查尔斯顿舞曲

这是一种快速的狐步舞曲，4/4或2/2拍子。1922年，在纽约的黑人歌舞剧场中首先出现，随即传入舞厅，流行一时。其舞步的特点是每一步都扭两下，然后向后急速一踢。这种舞曲的名称来自美国南卡罗来纳州的港口城市查尔斯顿，在20世纪三四十年代查尔斯顿舞曲流传最广的时侯，有人称之为"美国水兵舞"。

5. 探戈舞曲

这种舞曲起源于阿根廷,但它真正的源头可能是由黑人奴隶带到美洲的。音乐是单二拍子(也有时用四拍子),速度较慢,其舞蹈为两人一组,像行走一样。大量的附点节奏使它听起来与阿伐奈拉舞曲(又译哈巴涅拉舞曲)很相似,此外,旋律和伴奏常构成交错关系,也是这种舞曲的节奏特征。探戈舞曲从1914年开始流行于舞厅,直到今天仍然很受欢迎。

6. 伦巴舞曲

源于古巴的二拍子的舞曲(不过记谱时经常写作6/8拍),它原来的形式是器乐合奏,同时人们哼唱没有意义的歌词或音节。伦巴舞曲的速度很快、节奏复杂。从20世纪30年代起,伦巴舞曲的节奏被爵士乐吸收,还出现在一些严肃音乐作曲家的作品中。

(三)民间舞曲

民间舞曲的种类极多,几乎每个民族、每个地区都有自己的舞蹈和舞曲,例如西班牙的波莱罗舞曲、凡丹戈舞曲、霍塔舞曲,南美的阿伐奈拉舞曲、桑巴舞曲、康加舞曲,法国普罗旺斯地区的法朗多尔舞曲,德国的连德勒舞曲,波兰的马祖卡舞曲,匈牙利的恰尔达什舞曲,以及波希米亚地区的波尔卡舞曲,等等。

三、关于流行音乐

同严肃音乐一样,我们无法给流行音乐下一个准确的定义。顾名思义,所谓流行,当然是指能够被人群中的大多数所喜爱、能够吸引大多数人的音乐。但在实际使用这个词的时候,显然已经有了更进一步的含义。比如小提琴协奏曲《梁山伯与祝英台》也是被人群中的大多数所喜爱的、十分流行的作品,但谁也不认为应该把它划入流行音乐。可见,流行音乐早已超出了字面上的含义,成为与古典音乐相对的泛称。

(一)爵士乐

爵士乐,于19世纪末20世纪初源于美国,诞生于美国南部港口城市新奥尔良,音乐根基来自布鲁斯和拉格泰姆。爵士乐讲究即兴,以具有摇摆特点的

Shuffle节奏为基础，是非洲黑人文化和欧洲白人文化的结合。20世纪前十几年爵士乐主要集中在新奥尔良发展，1917年后转向芝加哥，20世纪30年代又转移至纽约，直至今天，爵士乐风靡全球。爵士乐的主要风格有新奥尔良爵士、摇滚乐、比博普、冷爵士、自由爵士、拉丁爵士、融合爵士等。

（二）布鲁斯

布鲁斯是20世纪初产生在美国黑人中的一种民间音乐。在所有的民歌形态中，它是音乐学者最感兴趣的一种，其原因在于：一是它的"年龄"不大，研究者几乎可以找到它发展轨迹中的所有线索；二是它对西方流行音乐的影响极大，乃至无论我们谈到哪一种流行音乐，都必须提到布鲁斯在其中的影响；三是它的音乐特征和表演风格的演变过程与社会变革密切联系在一起，因此不仅是音乐学家，有一些社会学家也将它作为研究对象。

（三）乡村音乐

任何地方的乡村都有音乐，但这里的乡村音乐是个专用名词，有自己的特定含义，而不是泛指农村的音乐，也不是一般的民歌。它是一种具有美国民族特色的流行音乐，于20世纪20年代兴起于美国南部，其根源来自英国民谣，是美国白人民族音乐代表。乡村音乐的特点是曲调简单、节奏平稳，带有叙事性，具有较浓的乡土气息，亲切热情而不失流行元素。多为歌谣体、二部曲式或三部曲式。

（四）摇滚乐

作为流行音乐风格的一次巨变，摇滚乐的出现是很戏剧性的——与其说是音乐技术的发展，不如说是社会思潮的变革。摇滚乐兴起于20世纪50年代中期，主要受到节奏布鲁斯、乡村音乐和叮砰巷音乐的影响发展而来。早期摇滚乐很多都是黑人节奏布鲁斯的翻唱版，因而节奏布鲁斯是其主要根基。摇滚乐分支众多、形态复杂，主要风格有民谣摇滚、艺术摇滚、迷幻摇滚、乡村摇滚、重金属、朋克等，代表人物有埃尔维斯·普莱斯利（猫王）、鲍勃·迪伦、披头士乐队、滚石乐队等,是20世纪美国大众音乐走向成熟的重要标志。中国摇滚乐兴起于20世纪80年代初,1986年崔健以一首《一无所有》喊出了中国摇滚第一声。20世纪90年代中期为中国摇滚的高峰期。

再一次提醒读者:音乐是由耳朵和心灵来欣赏的一切的描述、一切的解释,如果脱离了音响,都是徒劳的。这正像一幅精美图片下面的说明文字,如果没有了画面,这些文字还有什么意义呢?更何况音乐作品浩如烟海,每个作品都有自己独特的魅力,用文字又怎能说得明白?因此,帮助欣赏的唯一捷径(如果说有捷径的话)就是熟悉音乐史上各个时期、各种体裁、各个流派的经典作品,反复聆听,直至耳熟能详,进而借助文字材料掌握其艺术特点、结构特征和表演风格。至于对艺术美的感受,则是出自一个心灵、进入另一个心灵的事情,书本是帮不了多少忙的。值得庆幸的是,对美的追求和感受能力是人类的天性。面对大自然的美,即使所有的美学书籍都说不清一朵鲜花、一丛青草、一片红霞为什么是美丽的,但只要我们拥有这种追求和感受能力,就会在美好的事物面前愉悦、激动,陶醉于造化的神奇之中。倘若没有这种体验,那些介绍、描述、赞美大自然的文字就全无意义了。

第三节 音乐欣赏知识入门

我们的生活中到处充满着音乐。这些美妙的音乐有时令人振奋,有时使人惆怅,有时让人思念……不仅如此,在旋律中,我们甚至能够体验到情绪的共鸣和情感的升华,思绪无论是想象、回忆、陶醉……总之,我们身边的音乐好像有一种神奇的魔力,让疲倦就像在沙漠中见到绿洲一般,让清凉的音符遮住灼人的烈日,享受紧张生活中的小憩。在社会生活中,音乐还被赋予各种特定的功能,从民间的婚丧嫁娶到庄重的国事活动,音乐都是必不可少的部分。古往今来,无论在哪个国家,概莫能外。

当我们在聆听音乐时,能感受到音乐的美、体验到音乐带来的愉悦,这就可以说在欣赏音乐了。可是在这些美妙动听的旋律中,你或许会把它作为背景音乐伴随着你的体验,或许会随着音乐进入大千世界、品味其中。对音乐的品味你究竟读懂了多少,就因人而异了。这里的原因有很多——你的人生阅历、你的不同经历,同时还有你对音乐作品创作背景的理解不同、对所演奏(演唱)音色的理解不同,以及对旋律、音高、节奏的掌握不同,等等。音乐欣赏必须是以音乐化的方法与其他的相关文化相融合。科普兰说过一句很精彩的话:"音乐有内容吗?当然是有的。这种内容能够用语言表达吗?当然不能。"事实正是如此,任何用语言表述的音乐内容,充其量只是一种比喻,而且往往是很拙劣的比喻。一段只有几小节的、朴素而动人的旋律,哪怕用千言万语也无法表达出来。要想知道它是什么样子,除了亲自倾听之外,别无他途。并且每个人听它的感受也是不同。有这么一句话:"有一千个听众,就有一千个哈姆雷特。"当然,当你对音乐欣赏的常识多了解一些,更能有助于你欣赏音乐。在这里,笔者将试图罗列和说明欣赏音乐所需要的一些基本知识。掌握了这些知识。当然会有助于理解,使我们从音乐中得到更多的理解和享受。只要你相信自己的音乐潜能,不断地倾听音乐,你就会越来越多地获得音响美感。同时,要在倾听音乐的前提下主动地体验音乐,这样就会产生你自己的音乐感受和理解。也就是说,"聆听"与"主动体验"是音乐欣赏过程的基本条件。

一、了解音乐艺术的基本特点

(一)音乐是什么

音乐是凭借声波振动而存在,在时间中展现,并能够产生共鸣效果的声频,它是通过人的听觉器官而引起各种情绪反应和情感体验的艺术。它必须通过演唱或演奏的中间环节,才能使听众感受到音乐的情感与意境,从而产生艺术效果,达到审美的目的。它们伴随人类产生而产生,伴随人类起源而起源,伴随人类发展而发展。它们不是人类身外之物,也不是人类最初的物质生产,而是一开始就是人类最初精神活动的一种产物。音乐是用有组织的乐音来表达人们思想情感、反映现实生活的一种艺术,它最基本的要素是节奏和旋律,分为声乐和器乐两大门类。

(二) 音乐的基本特点

1. 音乐是声音的艺术

这主要是从音乐本体来说的，因为音乐是由各种音响构成的，各种各样的声波振动，是音乐赖以存在的物质材料。声音分乐音和噪音两大类。物体有规律的振动，听起来音高十分明显的音，叫做乐音。如钢琴、小提琴、二胡、琵琶、古筝、笛子等乐器发出的音，都是乐音。物体没有规律的振动，听起来音高不明显的音，称为噪音。如爵士鼓、铜锣、木鱼、钹、碰铃、手鼓、军鼓等乐器发出的音，都是噪音。这个"噪音"，放在音乐理论中，意思就是发出的音波是不规则的。可是，在众多打击乐器中，比如定音鼓、云锣、编钟等等，虽然说都是打击乐器，但是它为什么叫做"定音鼓"，就是因为被定了"音"，有固定的音高；编钟是战国时代君王宫中用得较多的一种音高乐器，用来礼仪、祭祀等等；定音鼓是西洋管弦乐队的特殊鼓，云锣是中国的特色乐音打击乐器。所以说这三者都为乐音乐器。在音乐艺术中使用的音，主要是乐音。但噪音也是不可缺少的，特别在现代音乐中，噪音的表现作用越来越引起人们关注，并被广泛地运用。

2. 音乐是听觉的艺术、时间的艺术

这是从音乐的外部存在方式来说的。人们聆听音乐，首先必须通过听觉来感知。那如歌的旋律和丰富多彩的音色变化，只有直接作用于人的听觉，才能使欣赏者对作品达到完整的听觉把握，从而引起各种情绪反应和情感体验。因此，我们说音乐是听觉的艺术。

音乐作品表现自身的情感与内容还需要经历一定的时间，它必须在时间的流动中展衍、结束。音乐作品在时间流动中塑造艺术形象、表现人的情感这一特殊功能，是音乐的主要特征之一。此外，在音乐欣赏中，欣赏者也只有随着时间的推移，才能完整地体验音乐作品包含的情感与内容。所以，我们称音乐是时间的艺术。

3. 音乐是情感的艺术

与文学、绘画、雕塑等艺术相比较，音乐与感情的联系最直接，最善于表现人的情感。早在两千多年以前，我国《乐记》就已经提出"凡音之起，由人心生也"的看法，并描述了音乐是以怎样不同的声音表达人的哀心、乐心、喜心、

怒心、敬心、爱心等六种不同心情的。在西方，古希腊哲学家亚里士多德也把音乐与人的感情生活联系起来，认为乐调能反映出愤怒和温和、勇敢和节制以及一切互相对立的品质和其他的性情。西方艺术史上感情论音乐美学最重要的代表人物、德国哲学家黑格尔在他的《美学》一书中反复强调音乐的内容是情感的表现，认为只有情感才是音乐所要据为己有的领域，并且说："在这个领域里，音乐扩充到能表现一切各不相同的特殊情感，灵魂中一切深浅程度不同的欢乐、喜悦、谐趣、轻浮、创造性和兴高采烈，一切深浅程度不同的焦躁、烦恼、忧愁、哀伤、痛苦和怅惘等，乃至敬畏、崇拜和爱之类情绪，都属于音乐所表现的特殊领域。"在现代音乐美学研究中，波兰音乐学家丽莎认为："在音乐中，由于缺乏具体的、实在的、单个的客体，感情反应的因素便能比较强烈地发挥作用，占据了首要地位――这便是音乐在反映现实的方式上的特殊性。"

二、音乐的基本表现手段

音乐的基本要素是指构成音乐的各种元素，包括音的高低、音的长短、音的强弱和音色。由这些基本要素互相结合，形成音乐的常用的"形式要素"，例如节奏、曲调、和声，以及力度、速度、调式、曲式、织体等。构成音乐的形式要素，就是音乐的表现手段。

（一）节奏

音乐的节奏，是指音乐运动中音的长短和强弱。音乐的节奏常被比喻为音乐的骨架。节拍是音乐中的重拍和弱拍周期性地、有规律地重复进行。我国传统音乐称节拍为"板眼"，"板"相当于强拍，"眼"相当于次强拍（中眼）或弱拍。

（二）曲调

曲调，也称旋律。高低起伏的乐音按一定的节奏有秩序地横向组织起来，就形成曲调。曲调是完整的音乐形式中最重要的表现手段之一。曲调的进行方向是变幻无穷的，基本的进行方向有三种："水平进行""上行"和"下行"。相同音的进行方向，称水平进行；由低音向高音方向进行，称上行；由高音向低音方向进行，称下行。曲调的常见进行方式有"同音反复""级进"和"跳进"。依音阶的相邻音进行，称为级进；三度的跳进称小跳；四度和四度以上的跳进，称大跳。

（三）和声

和声包括"和弦"及"和声进行"。和弦通常是由三个或三个以上的乐音按一定的法则纵向（同时）重叠而形成的音响组合。和弦的横向组织就是和声进行。和声有明显的浓、淡、厚、薄的色彩作用，还有构成分句、分乐段和终止乐曲的作用。

（四）力度

音乐中音的强弱程度。

（五）速度

音乐进行的快慢。

（六）调式

音乐中使用的音按一定的关系连接起来，这些音以一个音为中心（主音）构成一个体系，就叫调式。如大调式、小调式、我国的五声调式等。调式中的各音，从主音开始自低到高排列起来即构成音阶。

（七）曲式

音乐的横向组织结构。

（八）织体

多声音乐作品中各声部的组合形态，包括纵向结合和横向结合关系。

三、音乐欣赏必备要素

（一）必备的人文素养

音乐作为一种艺术，作为一种社会意识形态，它用它特有的音乐语言，反映了现实生活。它孕育在世界各民族的文化土壤之中，但却又在不同的地理、历史、自然环境中生长，于是不同的文化背景便产生了各具特色、多姿多彩的音乐艺术。所以可以这样说，音乐是作为一种文化现象存在的。

欣赏音乐首先必须具备一定的人文素养。

欣赏中国音乐，需要了解：一是音乐与历史。中国是一个具有几千年历史的文明古国，几千年的悠久传统一直延续并发展着，这使得中国民族音乐形成了自己独特的艺术风格，同时也积累了大量的艺术品种。二是音乐与地理。中国地大物博，复杂多样的自然地理环境为各民族的民间民俗多样性提供了生长的土壤；同时，也为各具特色的地域音乐文化提供了丰富的源泉。三是音乐与社会。中国是一个拥有着56个少数民族的多民族国家。人口众多，各地的历史、宗教、语言以及习俗等社会意识形态形成了自己独特的文化，其音乐自然也各具特色。四是音乐与文化。我国几千年的文化有着丰厚的遗产，各类文化间互相渗透、互相影响，内在联系十分紧密。传统文化的美学追求与内在的统一性形成了艺术形态的协调、中和、简约与适应；艺术表现的蕴蓄、婉曲，艺术所表述的情感，伦理的结合与渗透，艺术作品的"气韵"、"意境"，创作的"风骨"、"神貌"，构成了中国民族音乐的风格特点。

欣赏西方音乐，需要了解西方文化的背景与特征。一是西方音乐与基督教文明的渊源关系。教会的体制、礼仪、思想既促进了音乐的发展，同时也对音乐采取了严格限制的态度，这就使得中世纪音乐用了上千年的漫长时间才得以完成。二是基督教的文明与资本主义的发展相结合，赋予了西方音乐新的文化意义，即人文主义和个人主义的思想。作曲家个人的创作形成了西方音乐文化的又一特征，在西方音乐的发展中具有特殊的意义。三是西方音乐体现了西方文化的科学传统。音乐技术、技法在西方音乐观念中占据了重要的地位。西方文明反映在对科学的探索和热情的追求上。那么体现在音乐创作中，就是历代作曲技法的积累、创新和发展。从中世纪的格里高利圣咏开始，到20世纪的现代主义以及后现代主义的1000多年间，建立了一套十分严密、完整的音乐体系。它包含了丰富的技术与技法，而每一种技术的发明与演变，又都有着其产生的文化背景和历史原因。所以，综上所述：具备一定的人文素养可以为深入了解音乐艺术打下良好的基础。

（二）必备的音乐知识

音乐知识是具体读懂音乐所必须具备的常识。音乐通过特定的语言，如旋律、节奏、和声等诸多音乐要素，组成了流动的音乐。音乐作品的展现是通过一定时间段的听觉感受，并刺激人的情感变化，而达到欣赏的一个过程。音乐知识能帮助人们从根本上理解音乐作品的表现手法，尤其是纯音乐作品（无标题音乐）。如贝多芬的《G大调小步舞曲》。它用调性与体裁形式来命名，从文学的角度只能解释为三拍子的小步舞曲意境，然而具体的音乐体现必须从其中迂回级进的旋律进行、连续附点节奏的对比等综合音乐要素中去把握。这样才会准确理解作品的内涵，即典雅、优美、高贵、细腻的古典音乐风格。

（三）必备的审美基础

音乐美是音乐家创造性劳动的产物，没有音乐家主观的能动创造，就不会有音乐艺术，自然也不会有音乐的美。然而音乐家的创造又是把社会美作为源泉，把自然美与社会美作为创造的依据的。

1.音乐美蕴含在艺术化的声音组合之中

音乐是声音的艺术，音乐的美是通过艺术化的声音组合来表现出来的。无论是声乐还是器乐，大都是人们根据美的规律对音乐进行加工，使声音具有艺术化，即乐音。根据这些特征，有的美学家把音乐的美分为单纯感觉美和综合形式美。单纯感觉美是指声音的美，特别是音色美。如小提琴的柔美清纯、大提琴的浑厚深沉、小号的刚健明亮、双簧管的田园风味，不同乐器各自都有着不同的音色美。然而，单纯感觉美还不是真正的音乐美。真正的音乐美是一种综合形式美。它根据音乐艺术规律和作曲家的创作，把高低、长短、强弱以及音色不同的乐音组合为具有表现力的音乐旋律，在旋律美的基础之上构成和声美、复调美。即使是一些综合艺术的音乐体裁，如歌曲、歌剧、舞剧等，由于结合着歌词、戏剧情节与舞蹈场面等非音乐因素，它们也都体现着有多种因素构成的综合美。

2. 音乐美是情感美的集中体现

音乐美的内涵，最主要表现于人的情感活动中。音乐对现实美（社会、自然美）的描写是通过人的心理体验与情感态度表现出来的。它不像绘画艺术是一种静止的艺术，它的表情只能是瞬间的；它也不像戏剧艺术，表情性与其他因素结合。音乐是在展开的过程中、在音乐发展的变化中不断调整人的情感迁移，充分展示人的心灵——情感的美。在欣赏的过程中，那样的专注与纯净，在表现情感时，更纯粹、更自由、更内在、更集中、更动人。情真意切构成音乐的又一重要特征。这特征与人的心灵最能直接相通，最为耐人寻味。

四、学会音乐欣赏的方式

音乐欣赏分为感性欣赏与理性欣赏。作为一门课程，音乐欣赏应从理性欣赏的角度来学会音乐欣赏的方式。

（一）了解作者的生平及其所创作作品的时代背景

音乐作品是音乐家对社会生活的感受，了解音乐家的生平、他所处的年代、当时的社会历史背景以及音乐家的成长历程，这些对音乐作品的总体风格把握是极其重要的。如莫扎特与贝多芬，两个人所处的年代相近，德、奥的社会历史背景大致相同，但他们的创作个性则完全不同。莫扎特的音乐成长道路一帆风顺，"神童"的音乐天才又很早就得到施展，以至于他所创作的音乐作品和谐对称、纯朴优美、干净细致。而贝多芬出身于一个平民家庭，从小学音乐是在父亲的逼迫之下开始的，他一生坎坷、性格孤僻，所以他的作品表现了强烈的反抗精神，充满了戏剧性的矛盾和冲突，音乐的对比大起大落，这与贝多芬本人的性格是完全吻合的。

另外，同一个作曲家，在他一生的各个创作时期所产生的音乐作品还是有着区别的。了解作品所产生的时期，就能准确地把握作曲家的创作意图，完整地再现作品的原意。在欣赏过程中再加以主观的理解，达到鉴赏审美的目的。

（二）了解音乐的表现手法

音乐的表现手法，从最基本的音乐要素组合到各时期的音乐创作技法的应用以致所形成的各种音乐风格流派。如巴洛克时期的复调音乐，古典主义时期的主调音乐，浪漫主义时期的标题音乐，近现代的无调性音乐、偶然音乐、电子音乐等。表现手法的多样性体现在我国民族音乐中，如循环、加花、同宫系统的调式变化以及曲艺戏曲的曲牌联缀体、板腔体等等。这些都是音乐欣赏中所必须注意的。

（三）了解音乐的民族特征

一切音乐作品都植根于民族民间音乐之中，因此都有各自的民族特征。在音乐作品中，民族特征不仅体现在作品的音乐要素中，如民族调式、旋律构成、节奏音型、调式类别等、更重要的是民族的历史、地理、习俗、自然环境所产生的民族音乐语言，这些都直接影响了作曲家的作曲语汇，并贯穿于音乐作品的始终。19世纪各国民族乐派的形成就是一个典型的例子。在我国单汉族音乐就有南北方民族风格的差异，更不用说每个民族都有各具特色的民族音乐了。

（四）了解音乐作品中的非音乐因素

音乐综合艺术（歌剧、舞剧、曲艺、戏曲）中包含了文字、诗歌、美术、舞蹈、武术、戏剧等诸多的非音乐因素。这些非音乐因素对于音乐的理解起了很多的辅助作用。有的（如文字剧本）对于音乐的构成还起了主导性的作用。了解这些因素，有助于理解音乐的本意。如《春江花月夜》的"春江""花影""月夜"、对于意境的刻画起了很好的点缀作用。俄罗斯作曲家的管弦乐作品《在中亚细亚草原》则为音乐作品的描述指定了特定的地域，音乐中商人的商车与骑兵的马队用复调织体的表现，使人很自然地就联想到中亚细亚草原上的情景。再如我国著名的小提琴协奏曲《梁祝》，则一目了然地用音乐向人们讲述着一个传统的爱情故事……这些非音乐因素给音乐欣赏提供了审美的依据。

（五）了解音乐作品的曲式

曲式是指音乐作品的结构。曲式多种多样，有固定的也有自由的。如幻想曲、即兴曲就带有很大的自由空间，但大多数曲式都已经形成固定的结构形式。了解音乐作品的曲式结构，能了解音乐展现的来龙去脉。尤其是音乐作为时间的艺术，在欣赏的过程中，更应掌握曲式这门音乐知识，这样才能在音乐随着时间展现完以后，全面地回顾音乐作品的整体，而不致被作品中某个和弦、旋律、片段所吸引而忘却全部。

欣赏音乐只有多听、多比较、多分析、多体验，"音乐的耳朵"才能逐步地形成。有了"音乐的耳朵"，音乐就会带给你巨大的物质财富与精神财富，就会赋予你智慧的火花，就会给你带来无穷无尽的美的享受。

五、如何进行音乐欣赏

（一）保持一定的听觉锐度

在欣赏音乐过程中，安静和专注有助于提高你的听觉锐度，从而能觉察到作品的细微之处和精彩瞬间，进而发挥自己的感受力、想象力和理解力。听觉锐度的提高，也是感受作品深度和厚度的基础。

（二）由浅入深地接近

对于初学者，欣赏音乐，建议遵循循序渐进的规律。在作品的选择上，由声乐曲到器乐曲，从器乐小品到大型巨作，由单一的声乐、器乐到综合的歌剧、舞剧，让自己的感受力、理解力在作品由简单到复杂的过程中逐步提升。在理解的层次上，可以由直觉感知过渡到感性共鸣，即从直觉反应过渡到情绪、情感的体验，再进入到理性探究层面。整体上是三个阶段，即动听—动情—探知。

（三）先全貌再局部

欣赏某一首作品，可以先完整地听一遍，对其所表现的情绪、意境有一个粗略的印象。然后可以选取一些段落反复地听，分析作品的表现手段、曲式结构以及风格流派。之后，再将初步印象和局部的分析结合起来，形成对作品的大概认识。

（四）带着比较和对比的意念

音乐之所以能表达不同的情绪和思想，缘于运用了各个要素，比如音的高低长短、强弱、速度、力度、调式、调性等等。所以，在聆听过程中带着比较和对比的意念，才能更深入地领会作品的意境。比较和对比不限于同一作品，可以是不同曲式间的比较、不同乐器间的比较等等。

（五）把精彩装进脑子里

很多作品都有精彩和经典的旋律和片段，它们也常常是作品所有表达的主要内容。如果反复听一听，把它们背下来，日积月累，你将成为经典音乐的内存库，达到信手拈来、如数家珍的熟练程度。

（六）把自己放进音乐里

有句话很经典："世界的样子是你认为的样子。"音乐欣赏，是用你对世界的认识和态度解读"乐思"的。所以，某种程度上，你不是听到了音乐，而是听到了自己认为的"音乐"，听到了自己的内在。这是一个非常享受的过程。所以，把自己放进音乐里，与它融为一体，会有意想不到的美妙在其中。

第四节 听一场高雅的音乐会，做一名专业的音乐欣赏者

随着物质生活水平的逐步提高，人们的精神需求也不断提高。闲暇之余，观光旅游、网上冲浪、穿衣讲"服饰文化"、吃饭讲"饮食文化"、住房讲"建筑文化"等。逐渐地，听音乐会，享受高雅音乐，也成为现代人陶冶生活的方式之一。

在北京、上海、广州这样的大城市里，都有着为数众多的音乐厅，几乎每天都有音乐会上演。比如北京音乐厅，年末就可以排满下一年的演出日程。我们必须从琳琅满目的演出中选出最适合自己聆听的场次。如今，福州五一广场福建大剧院、九日台音乐厅等场所是福州这个省会城市音乐爱好者听音乐会的重要场所，每周都会上演国内外经典音乐会。那么，怎样听一场高雅的音乐会，做一名专业的音乐欣赏者呢？在这里就针对音乐会的一些"潜规则"谈一谈。

一、欣赏音乐会前的准备工作

（一）选择什么样的音乐会内容

选择自己有浓厚兴趣的音乐会的形式（交响乐、室内乐、民族管弦乐、音乐剧、舞剧、歌剧、合唱、独唱、地方传统音乐等等），这样即使演出团体的本身演奏技术不尽如人意，音乐本身依然能带给我们应有的感动。对那些自己在唱片中听得无动于衷的曲目，甭管别人说得怎样天花乱坠，那终究是别人的感受，如果再碰上乐队的蹩脚表现，那些伟大的音乐恐怕以后在你的心中永无翻身之日了！对一些国际上知名音乐团体、著名音乐艺人的访华演出，这种可遇不可求的演出，特别是一些年迈的艺术大师，他们的访华演出很可能是第一次，也是可能最后一次，错过一次很可能要遗憾终身。这样机不可失的场次真要去感受一番。

（二）参加音乐会前的准备工作

如果你对即将听到的演出曲目非常熟悉，那么在欣赏的过程中一定会给你带来情感上的共鸣。遇到不太熟悉的体裁和作品时，应该查阅相关资料，对演出的体裁、作品的创作背景、乐团（或演唱者）在互联网上进行一定的了解，了解得越深，现场聆听时就不会感到太茫然。

二、注意音乐会礼仪

（一）着装要求

在一般人的印象里，听交响乐都是要西装革履的，其实在中国大可不必。毕竟，西服不是我们的传统礼仪服装，只要干净整齐、不邋遢，星级宾馆大堂允许进入的穿着，音乐厅里都能够接受。有些古典音乐家的演出服饰花哨得令人瞠目结舌，比如大提琴演奏家麦斯基、小提琴演奏家肯尼迪等人，他们的演出服饰一向都很有个性。随便、舒适、休闲不仅是现代服装的潮流，也应该是音乐厅着装的必然趋势。当然，也有一些特定的音乐会有着特定的着装要求，是必须要遵守的。

（二）提前入场

不论哪种场合，迟到都是很不礼貌的行为。所以最好能于开演前15分钟左右到场。提前入场有很多好处，可以平静自己的心气，从容等待音乐的沐浴，可以有充裕的时间阅读节目单上有关乐曲、乐队、指挥的详细介绍，避免演出过程中的匆忙翻阅等等。当然，最重要的，这也是对演出团体和艺术家最起码的尊重。现在很多音乐厅都拒绝乐章中间让迟到者入场，即使如此，短暂的乐章间休息，黑暗的观众席中不仅寻找座位麻烦，还会因为入座影响别人而招来一片白眼与不快。

不允许中途退场，有特殊情况要提前退场的，应在一首乐曲结束时，指挥谢幕观众鼓掌的时候悄悄地离开。

（三）不要制造噪音

安静倾听是音乐会最起码的礼仪，不仅表示对演奏者和其他观众的尊重，也间接表达了自己的修养。所以说，在音乐会中发出噪音是很不礼貌的。手机的尖锐铃声在音乐厅里听起来绝对让人心惊胆颤，特别是演出过程中出现的铃声。为了避免这种极不和谐音的出现、避免招致周围群众射来的"仇恨"眼光，你最好在进场前就把它们都关闭掉或调至静音震动状态；演出进行中应保持肃静，不可交谈、打瞌睡、喝水（饮料）、吃东西、走动等；同时，尽量避免携带那些容易发出干扰噪声的物件入场，比如塑料袋、塑料瓶、购物袋等；坐在座椅上尽量避免做一些"小动作"，例如在座位上移动大衣、将包打开或关上、捡掉到地上的东西、清喉咙以及咳嗽、嚼口香糖、翻腾自己的塑料提袋等。如果在演奏进行中正巧瞧见熟人，你只能坐在原位向其点头致意，万万不可离开座位，跑去大声问好、说话。等到中场休息时或者散场以后，才能向熟人尽情表达你的亲热；如果你对某个节目不满意，也不要与身边的观众相互低语，对节目进行评论，应在演出结束退场后。

（四）体态坐姿要有规矩

在正规的音乐厅里，当灯光忽明忽暗地闪烁几次时，就意味着节目即将在5分钟之内开始，提示你立刻回到自己的座位上去。如果同排中的其他人还留在座位上，走过他们身边时应该说声"抱歉"之类的客气话，并注意不要太急迫鲁莽，以免碰到座位上的观众或踩到他们的脚。

通常音乐厅内的空间都十分有限，分配到每个人，可供回旋的余地已经很小。这就要求观众要行为有度，不可随意超越自己的空间。

看演出时应该摘掉帽子，以避免影响后面观众的视线。在音乐会的现场，绝对不允许脱掉鞋子，随意翘腿。

（五）不要使用闪光灯拍照

除获主办方预先批准外不得在场内录音、摄影、拍照或作电视或电台转播。通常，主办方为了不影响艺术家们的表演以及保护版权，将严禁观众带这类物品进场。如果获准照相，请千万不要使用闪光灯，因为闪光灯会打扰演奏者的尽情发挥。在这种情况下，演奏者是完全有权利选择退场罢演的。

（六）音乐会中何时鼓掌

当我们终于听到美妙动人的音乐时，无言的感动中，我们还要注意哪些问题呢？首要的一点，就是不能乱鼓掌、乱喝彩。

据说几百年前的西方艺术家表演交响乐时，乐章间观众是可以鼓掌的，碰到掌声、喝彩声太热烈时，指挥还会把刚演奏过的乐章即兴重复一遍以飨听众。鼓掌也许是整个观赏礼仪中最核心的部分，要保持音乐会的安静，是从19世纪末才开始建立的意识。在RobertSpaethling的《Mozart'sLetters, Mozart'sLife》一书中提到，莫扎特甚至希望，特别是晚餐时间，他的听众们可以边吃饭边听音乐。如果听众在欣赏交响曲时凡是听得高兴就鼓掌，那他会非常高兴！随着音乐作品的复杂化，专心听音乐才成为要求。瓦格纳曾在1882年的拜罗伊特音乐节上反对打断他那连绵不绝的歌剧音乐的掌声。而马勒倾向于对听众的掌声进行管制，特别强调《亡儿之歌》的各乐章之间不得被听众的掌声打断。这似乎也成了乐章间不鼓掌的传统的开端。直到进入20世纪，在交响曲的乐章之间鼓掌才被认为是一种破坏作品整体性的行为。而现在，尽管大家会包容在乐章之间鼓掌的人，但这种行为已经成为一种过失、错误。不过这个规矩也有例外的时候，比如西方观众也会在柴科夫斯基《第六交响曲》的第三乐章结束后鼓掌，而一般来说指挥也会默认这件事。复杂一点的是，有时候，在音乐结束时急于鼓掌也未必好。特别是尾声比较静谧的作品。还是以柴科夫斯基《第六交响曲》为例。乐曲最后是非常沉静的，指挥也常常是安静地把手放低在两侧，或者在空中停留数秒再放下来，这就是希望观众能继续参与乐队的演出中来，配合完成曲子最后的余韵。这时候抽身出去鼓掌，音乐最后营造的空间被破坏，你也很难得到什么吧？再例如，对于弥撒、安魂曲、受难曲或其他严肃体裁的作品，那种水到渠成的安静是你不应该拒绝的，不应该让任何东西影响你对作品的回味。因此首先要从感受出发，不要把鼓掌当作例行公事。

然而几百年绵延下来，如今的习俗已大为改变，乐章间不鼓掌已成为一种约定俗成的礼节。乐章间保持宁静既可以保证一部宏大作品的整体性，又能够保证我们欣赏思绪的连续。所以，不管前面的乐章多么精彩动人，我们只能把全部由衷的感谢激情留待曲终时再释放出来。音乐会开始时，应鼓掌迎接指挥上台，对上台演出的独奏的演员也应给予掌声鼓励。整首交响乐或整组乐曲全部演奏完毕时，才一起鼓掌。乐章之间和组曲之间不拍手。如果你对演奏的作品不甚了解，要想知道何时曲终、何时该鼓掌，有一个简单的判断方法：演出前用点时间熟悉节目单，了解作品的乐章数目，演出时用心数乐章，一般乐章之间台上的指挥、演奏家们都有简单的休整动作，台下的听众也有些调整身姿、放肆咳嗽等举动，全部乐章演奏结束后，指挥一般都会转过身来鞠躬谢幕，此时你就可以纵情鼓掌、喝彩来表示对艺术家们的感谢。若对何时该拍手还是没有把握，建议你不妨多观察旁人，等别人先拍手再跟着拍，就不会出错。在全部作品结束时要鼓掌，这是显示你对演奏者具有欣赏力的时候，演奏者有可能会因你热烈的掌声而返场并加演曲目。加演曲目的多少很大程度上取决于听众掌声、喝彩声的热烈程度。如果你确实喜欢他们的表现，不妨鼓掌鼓得猛烈一点、热情一点。指挥家、演奏家不退场，为表达对他们的尊重，观众的掌声不应停止。当音乐会主持人向观众介绍出席或支持本场音乐会的主办方时，观众应以热烈的掌声表示感谢。至于乱叫、吹口哨等，那是对演奏者极不礼貌的表现，除非乐队指挥明确示意听众参与演奏活动，如和着节拍击掌等，你自己不要随意地以手或嘴"与乐队共奏"。

（七）安静有序地退场

音乐会结束时，听众应在座位上停留片刻，不要急于退场，待演奏者谢幕时，全场应起立鼓掌，以示尊敬。演奏者谢幕之后，方可井然有序地退场。

出场时，切忌大声喧哗，或者立刻评价音乐会。即使与心里想象的情景存在较大的差异而达不到自己满意的结果，也应等出去之后再做讨论。不要遗忘自己携带的物品，千万不要留下垃圾，因为那关乎你的个人修养。

（八）不可随意献花

一般情况下，演出期间观众不能随意向演员献花。如有特殊情况要求以个人的名义向演员献花，应事先与工作人员联系，由工作人员安排献花活动。

（九）想抽烟请到吸烟区

音乐会可能会持续几个小时，一般在节目进行到一半的时候有中场休息。这时您可以留在座位上，也可以站起来或离开观众席活动。烟瘾较大的人士，可到专门的吸烟区去抽烟，也可以走出音乐厅去过道吸烟。

三、关于音乐会礼仪的几点规定的分析

（一）为什么"1.2米以下儿童谢绝入场（儿童专场除外）"

这一点是绝大多数音乐厅的规定，据科学考证，身高1.2米以下的儿童一般都不具备情绪控制力，也就是说，他们在音乐厅里很难保持长时间的安静状态聆听音乐，他们不由自主的"行动"意识不仅影响家长的欣赏情绪，更会扰乱周围听众的聆听环境。所以，除了一些专门面向儿童的专场音乐会外，尽量避免携带那些尚不具备情绪控制力的孩子去音乐厅，否则难受的不仅仅是孩子，家长、相邻观众甚至是指挥，他们都会受到不同程度的影响和干扰。

音乐厅演出需要最大限度地保持现场声音的可控性，儿童的行为往往可控性不强（声音、动作等），这才是音乐厅出现这项规定的最主要原因。

（二）怎样理解"请在演出开始前进入剧场，以免迟到"这样的规定

通常情况下演出前45分钟可以进入演出场地。之所以有这样的安排，是因为音乐厅内往往都会设置一些具有艺术氛围的装饰，甚至包括一些艺术类展览也会同时进行，如果你早到一点的话，往往不会错过这些有意思的艺术展示。

当然，音乐厅内的装修本身也非常具有可观赏性。你可以提前感受到剧场的艺术氛围（当然适当的自拍，发个朋友圈也是个不错的选项），也可以从容做好观演前的各项准备工作。

在西方社会，音乐厅往往也是很不错的社交场所，在音乐会开始前、结束后都是非常重要的社交时段。当然在中国，音乐会开始之前往往都是音乐专业的人汇聚在一起（俗称的"圈里人"）互相聊聊天、叙叙旧的时间段。如果你想"偶遇"几位音乐界的大咖，可以在一些非常专业的音乐会开始之前早一点到音乐厅门口，必定不会让你失望。

（三）如何看待"迟到观众请在等候区等候，待曲间（幕间）入场，就近入座"

一旦演出开始以后你姗姗来迟，你会选择在众目睽睽之下走进剧场影响其他按时入场观众的欣赏效果，还是会选择在一个在不引人注意的节点默默进入？

所以，如果你迟到了，那就只能先安安静静地在门口等（就算不想，门口也会有工作人员拦着你），千万不要在门口吵吵嚷嚷"老子是花了大价钱买的票的，凭啥不让我进去"，这样只会让别人觉得你是个"怪物"，这是出于对艺术的"尊重"。

你要等到曲间（幕间）按照场务人员的指引，"轻声"入场、"就近"入座，这期间就不要计较什么你原本门票上面显示是哪一排的座位了，即使当时你手里拿的是上千元的VIP票，来晚了都要等着"曲间"或"幕间"的空档悄悄地到偏僻座位坐下来，因为这是为了不影响那些按时到场的听众，这是基本道德素质。

当然你可以在"中场休息"的时候回到自己原本的座位。

四、音乐厅中坐在哪个的位子是最好的（欣赏音乐的延伸阅读）

如果跟你说，绝大部分的音乐厅都一样，最好的位子在最便宜的票区，而最贵的位子其实是最差的，你相信吗？其实音乐厅中最好的位子，刚好就在音乐厅楼上后段的座位，因为声音会向上飘，传到远处刚好融合得最好，而且许多音乐厅的设计是前低后高，所以前排最贵的位置通常是低于演奏（唱）者的高度，所以声音都从这些人的头顶飘过（连理都不理，好像有点目中无人哦），直接到后头顶端正好完美地融合在一起，再加上来自天花板的反射，坐在那里的听众彷佛坐在乐团旁边一般，更有身临其境的立体音响。而坐在最前端、舞台正前方、票价最贵的听众，则听到不平衡的音响效果，可能某个乐器声部特别大声，而另一个声部则特别小声，好像吃到一道盐加太多而糖放太少的菜肴，口味都走样了。

因此，音乐厅后座通常坐的是音乐系的学生（因为没钱）以及真正的行家。反而前面那些贵贵的位置都是给穿着华丽的贵宾贵妇们的（反正他们很多都只是来亮相衣服的，音响不好不重要，漂亮的服装要让大家都瞧得到才重要）。所以，不要觉得买最便宜的票不好意思，因为你才是行家。若是觉得距离太远，无法看清楚台上演奏的姿态，可以携带小型的望远镜，保证清晰到连眼角纹都躲不掉。

不过，有一种情形可以买中间稍前的位置，就是想让孩子看清楚乐器时。虽然也可准备望远镜，看得更是巨细无遗，但年纪很小的孩子使用望远镜毕竟不方便，所以为了让孩子看清楚各种乐器的演奏方式，这种情形下，我会刻意选择视野较清楚的中段位置。

第五节 雅俗共赏的轻音乐

"轻音乐"是音乐范畴里的一个形式。形象地说，它是音乐中的轻武器，和文学里的小品文、笑话、抒情诗等大致相同。它具有轻便、通俗、小巧玲珑、易懂和易被人接受的特点。它和交响乐、协奏曲、大合唱、管弦乐等大型艺术形式形成鲜明的对照。在大众中，轻音乐十分普及，可谓雅俗共赏。轻音乐的种类较多，它包括一般的生活歌曲、抒情歌曲、诙谐歌曲、讽刺歌曲，还包括一些轻歌剧、圆舞曲、小型管弦乐序曲、小夜曲，以及部分管弦乐曲小品、电影歌曲、舞蹈音乐等。

轻音乐又名"情调音乐"，指流行音乐中的器乐作品，不包括摇滚乐、迪斯科等节奏强烈的音乐。轻音乐以通俗方式诠释乐曲，其来源可以是原创，也可以是对古典音乐、流行音乐或者民间音乐进行改编而成。可以营造温馨浪漫的情调，带有休闲性质。

　　大多数听轻音乐的是上班族和一些老人们，工作忙碌的他们听轻音乐可以适当地缓解疲惫放松自己，更容易让人进入睡眠。轻音乐是生命的清泉，它会将宁静渗透到你内心深处的每一个角落，还会有一股不知名的温暖袭上你的心头。纵使你在风暴来临之前，在孤独之中或失意之后，这股温暖总能深深地安慰你的心。有人认为，轻音乐是音乐中的"第三种势力"。它是用通俗流行手法进行改编诠释，用小型乐队进行演奏，以营造温馨浪漫情调、轻松优美氛围为宗旨，带有休闲性质的一种通俗音乐。轻音乐没有什么深刻的思想内涵，只想带给人们轻松优美的享受，而其主要的特征是轻松活泼。轻音乐能给人带来独特的韵味和美感，它所具有的韵味和美感既不同于古典音乐，也不同于流行音乐。动人的旋律、优美的和声、新颖的配器、丰富的音色、浓郁的浪漫情调，都给人以全新的感受，产生了轻音乐特有的美感。

　　但轻音乐也不等同于以流行歌曲为核心的流行音乐。它不像古典音乐那般具有鲜明的时代特征和对社会的批判意识而显得温文尔雅，也不像流行音乐，而是具有较高的审美品味，热门流行歌曲很快就会过时，优美的轻音乐乐曲却会经久不衰。总的来说，轻音乐介于古典音乐和流行音乐之间，是对二者鲜明对立的一个折中，可谓是音乐中的"第三种势力"。它古典气息和现代风味兼而有之，华丽而不艳俗、浪漫而不轻浮、抒情而不缠绵，既通俗易懂、平易近人，又格调高雅、风度不凡。古典乐迷不觉得粗俗，流行音乐爱好者也能够接受，可谓雅俗共赏。

　　工作累的时候，建议大家打开班得瑞、久石让的音乐，静静品味，一天乏力和不满自然就消褪了；清闲的时候，打开中国古典轻音乐，泡上一杯茶，感受"高山流水"，细品"梅花三弄"；心神不宁的时候，听着云水禅心的佛教轻音乐，观锦鲤易养生！而且，轻音乐没有特定的思维空间的限制，能让你轻松自由地去遐想自己的快乐和伤悲，给你一片宁静以致远的透明与感动——在这儿，你聆听的是属于自己的故事，你的眼泪是为你的存在而流下的。泪，不只代表着伤悲，当眼泪滑过面颊，只有自己能读出其中的坚强与幸福。外界的纷扰有时会让你的心灵花朵渐渐枯萎，但是你要学会为自己疗伤，让自己的心慢慢静下来，听见自己的呼吸，寻找曾经的美丽。你会开心地发现，其实你并没有改变，只不过是暂地地罩上了一层浅浅的灰色，你可以学着不坚强，让清澈如溪的泪水静静地流下，冲洗着花儿上的泥土，绽放出水晶般的光泽，你会看见，只要你肯寻找，所有的阳光便都会暖暖地聚集在你的身边。

众所周知，古典音乐具有厚重的织体、庞大的结构和规模、凝重的乐思、深刻的思想内涵，最主要的特征是严肃端庄。轻音乐则相反，织体轻盈、结构小巧简单、节奏明快舒展、旋律优美动听，一般都由钢琴和小提琴演奏。它没有什么深刻的思想内涵，也不想拥有这种内涵，只想带给人们轻松优美的享受，其主要的特征是轻松活泼。因此，把这种音乐命名为轻音乐是非常贴切的。

轻音乐这个词在我国产生于20世纪30年代，20世纪50年代约定俗成固定下来，成为一种音乐体裁的概念。它的含义和范围相当于通俗音乐，而比国外的流行音乐要宽。

一、轻音乐的特点：

（一）娱乐性

音乐同其他艺术一样，都是寓教于乐的。而轻音乐的娱乐性特点表现得更为突出。可以说，轻音乐是运用它特有的轻快、轻松、轻巧、轻盈，还有轻型的特色来充分发挥它的娱乐功能的。

（二）通俗性

轻音乐作品一般篇幅不大，结构简明，没有什么复杂的戏剧情节。它的音乐通俗、浅显、易懂。因此，欣赏轻音乐比欣赏交响乐要容易得多。

（三）生活化

轻音乐不仅在内容上大都为人们所熟悉，而且它的欣赏过程也比较随便，可以在剧场这种正式场合，也可以在公园、饭店、舞会、茶座、商店里欣赏。至于在家里，那就更随意了。它具有现代生活气息的节奏、韵律和音色特点，是伴你休闲、旅游、进餐、入梦的很好的朋友。

二、轻音乐风格特色

轻音乐的风格特色，较之其他音乐形式更为轻快活泼、富有风趣，特别是它的曲调格外动听。一些交响乐、管弦乐、大合唱等作品，在手法上往往要借用和声、配器、复调等技术手段的帮助，而轻音乐除此以外，更重要的还要靠旋律的优美来完成。因此，轻音乐对于曲调优美轻快的要求，比其他音乐形式更为严格——一首抒情歌曲应该是优美委婉的；一个圆舞曲必须节奏鲜明、音调悠扬；一个诙谐的歌曲要给人们以欢乐愉快的感染；一首讽刺歌曲，应该是辛辣犀利的……这些轻音乐独具的表现特色，也就形成了它自身的风格。

三、轻音乐的由来

轻音乐的曲目大多是通过改编而来。其中，欧美流行歌曲占了很大的比重，很多都是上了英美排行榜的热门歌曲，如《昨天》《雨的节奏》《我爱巴黎》《爱情是兰色的》《莉莉·玛琳》等。这些歌曲被改编成轻音乐后，淡化了原歌中的流行因素，突出了优美的旋律，使音乐情调一变，更加优美悦耳。至今，很多热门歌曲已经被人们忘记，但轻音乐改编曲却留在了人们脑海中。

欧美电影尤其是好莱坞电影、音乐剧、舞台剧的主题音乐或插曲，是轻音乐的另一个重要改编来源。像《月亮河》《时光流逝》《雨点不断地掉在我头上》《泉水里的三枚硬币》《说你，说我》《爱情故事》《教父》《阿根廷，别为我哭泣》《回忆》等乐曲，都已成为轻音乐的经典曲目。

用通俗音乐语言诠释古典名曲，这是很多轻音乐乐队都十分热衷的。好的改编和演奏，既保留了原曲的古典精神，又融入了鲜明的现代气息，古典音乐迷不嫌浅薄而感到别有韵味；那些对古典音乐敬而远之的人则发现与古典音乐的距离缩短了，提高了欣赏兴趣。改编成轻音乐的巴赫《圣母颂》、舒伯特《小夜曲》、莫扎特《第二十一号钢琴协奏曲》、贝多芬《月光》和《悲怆》奏鸣曲中的柔板、李斯特《爱之梦》、斯美塔那《伏尔塔瓦河》、马思涅《冥想曲》、肖邦《即兴幻想曲》等，听来别具一格、满耳生辉。

世界各地的民族民间音乐也是轻音乐的改编对象。如英国的《夏天最后一朵玫瑰》，意大利的《重归苏莲托》和《桑塔·露琪亚》，罗马尼亚的《霍拉舞曲》、加拿大的《红河谷》、美国的《牧场上的家》、古巴的《鸽子》、吉普赛的《流浪者之歌》和拉丁音乐等。此外，一些广为流传的浪漫小曲，如《少女的祈祷》《爱的浪漫曲》《绿袖》等，也是轻音乐乐队经常演奏的曲目。

四、听轻音乐延年益寿

紧张的劳动后，听一首轻音乐，可以摆脱繁杂的思绪，帮你消弭倦怠、恢复精力。轻轻地闭上眼睛，舒坦全身的筋骨，再将心中的忧虑倾出，让自己进水晶般的音符里，让心的忧容褪色、雾化，流进大海，遁入虚空!清凉剔透的水晶，返璞归真的天籁，如香汤沐浴、似甘露灌顶，纾解胸中沉积不散的郁闷，扫除心中许久以来的阴霾，身心自在，忘却忧伤。音乐能引导出α脑波。许多国家将音乐配合医疗体系，广泛应用于各种心理及生理治疗之中，已不是新鲜的事了。音乐对于人的身心具有确实的治疗作用，音乐的治疗功能，是透过音乐的物理作用，直接对体内器官产生共振效果。因为声音是一种振动，而人体本身也是由许多振动系统所构成，如心脏的跳动、胃肠蠕动、脑波的波动等。当听到音乐产生的振动与体内器官产生共振时，会使人体分泌一种生理活性物质，调节血液流动和神经，让人富有活力、朝气蓬勃。

有时间听听轻音乐吧，特别是忙碌一天的上班族，在轻音乐中你会发现，在这喧嚣的都市中，让身心获得一份宁静是多么的舒适与幸福。单纯的轻音乐，能让人放松精神，让浮躁的感觉远离自我。在各种轻音乐中，人们越来越倾向于往其中加入一些自然元素，如流水声、水中的蛙声、柔软的风声、如阳光般温和的钢琴声。"班得瑞"的轻音乐是很受现代人欢迎的。当你听到"班得瑞"乐队的音乐时，你会为之一振，似乎整个身子都沉寂在它的音乐之中。在他们的音乐中，你似乎忘记了自己。"蝉噪林逾静，鸟鸣山更幽"，听着"班得瑞"的音乐，你的身边只有那纯静的自然。听着"班得瑞"的自然音乐时，眼睛轻轻闭上，思维如入无人之境，自己仿佛置身于宁静的大自然中，身边没有任何嘈杂，心中的杂念一下子都沉入心底，又不觉间消失得无影无踪，心灵补品:耐人寻味的轻音乐。

第八章 激情广场群众文化活动的组织和开展

第一节 激情广场群众文化活动的不同形式

　　进入21世纪，随着人们的物质生活水平和精神文化水平的不断提高，他们不满足于在电视机前接受被动式的文化输出，而是走出家庭自由地寻求能够表现自我的文化生活方式，参与到各式各样的广场文化活动中来。而广场文化活动恰恰能够满足人们自娱自乐、自我消遣、自我表现、自我文化的需求。在广场文化中，激情广场平台活动形式就是一个群众文化的缩写体，通过这些丰富多彩的活动形式和内容，参与者得以找到施展才华的空间，自由自在地选择自己喜欢的文化活动形式，或跳舞唱歌，或参与文艺演出。在参与广场文化活动过程中，人们互教互学、互敬互爱、相互交流、相互切磋的和谐程度达到了顶峰。在福州，以激情广场为代表的群众性文化活动已经发展成为福州这个省会城市生活不可缺少的一部分。但是，城市广场不仅是市民活动的物质载体，更成为城市文化和城市精神的传播者——它把城市的民俗民风、民族风格和地方特色蕴含其中，将人与人、人与社会、人与自然之间的关系表达出来；它带给人们人文关怀，让生活在城市中的人有归属感，让外来者能感受到城市与众不同的特殊风貌。

　　群众文化活动内容丰富而形式繁多，但并不是杂乱无章的存在物，它具有多层次的组合结构。按照事物分类的"划分标准统一"原则和从小到大的顺序，群众文化活动形式上包含活动样式、活动类型等。这些不同的活动层次，形成了群众文化活动存在的不同形态。

一、根据类型划分

福州激情广场群众文化活动根据类型来分,可分为激情广场大家唱、激情广场大家跳两类。

(一)福州激情广场大家唱

每当夜幕降临、华灯初上,在福州各大公园、广场,处处可见市民引吭高歌的景象,这就是"福州激情广场大家唱"的空前盛况。"激情广场大家唱"是群众自发性的歌咏活动,最早的形式是几个业余音乐爱好者在公园广场里利用公共场地自弹自唱。这种形式迅速把在公园里散步和游玩的人们聚集在一起,他们筹集资金、添置设备、组织队伍。就这样歌唱队伍在一天天不断扩大,培养了一批铁杆歌友,逐渐成为一项经常性的歌咏活动,并成立了一个个相对固定、分工明确的合唱团,歌咏设备也日趋完善,呈现半专业化、有组织化的发展趋势。

(二)福州激情广场大家跳

随着"福州激情广场大家唱"项目被列为第二批国家级创建国家公共文化服务示范项目以来,"福州激情广场大家唱"的形式得到不断丰富,外延也得到不断拓展。以"大家跳"的形式出现的激情广场队伍是最为突出的一种形式,他们以健身舞、广场舞的形式吸引了许多舞友和热爱健身的人群,为省会城市和谐文化增添了一道亮丽风景线。

二、根据活动规模来划分

根据活动的规模来划分激情广场群众文化活动可分为小型、中型和大型三类。

(一)小型文化活动

一般是指规模较小、容易操作、机动性较强的活动,是平台日常活动的基础。活动以满足歌友日常的文化需要为主要目的，通常由一个平台或几个人就可运作。以平台为主，参与人数在100到300人之间，每晚常规性地舞蹈、健身与歌唱。

（二）中型文化活动

是指由一个或几个平台单位举办的、在本区域产生一定影响的文化活动。参与人数在300到500人之间。具体活动包括两类，一是平台中除了常规性的活动以外，还借用社会力量办活动，比如捐赠、纪念等爱心活动或节日的庆典。二是通过多年来激情广场平台的发展，平台的互相交流、合作、联谊成为当下很重要的一种形式，为了纪念节日庆典，同在附近片区的激情广场联谊，搭建舞台，以节目流程的形式进行展演，极大地丰富了活动形式，促进了平台交流成长。

（三）大型文化活动

参与人数在500到3000人，甚至更多。活动以政府为主导，每一个季度组织一次广场文化活动汇演或每年组织一次全市性激情广场文化活动调演。活动由专业导演策划，通常需准备一个月以上时间，需要精选节目，扣紧主题，不断打磨加工。同时，还须考虑到节目的形式，为了丰富节目内容，合唱、独唱、联唱、小组唱、表演唱、舞蹈、广场舞、戏剧、曲艺、杂技、小品等尽可以组织和编排。除此以外，活动中还须考虑到台上台下的互动。为了宣传各自平台，每个平台以手工道具、展板、横幅的形式亮出活动主题或平台口号。

三、根据活动形式划分

根据活动的形式来划分，可分为竞赛型、联谊型、休闲型和辅导型等。

（一）竞赛型

为了提高广大歌友的文化艺术修养和审美水平而开展的各类比赛型活动，例如广场舞、独唱、福州话、福州语歌曲、书法、摄影等。

（二）联谊型

为了增进友谊、加强平台之间的沟通和了解而开展的各种联谊型活动。

（三）休闲型

为了丰富平台的文化生活、满足群众文化需求、调节人们精神生活节奏而开展的各类群众性文化活动，例如日常活动、节日游园活动等。

（四）辅导型

为了增进知识、提高文化修养和文化技能而开展的各类活动，例如各类艺术辅导班、培训班、健身班、知识讲座及座谈会、演讲会等。

四、根据活动性质来划分

根据活动性质来划分，可分为公益性、商业性。

（一）公益性

公益性活动一般有这几种形式：公益广告、公益演出、捐款捐物、公益培训、无偿提供某种服务等。公益活动是指一定的组织或个人向社会捐赠财物，时间、精力和知识等活动。当前，国家在大力倡导公共文化服务的建设，是指以政府部门为主的公共部门提供的、以保障公民的基本文化生活权利为目的、向公民提供公共文化产品与服务的制度和系统的总称。公共文化活动应该以人民群众、以实现公众的文化权利为第一目标。公益活动的内容，包括社区服务、环境保护、知识传播、公共福利、帮助他人、社会援助、社会治安、紧急援助、青年服务、慈善、社团活动、专业服务、文化艺术活动、国际合作等等。现代的公益，是人人参与的公益，不管是个人还是集体，人们通过各种公益活动、公益基金、公益网站等途径，通过直接参与、捐赠、公益广告、公益歌曲等方式参与到公益中来。在这样的契机下，各激情广场平台紧紧抓住群众的文化需求，践行文化为歌友服务，通过与社会力量通力合作，发挥各自优势，共同服务。这样的文化平台能让普通百姓从中受益，而经过不断积淀，将之打造成一个文化品牌，以此吸引更多的市民走进平台，服务大家。

公益性的内容有：①救助灾害、救济贫困、扶助残疾人等困难的社会群体和个人的文化活动；②教育、科学、卫生、体育相关的文化事业；③保障人民文化权益的文化生活；④促进社会发展和进步的其他社会公共和福利事业。

（二）商业性：

根据《文化部营业性演出管理条例实施细则》的规定，营业性演出是指以营利为目的、通过下列方式为公众举办的演出活动：①售票或者包场的；②支付演出单位或者个人报酬的；③以演出为媒介进行广告宣传或者产品促销的；④有赞助或者捐助的；⑤以其他营利方式组织演出的。

五、根据活动的内容来划分

根据活动的内容来划分，可分为艺术型、知识型和娱乐型。

（一）艺术型

以提高团友艺术修养、以文化艺术为主要内容的各类文化活动。

（二）知识型

以学习各种文化知识和技能为内容的各类活动，例如科普知识讲座等。

（三）娱乐型

为最常见的活动形式，以娱乐休闲为主要目的和内容的各类活动。

六、根据活动的地点划分

根据活动的地点划分，可分为户外型、室内型。

（一）户外型

多为广场活动（例如露天电影、广场文艺表演等）。福州激情广场90%的活动点都是室外活动，无论是固定歌友还是过客，都可以停下来感受平台的激情，没有门槛，人人参与。

（二）室内型

由于受到条件的限制以及扰民等问题，个别激情广场选择室内作为活动地点。室内活动不受天气干扰，活动时间相对自由。

第二节 组建文艺团队需要注意的问题

近年来，随着经济建设的快速发展，人们的物质生活水平在得到迅速提高的同时，人们对精神文化生活的需求也日益增长。社区不断加大对群众文化氛围的营造，提高群众文化品味，以文化氛围来凝聚人心，以文化精神来促进经济和社会的发展，社区文化蓬勃向上。目前，福州市艺术团队遍地开花，以合唱、舞蹈（民族舞、广场舞、国标舞等）、乐队（民乐队、西洋乐队、电声乐队、鼓乐队、铜管乐等）等形式的团队如雨后春笋般地应运而生，许多相当有能力的文艺骨干都在组建一个温馨、舒适的艺术团队，他们纷纷为丰富艺术生活、提升基层文化团队业余文艺水平而努力着。

一、激情广场群众文艺团队的基本特点

（一）草根性

群众文艺团队的主要生命力之一，在于它能不分年龄大小、职务高低、富贵贫贱、品位雅俗地去吸纳成员。它的广泛性、自愿性、丰富性、灵活性等特点，很难有其他的群众性组织相匹配。成员们发挥自己的特长，展现自己的才华，在吹拉弹唱、琴棋书画中收获了自信、摆脱了孤独。

（二）娱乐性

老年人的闲暇时间比较富裕，如何合理安排，不仅是个体问题，还是社会问题。群众文艺团队能引导队员参加正当的、有益的娱乐益智活动，帮助健康地消费闲暇时间。活动是以"康、乐"为宗旨，以"文明、和谐、健康、益寿"为目的，让大家的生活都过得充实有意义。

（三）多样性

目前，福州全市各类自办的群众文艺团队有几百个，每个团体都拥有各个年龄段的业余演员，演出形式多样。其中有综合艺术的，有以舞蹈为主的，有以声乐为主的，有以曲艺为主的。团队活动更是自由灵活，除了开展各类公益演出外，还会应邀参加庆典、广告宣传等有偿演出，这些都体现了群众文艺团队多样性的特点。

二、团队的组织机构与规章制度

（一）团队的组织机构及责任分工

团队的组织管理机构非常重要，它是带领整个团队向前发展的核心骨干力量。因此，一定要重视团队组织管理机构的建设。其管理机构往往设置团长一人，主要职责是：全面负责团队的各项工作，特别是制定团队的长远发展规划和阶段工作目标。重点工作是抓组织管理，建立建全各项规章制度，确定团队发展与组织建设目标，以及对重大问题作出决策。

另设副团长一人，主要职责是协助团长做好团队的业务工作，制定年度业务工作计划，协助组织日常工作。有必要的团队还要考虑认真抓好每次活动的"考勤登记"和"工作日志"的记录，以及负责全团"艺术档案"的管理。

有条件的团队可聘请专职艺术指导一人。艺术指导的主要工作是制定专门计划，认真抓好团队的专业训练，在专业训练上拿出切实有效的解决办法。

团委会的组成：团长1人，副团长1人，总务1人，业务指导若干人。

"众人拾材火焰高。"团委会是团队的核心领导机构，全体团委必须要精诚团结、相互配合、努力认真工作，才可能带领全团不断向前发展。团委会班子要认真研究团队的长远发展规划，制定切实可行的规章制度及奋斗目标。对于重大问题，特别是关于参加演出或比赛的决定以及经费使用等敏感问题，一定要做到公开、公正、透明；而且必须要经过集体讨论后再做决策。

（二）团队的规章制度及团员通讯录

为了加强对团队的建设与管理，必须要认真制定团队的"章程"，讲明建团宗旨与目的，并依此来确立团队的发展方向。同时，还要设置严格的纪律要求和考勤制度，才能保证团队各项工作的顺利进行。

此外，群众团队的组织管理是一件极为复杂的事，团员们来自各行各业，工作性质不同、行业特点各异，很难做到整体行动上的统一。因此，建立详细的"团员通讯录"是至关重要的，这对于加强彼此间的联系、深化感情沟通、调度和统一的行动，定会起到事半功倍的作用。

三、提升团队的专业水平

（一）选好文化活动场地

努力寻找可用的团队文化活动室或户外空间，集资购买音响、灯光、器材等设施设备，为基层文艺团队发展提供硬件支撑。

（二）吸纳文艺团队骨干力量

一是要广泛发动社区文艺能人参与社区团队建设，在社区走访过程中，注重文艺特长居民的发掘，将文艺特长居民分门别类加以引导。二是要广泛整合辖区企事业单位、结对单位文艺团队的资源，逐步培养壮大队伍。三是要扩展文体活动面，定期与这些部门的文艺团队进行交叉演出，相互学习，增进联系。

（三）发挥示范作用，培育品牌团队

基层文化团队有松散、不稳定性等特点，并具有自发、自觉、自愿的特征，不能因其松散而放任自流，关键是要提高服务水平，在活动形式上不断创新。基层文化团队的思路和方法上要注意其特殊性，要继续重点培育一批有影响、有特色，更重要的是深受居民喜爱的品牌文化团队，让身边的群众情不自禁地自愿参与进来。

（四）加强文艺团队专业化指导

一要建设一支业余骨干为主、专业人员为辅的社区文化辅导员队伍，指导社区文化活动。发动和引导群众自编自演、自娱自乐，激发自身的文化活力。二要将社区范围内的单位文化骨干融入社区文化人才队伍，发挥带动作用，提升社区文化水平。三要抓住当前政策，向文化部门呼吁专业文艺干部定期指导，同时积极参与到文化馆开设的公益性培训的学习中来。

四、良好的团结合作是团队存在的基础

（一）打好坚实的专业基础

艺术团在建团之初，千万不要"急于求成、立竿见影"，更不能"赶排作品、突击演出"。团队的成长与发展是一件长期性的工作，不可能"一蹴而就"。初建时的团队肯定是各方面的条件都很欠缺，有许许多多的工作急需去做，在这些千头万绪的工作中，一定要认准首要的任务是从基础训练抓起，这是一切业务工作的核心。

（二）良好的团结合作精神

在团队组建起来之后的很长一段时间内，特别要注意把培养团队团员之间的通力合作精神与团结友爱作风，作为一件头等大事来抓。必须要让每一位团队团员都深刻认识到，团队是一个"艺术群体"。团员们必须要能相互包容与信任，才能凝聚人心团结共进；也只有大家共同的执着与追求，才能最终创造出和谐集体。

（三）团队办成充满生机活力的"大课堂""大舞台""大家庭"

群众团队的成长与发展靠的是什么？怎样才能使团队走上健康发展的轨道？这是每一个团队在建团之初所必须面对的一个现实问题。当然，制约和影响团队发展的因素有许多许多；但一定要认识到，其中最主要的因素是要能设法吸引和团结广大团员。也只有具备了这一条件，才能够在自己成长的过程中充满活力，不断繁荣壮大。

（四）一定要把团队办成一个充满温馨、播撒爱心的"大家庭"

当前我国广大群众的社会文化生活，正在发生着划时代的极大变化，其最大的亮点是：随着社会物质商品的极大丰富和人民生活水平的不断提高，人们已从过去单纯的物质生活追求，转向了对精神文化的向往。因此，参与群众社会文化生活、参加合唱团，就成了许多群众追求精神文化享受的一种极好形式。在这一关键时刻，一定要努力把群众团队办成一个充满温馨和关爱的和睦"大家庭"，要让广大团员们在这个"大家庭"里尽享幸福和欢乐。只有大家互敬互爱、互相帮助、互相关心、团结协作，才能从中体会到无穷无尽的乐趣、享受到体贴温暖和无限幸福。

五、组织活动应当遵循的原则

（一）自愿原则

或叫自由原则。自愿也是一种自由。自己愿意、自己情愿、自己乐意的情况下的主动的有意的所作所为，真正实现了"以人为本"，也就是以自愿为本。

（二）开心原则

或叫快乐原则。参与的目的就是寻求开心、快乐和健康的。我们都说要快乐每一天，这是大家美好的愿望和本意。

（三）安全原则

考虑活动场所的安全，参与人员的安全、特别是老年人的活动千万要注意安全，提高警惕，加强防范，坚持安全第一，不要不服老、不可倚老卖老，不可过分、过量、过时、过度。服老是一个人清醒和睿智的表现。宁可稳当一点、稳重一点、缓慢一点，力争做到不急不躁、不气不馁，平安缓和。

（四）纪律原则

社会活动也是要有纪律的，只不过是要靠自觉遵守、自己掌握罢了。对团员而言，纪律已不是铁律、定律，而是软律、活律、变律、通律，就是要灵活一些、变通一些，并不是板上钉钉，可以灵活掌握。没有纪律不行，乱哄哄的、一盘散沙不行，各自为政不行，太随便了不行，太死板了也不行。

六、扎实有效推进团队建设

（一）以团队负责人例会为抓手，提高团队凝聚力

"火车跑得快，全靠车头带。"业余文艺团队的发展和壮大，其负责人起到了至关重要的作用。他们文化业务水平高、组织能力强、工作热心，但团队的诸多困难，也会让他们觉得孤掌难鸣，进而产生退却情绪。

（二）以企业加盟共建为契机，增强团队后劲

业余团队的发展和壮大，离不开必要的经费支持。经费来源除依靠政府奖励和给予专项资金补贴外，还可以以企业加盟的形式来注入。让企业自主选择感兴趣的团队作为共建对象。企业每年赞助一定经费，团队在演出活动中为企业做宣传，在外出参赛时还可以让企业享有冠名权。通过结对共建，团队获得了一定的经费资助，企业也通过这些团队宣传提升了知名度，一举两得。

（三）以加大公共服务投入为基础，拓宽活动阵地

借着政府全面放开演出市场、建立健全公平公正的文艺演出市场体系、给民间文艺团体充分的发展空间，首先要利用、开发和建设好公共文化设施，使其发挥应有作用，使文化馆、体育馆、文化广场、公园等场地尽量满足文艺团队的需要，真正做到为民所用。同时确保业务有培训、演出有舞台、活动有平台。

（四）以加强引导和培训为重点，促进团队发展

政府在加强对文艺团队引导与培训的同时，积极参与才能引导民间文化文艺团体走上良性发展之路。首先要加强人才的培养，定期参加举行文艺人才培训班，并发挥骨干的带头作用，化输血功能为造血功能，回到平台一传十、十传百，引导更多团员受训收益。同时，还可以邀请知名文艺表演家到平台传道授业；积极组织各类展演比赛和交流学习活动，让文艺团队的活动更加丰富多彩。

（五）以制度化建设为着力点，强化团队管理

要搞好业余文艺团队，管理制度一定要跟上去，每项活动事后都要收集相关的资料和数据，形成完备的文字资料。各团队务必做好团队活动的资料收集和整理工作。不但活动要经常化，而且要有及时的记录，用各种数据、照片和光盘，来反映每个团队的情况，到年末，各团队还要认真做好年度总结和来年计划，以便更好地开展下一年的活动。

第三节 群众性文艺演出的组织和开展

一、群众性文艺晚会及其分类

文艺晚会是一种晚上举行的、以文艺节目为主的文艺演出活动。文艺晚会内容的丰富性、形式的娱乐性、观众的参与性等特点，满足了广大公众的精神文化需求。文艺晚会一般是在广场或者影剧院等场地进行的、在节假日经常组织的群众化活动的一种形式。

文艺晚会可分为专题性晚会和综合性晚会。其中，专题性晚会大都是为配合宣传教育任务而专门组织的中心突出、主题鲜明的文艺演出活动，使观众在欣赏文艺晚会中潜移默化地受到教育。综合性晚会是指晚会的表现形式具有综合性的特点，包容各种文艺表演形式，综合性晚会大都在春节、元旦、国庆等节日里举行，或者为某一庆典而庆祝的一种群众文化活动形式。

二、组织群众性文艺晚会的程序

（一）制定计划

确定本次文艺晚会的指导思想、组织机构、文艺晚会的规模、晚会节目的内容和形式等。

（二）落实经费

举办文艺晚会活动需要演出场地灯光音响、舞美氛围布置、搭建舞台、维护安全的安保费用以及外请的演员、主持人等费用，同时还要考虑到演出人员、工作人员的用餐、用水费用。经费有预算、费用有落实，晚会才能得以顺利进行。

（三）群众性文艺晚会工作分工

大型文艺晚会必须成立工作机构。工作机构主要有演出组、后勤组、宣传组、安全组等等。若是中小型的文艺晚会，尽管不成立工作机构，也需要有这些机构功能的相关成员安排。演出组确定文艺晚会的总导演、舞台监督、后台主任等等重要岗位的人选，确定文艺晚会的工作日程，各个工作组确定负责人，明确具体职责。当前，任何一项群众文化活动的防恐、防卫安全也尤为重要，在活动之前需要有安全预案，遇到问题及时应对。

（四）落实节目

组织有关人员对基层报送节目进行审查，了解节目的内容，掌握节目表演的时长、人数，落实节目的编排和修改，印制节目单。要落实参加单位的联络人及时了解各节目准备工作的进展情况。

（五）彩排走台及演出前的准备

彩排走台一般安排在文艺晚会正式演出前一天或者当天组织彩排或走台。走台和彩排时主要考虑到演员的定位、灯光音响的调试及演员的定位等。特别是群众演员在舞台上没有太多经验，导演需要在走台时对节目进行修改和加工。演出前需要再次落实和布置工作任务，对舞台工作人员进行定位，确保演出圆满完成。

三、文艺晚会主要岗位的职责与要求

文艺晚会策划与组织工作千头万绪，就文艺晚会演出方面来说，舞台监督、后台主任和主持人这3个岗位十分重要。

（一）舞台监督的职责与要求

舞台监督是一个极其重要的角色，是文艺晚会的具体执行者。舞台监督的职责，主要是熟悉大型文艺晚会节目的演出顺序、节目要用到的大型道具和小中型道具、演员人数及是否提前定位等等情况，做到心中有数、胸有成竹。同时，还要了解到每个节目的灯光、舞美、音乐等方面的要求，具体指导文艺晚会的走台、彩排，发现彩排中的问题及时纠正；具体指挥协调大型文艺晚会现场的演出组工作人员，包括主持人、后台主任、音响灯光师、催场等等，要求大家各负其职、有序运作；演出开始前要及时检查布景、道具的位置放得是否得当，检查所有的节目演员是否到位；遇到意外情况时，迅速妥善地处理，如某个节目因故不能参加，舞台监督有权将后面的节目临时调整或者是调换节目，演出结束后组织所有演员或者演员代表谢幕。

对舞台监督的要求：一位称职的舞台监督，首先要有较高的艺术素养，有较强的组织协调能力，还要有丰富的舞台实践经验，遇事冷静、沉着处事、果断决策，有一定的威信。

（二）后台主任的职责与要求

后台主任的职责是在晚会演出前熟悉大型文艺晚会的各个演出团队，分发晚会节目单给各个演出的团队，指定每个节目表演团队的后场休息地点以及相关事项，对后台纪律及规则要有相关规定，要求不要在后台大声喧哗，乐器调弦等要到场外，遇到意外情况要听指挥，切勿慌乱。在晚会开始前、后台主任要按照晚会节目单的先后顺序，协助舞台监督检查台上的各项演出准备工作。演出开始后后,台主任负责每个节目，一般情况下要求提前3个节目候场，也就是第一个节目在台上演出，第二个节目在台口准备，第三个节目在后台待命。节目演出结束，要安排专人负责带领撤离舞台。

对后台主任的要求：要有丰富的舞台实践经验、较强的组织协调能力、工作踏实、细心周到、做事稳重。

（三）主持人的职责与要求

文艺晚会的主持人是晚会的重要角色，是连接晚会演员与观众之间的桥梁和纽带，可以有序推进大型文艺晚会的进程。主持人的职责是根据大型文艺晚会演出的要求，事先做足功课，就要按照主持词的内容要求，声情并茂、富有感染力地营造文艺晚会现场热烈浓厚的气氛，推进文艺晚会顺利进行，又要灵活机智地处理文艺晚会中可能出现的问题，确保晚会的圆满成功。

对主持人的要求：优秀的文艺晚会主持人应该具有良好的文艺素质和敬业精神、良好的气质和较好的个人形象，热情而有风度，具有悦耳动听及富有感染力的音色和口语，还必须具有随机应变的主持机智。

第四节 群众文化活动的组织、策划与实施

党的十七届六中全会通过了《中共中央关于深化文化体制改革推动社会主义文化大发展大繁荣若干重大问题的决定》，提出了新形势下文化改革发展的指导思想、重要方针、目标任务和政策措施。《决定》对于推动文化事业发展、建设社会主义文化强国具有重大的现实意义和深远的历史意义。群众文化活动是群众文化的主要表现形式，组织开展丰富多彩的群众文化活动，对于群众文化工作者和社会文化志愿者、团队负责人来说，就是对贯彻落实《决定》精神、丰富广大人民群众精神文化生活的行动体现。

组织、策划、实施群众文化活动，是每一位文化工作者和社会文艺骨干需要认真思考和不断实践的重要课题。

一、群众文化活动

（一）群众文化活动的概念

群众文化活动，是指人们在职业外为满足自身精神文化生活需要而采取的文化行为。可见人的精神需要是群众文化活动发生并构成其发展的原动力。

作为一种复杂的社会现象，人类社会的群众文化活动不是孤立和偶然的，而有着普遍的社会联系。群众文化活动是主体以自身精神需要为原动力，在动机指使下所进行的文化行为的总和。从这种意义上说，群众文化活动就是主体现实的社会行为。

（二）群众文化活动的基本构成

群众文化活动是由活动的内容与形式构成的。

1.群众文化活动的内容

群众文化活动的内容是指群众文化活动形式所表现的实质和意义，是群众文化活动主体因素和客体因素的统一体。

群众文化活动是以文学艺术为主要形式的，文学艺术作品通过艺术形象所反映的客观现实生活，也就是群众文化活动内容的主要组成部分。

就群众文化活动内容主体部分而言，它既有反映社会生活的客观性，又有渗透着活动者思想情趣和审美价值的主观性，是客观和主观的统一。

2.群众文化活动的形式，

群众文化活动的形式，是指群众文化活动内容得以表现的形态。

群众文化活动形式从层次上划分，有外在形式和内在形式。外在形式是物质的，是活动的内容得以传达的物质手段和组织形态；内在形式是活动的内容直接相依赖的形式，即活动内容的组织结构方式，也是活动内容的各种因素或各种部分之间的内部联系和组织方式。

3.群众文化活动内容与形式的关系

群众文化活动内容与形式的关系，是辩证统一的，形式依靠内容而存在，内容依靠形式去表现，两者相互依赖、相互制约，都以对方的存在为条件。内容起主导作用，形式服务于内容。完善的形式对内容产生积极的影响，使内容得于完美和充分地表达。

（三）丰富多样的群众文化活动

群众文化活动的内容丰富且形式多样，它具有多层次的组合结构。从外在形式上分为式样、活动类型、活动种类。活动的形式是按不同文化艺术门类区分的，大致有：

1. 群众文学活动，如改稿会、研讨会、笔会、诗会等。
2. 群众戏剧活动，如演出活动、演唱会、交流辅导等。
3. 群众曲艺活动，如各种曲艺形式的演唱活动、曲艺创作交流活动等。
4. 群众音乐活动，如声乐、器乐、演出、交流活动等。
5. 群众舞蹈活动，如各种形式的舞蹈展示活动、辅导等。
6. 群众美术活动，如展览、交流、笔会、辅导等。
7. 群众游艺活动，如社火、游园、游戏等。
8. 群众体育活动。如各种形式的体育健身活动等。

如果从活动共同形式上分，可分为不同的9种类型：

1. 创作活动：文学、艺术、书画、音乐、戏剧、舞蹈等。
2. 表演活动：戏剧、舞蹈、音乐、书画等。
3. 展览活动：书画、民间美术、民间工艺等。
4. 观赏活动：参观、欣赏、旅游、观看等。
5. 阅读活动：读书、阅览等。
6. 培训活动：讲座、培训、辅导、补习等。
7. 健身活动：体育活动、游艺活动等。
8. 民间艺术活动：各种民间艺术活动等。
9. 休闲娱乐活动：劳动竞赛、游艺等。

二、群众文化活动的组织、策划与实施

群众文化活动的组织、策划、实施，这三者的关系是协调统一的，缺一不可，它们共同服务于群众文化活动，决定了活动的完美实现。

（一）群众文化活动的组织

群众文化活动的组织，是群众文化管理者为活跃广大城乡居民所提出的适应群众文化需求并能够让广大人民群众广泛参与适应的文化活动。这就需要群文管理者了解当地的民风民情、文化层次、文化需求、地域环境、经济承受能力，可能参与的人数等来制定活动方案、策划活动内容。

（二）群众文化活动的策划

群众文化活动的策划，是对确定的群众文化活动内容、形式的总体设计，是群众文化活动的灵魂，使群众文化活动能够有效、有序地得以实施。在策划活动的过程中，要求策划者做到：

1. 策划者要有一定的文化和艺术修养，最起码要懂得所开展活动内容的文化内涵、艺术形式，以及活动所产生的文化艺术效果。

2. 策划群众文化活动时，要首先确定活动主题，明确活动目的。围绕主题制定活动形式，通过活动形式来反映主题，以达到良好活动效果。

3. 策划群众文化活动时，在形式上一定要有艺术性，通过艺术感染力来吸引群众的参与并能使群众从中得到一次良好的艺术享受。

4. 将文化艺术活动的内容在客观条件允许的情况下，尽可能最大化地展现出来。

5. 要考虑到群众参与活动的直接性和间接性。尽可能多地将群众吸引到活动现场来，以保证活动现场的热烈气氛。

6. 策划活动要有创新意识，同样的活动要做到不同的形式，要注入新的内容，增加群众参与活动的新鲜感，防止敷衍了事、应付群众，避免使群众有一种上当受骗的感觉。同时确保活动的延续性。

7. 策划活动时，要考虑到不同年龄、不同文化层次的精神需求，尽可能地做到老少皆宜、雅俗共赏。

8. 策划活动时，要考虑到活动的思想性和娱乐性，做到寓教于乐，使群众在活动中既得到了精神享受，又陶冶了情操，使活动达到最佳效果。

9. 策划活动时尽量考虑到民间文化艺术的表现和传承。民间文化艺术最能体现地域文化特色，表现民族的亲和力，增加群众的参与意识，同时对民间文化艺术的传承和发展起到巨大的推动作用。

10.策划群众文化活动时要考虑到活动的连贯性，使活动在进行时一气呵成，防止中途停顿，影响群众参与活动的情绪。

策划出一场完美的群众文化活动，能让群众的精神文化得到满足，能收到意想不到的社会效果，更能体现群众文化管理者的能力和文化艺术修养。

（三）群众文化活动的实施

群众文化活动的实施，是最终实现群众文化活动的关键，组织策划都是要靠实施来完成。实施群众文化活动的步骤是：

1.制定实施方案，报请上级主管部门批准。实施方案的内容，包括活动的指导思想、活动主题、活动目的、活动形式、参加人数、活动的时间和地点、安全预案、经费预算及经费来源等。

2.前期准备。在上级主管部门批准后，根据策划方案做好前期准备工作。要召开相关人员预备会，成立相应的管理机构，进行人员分工，任务落实、责任到人。向相关部门和相关人员通报情况和联络工作。对活动准备情况做好定期检查，及时召开汇报会、通气会，及时掌握情况、解决问题。落实安全措施，检查安全预案，有必要时按照安全预案做一次演习活动，做到万无一失，确保活动安全顺利进行。

3.实施活动。有必要在活动前召开一次预备会，听取各部门任务落实情况的汇报，检查各部门的工作是否到位、活动所需的一切设备无论大小有无缺失、参加人员是否通知齐全。最后对安全措施再做一次检查。活动严格按照策划方案进行，严禁中途改动。对于突发事件，各部门应根据预案做出快速反应，及时处理。

4.活动总结。每一次的群众文化活动都是对组织者工作能力的检验，群众的情绪是组织者的记分器。在总结之前，有必要对活动效果做一次调查，可以以调查表的形式或走访群众的形式，广泛听取意见。总结时，要全面、细致分析问题，总结经验和教训，对今后开展群众文化活动起到一个借鉴的作用。

三、群众文化活动的特点

（一）空间的广泛性和时间的闲暇性

从人类世界的横向看，每个国家、民族的人民群众都有一定的文化活动。尽管人们的文化生活的质与量千差万别，但各种群众文化活动在有人类的地方无所不在。群众文化活动的广泛性不仅在于它所存在的范围大，还在于它所涉及的方面广。群众文化活动所包含的内容涉及到社会的各个方面。这种广泛性决定着它的内容和形式的丰富多样，也决定着它的运行方式的社会化。

群众文化活动在时间上的闲暇性，表明它在发生时间的特点。闲暇时间，即除劳动生产以外的自由支配的时间。

群众文化活动的闲暇性，又决定了闲暇文化活动的十分突出的随意性。

（二）目的的功利性和效应的双向性

群众文化活动目的上的功利性，有两种含义，即功利目的和功利标准。人民群众在进行群众文化活动时，也都自觉地带着娱乐审美、提高文化素养、消遣休息、美化生活、增智益寿等目的。

群众文化活动效应的双向性，是指功利愿望与活动结果的不一致性以及活动目的的多样性。一般地说，凡属内容健康的群众文化活动，其产生的作用即正效应；反之内容不健康的群众文化活动所产生的是负作用，即负效应。

（三）内容的丰富性与形式的多样性

群众文化活动内容的丰富性，是指群众文化的功能作用包含的实质和意义所涉及的方面广、种类多，是群众文化活动的内容特点。

群众文化活动形式的多样性，是指群众文化内容表现形态的样式繁多的特点。

四、对群众文化活动管理者的要求

群众文化管理者，是为群众文化活动服务的工作人员，是组织、策划、实施群众文化活动的核心力量，是关系到群众文化活动能否正常开展和产生效果的关键所在。管理者的文化修养、艺术水平、管理能力、服务态度等，会对群众文化活动产生直接的影响。为此，群众文化管理者必须要做到：

1. 坚持经常性的思想政治学习、业务知识学习，提高自身的素质和修养。

2. 掌握一门文化艺术技能，了解各艺术门类的形式和内容，做到一专多能，力争在组织活动中不做外行事、不说外行话。

3. 经常与群众文化骨干人员取得联系，掌握其活动去向，为群众文化艺术骨干提供必要的活动场地，并参与到常态的活动中去，取得他们的信任与支持。

4. 保持与政府部门的联系与沟通，争取每次活动都能得到政府的支持和各部门的协助。

5. 建立比较完善的艺术档案，对本地区存在的艺术形式、艺术成果、活动情况、艺术骨干人员的基本情况等做详细的记录，并归档保存，便于在今后组织、策划活动时参考和利用。

参考文献

1. 王凤桐 张林著《音乐节拍法〉中国文联出版社.
2. 《中小学音乐课型与教学模式研究》新世纪出版社
3. 《音乐课程标准》（实验稿）北京师范大学出版社
4. 《音乐课程标准解读》（实验稿）北京师范大学出版社
5. 普通高中艺术欣赏必修课本《音乐欣赏教师教学用书》辽海出版社
6. 彭吉象《艺术学概论》北京大学出版社
7. 杨霰《情感体验》《开启音乐大门的钥匙》青海教育
8. 马棠华.《情感体验中的诗、乐、舞》中国音乐教育
9. 缪无瑞《基本乐理》人民音乐出版社
10. 斯波索《音乐基本理论》人民音乐出版社
11. 吕琳《论声乐演唱中的想象》南京艺术学院学报
12. 王全吉《文化馆（站）服务与管理》北京师范大学出版集团
13. 冯守仁、鲍和平《群众文化基础知识》北京师范大学出版集团
14. 石振怀《群众文化工作实务》北京师范大学出版集团
15. 邵宁《指挥非职业合唱团理论与实践》海峡出版发行集团
16. 徐玉萍《海西合唱》海峡文艺出版社
17. 朱玲《走近音乐：中国声乐作品欣赏》浙江大学出版社出版
18. 赵方兴《简谱视唱》人民音乐出版社出版
19. 牟顶红《广场健身舞研究现状综述与趋势展望》
20. 张瑞玲《合唱的概述》
21. 秋里编著《合唱指挥与合唱训练》
22. 张轶、周希正《谈合唱艺术中的"和谐"》
23. 章连启《音乐欣赏入门》

24. 冯帅《推荐欣赏的古典音乐》
25. 郭志强《合唱团的组织机构与规章制度》
26. 张志军《群众文化活动的组织策划与实施——文化系统工作人员继续再教育培训讲稿》
27. 贾乃鼎《群众文化活动的组织和实施
28. 郑玉捷《试论政府在群众性文化活动发展中的作用和角色》
29. 柳子伯《浅谈想象力与音乐创作的关系》科技资讯
30. 王均栋《谈声乐演唱中的声情并茂》
31. 王克芬《中国舞蹈发展史》
32. 苑克营《试论舞蹈身体语言的特点》

后记

　　我是福州激情广场文化活动艺术指导的参与者、宣传者、践行者队伍中的一员。每天活跃在福州激情广场平台上的广大群众迫切需要开展全民艺术普及，需要群文工作者坚持面向群众，从群众的视角切入，使用群众喜闻乐见的形式，运用群众熟悉的语言，体现对艺术本体的尊重及对生活的表现。表达大众内心的情感和体验，传达出更为强烈的情绪冲击，力求精神含量高，具有一定品质魅力和精雕细刻的创新，使激情广场文化活动的大众在全民艺术普及中，享受到一份隽然的沉醉、一份有益的收获，因之喜欢它、欢迎它。在活动的实践中，我撰写了这本《福州激情广场文化艺术实践指导》，力求体现清新的素质理念、流畅的学习环节、突出的学习重点，为全民艺术普及做出努力。在本书撰写过程中，作者参阅了大量有关方面的参考资料，借鉴了有关专家学者的相关论述，在此谨致衷心的感谢。并衷心感谢上级领导的指导支持、同事们的热枕帮助。囿于作者的理论、实践水平和眼界，本书中的疏漏和不足之处，恳请专家和读者惠正。